개정판

영유아언어교육

엄태식 · 조정은

LANGUAGE ARTS FOR YOUNG CHILDREN

태영출판사

머리말

영유아 언어교육의 교재를 어떻게 집필할까? 늘 강의를 하면서도 책의 내용을 한 학기 동안 모두 다룰 수 없는 현실에 부딪치면서 가능한 유아교육현장에서 유아들의 언어발달을 촉진하고 도와줄 수 있는 최소의 이론과 실제활동을 중심으로 다루어 보고자 하였습니다.

언어교육 관련의 기본적인 이해를 돕고자 제1장에서~5장까지는 언어교육과 관련된 이론을 이해하는데 역점을 두었으며, 6장~8장은 영유아 관련 언어교육의 활동을 계획하고 지도하기 위한 교육활동을 중심으로 구성하였습니다.

제1장의 언어의 이해를 돕기 위해 언어란 무엇이며 어떤 특성과 구조를 가졌고, 언어의 기능과 인지와 언어와의 관계는 어떠한지? 제2장은 언어교육 관련 언어습득이론으로 생득주의, 행동주의, 상호작용주의 이론을 다루었습니다. 제3장은 영유아의 언어발달 과정으로 음운발달, 어휘발달, 문법발달, 의사소통의 발달을 다루었으며, 제4장은 언어발달과 지도로 음성언어발달과 지도, 문자언어의 발달과 지도, 언어교수방법의 내용으로 구성하였으며, 제5장은 언어발달에 영향을 미치는 요인으로 영유아의 개인적 요인, 가정환경 요인, 교육환경 요인, TV매체와 지역사회 환경요인을 다루었습니다.

영유아의 언어교육활동 계획안을 작성하고 지도하는데 도움을 주고자 계획안 작성과 지도에 필요한 부분은 제6장~8장의 내용으로 구성하여 유아교육현장의 언어교육의 실제 활동을 계획하고 지도하는데 필요한 안내 자료로 구성하였습니다.

제6장 영유아 언어활동을 위한 이해에서는 영유아 언어교육의 정의와 중요성, 영유아를 위한 국가수준의 언어교육, 언어교육을 위한 환경구성과 언어교육평가는 어떻게 하는지의 내용을 다루었습니다. 끝으로 언어교육지도를 위한 실제 워크숍 활동으로 제7장 주제중심 통합의 언어활동의 지도계획안으로 구성하였으며, 제8장은 유아교육현장에서 언어문제를 갖고 있는 영유아들의 언어발달을 돕고자 언어행동문제, 조음문제, 유창성 문제, 단순 언어문제와 관련된 지도방법을 제시해 보았습니다.

책을 펴내면서 늘 부족함을 느끼고 있습니다. 영유아의 언어교육활동에 관심있는 모든 분들의 조언과 지도를 부탁드리며, 아무쪼록 유아교육현장에서 영유아들의 언어활동을 계획하고 지도할 예비교사들에게 조금이나마 도움이 될 수 있는 안내서가 되길 바랍니다.

그 동안 태영출판사와 인연이 되어 집필할 수 있도록 늘 도와주시고 배려해 주시는 김현태 사장님과 오세복 상무님의 편집에 늘 감사드리며, 책을 펴내는데 애써주신 태영출판사 직원 여러분들과 집필에 도움을 주신 수원여자대학 유아교육과 졸업생 가족 여러분들께도 감사드립니다. 언제나 주님의 은총과 온 가족의 평안하심을 기원드립니다.

2015년 3월

저자 엄태식 올림

차례

차 례

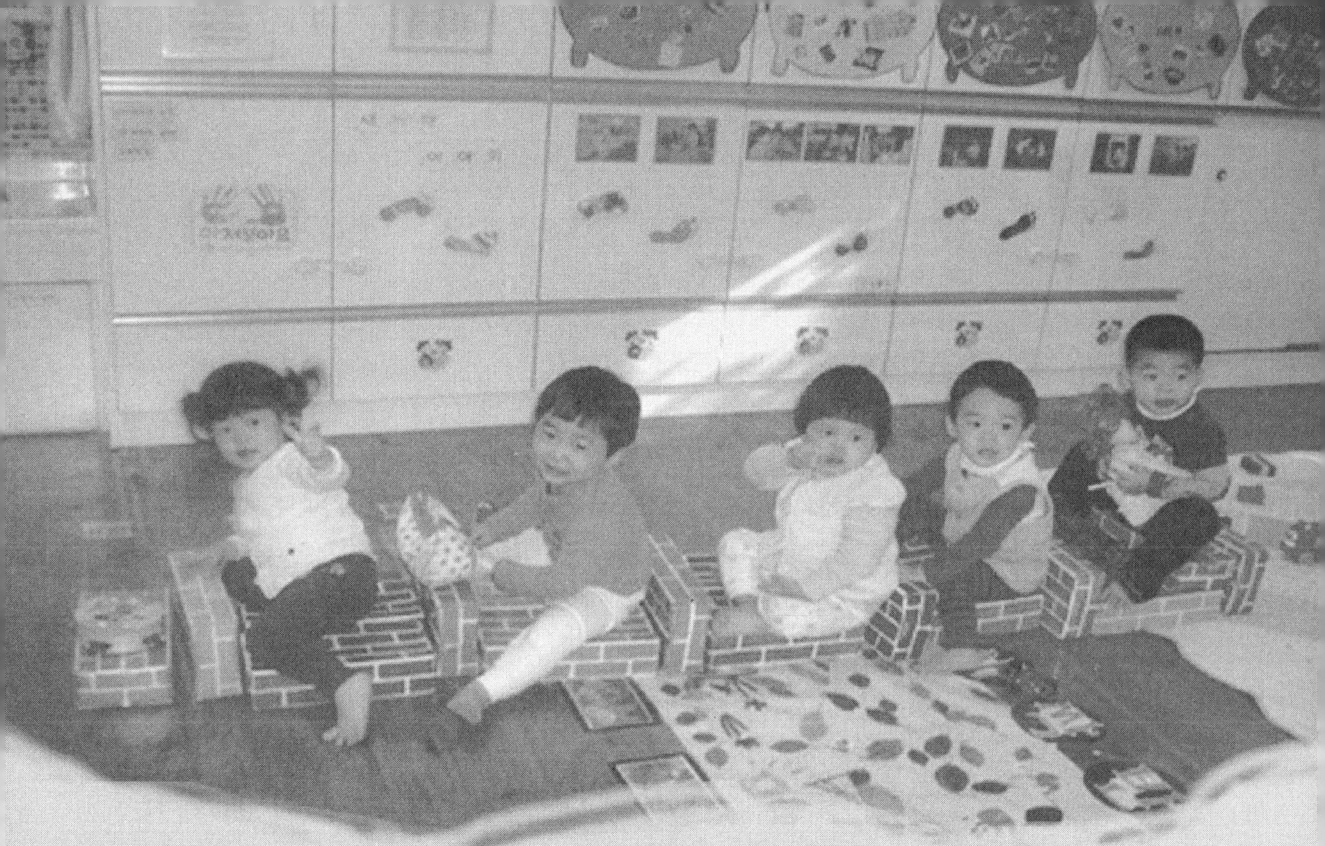

제 1 장

언어의 이해

1. 언어의 정의와 특성
2. 언어의 구조
3. 언어의 기능
4. 인지와 언어

1. 언어의 정의와 특성

인간이 다른 동물과 구별되는 특징으로 직립보행이 가능하고 언어를 사용한다는 것이 가장 큰 특징이라 할 수 있다. 인간언어는 인간만이 언어를 습득하여 쓸 수 있는 고유능력을 가지고 태어나며, 이외의 어떤 동물도 또는 어떤 컴퓨터도 인간의 언어를 완벽히 습득하여 활용하지 못하는 것으로 밝혀지고 있다. 따라서 촘스키(Chomsky, 1993)는 언어의 본질을 정확히 이해하는 일은 인간의 본성을 정확히 이해하는 일이라고 주장한다(이영자, 2009).

언어란 인간이 발달초기부터 획득하게 되는 가장 큰 능력 중의 하나이다. 언어는 인간의 발성기관에 의해 만들어지며, 청취 가능하게 발음되는 음성적 소리이다. 여기에서 음성적 소리라고 하는 것은 인간의 음성이 자음과 모음으로 구성되어 있다는 것을 의미한다. 언어는 인간만이 가지고 있는 완전한 수단으로서 인간의 감정과 생각을 표현하고 의사를 소통할 수 있으며, 창조적인 사고를 발달시켜 인간의 삶을 더욱 풍요롭게 만들어 주는 도구이다.

웹스터 사전에 의하면 두 가지 차원에서 언어의 정의를 내리고 있다. 첫째, 언어란 인간의 입술, 혀 등 발성기관의 활동에 의해서 생성되는 청취 가능한 인간의 말소리이다. 둘째, 언어란 감정이나 생각을 표현하거나 의사소통하기 위한 음성적 또는 비음성적인 수단이다.

「유아교육학사전」에 의하면 "인간이 의사소통의 목적으로 사용하는 음성이나 문자로 나타낸 기호체계이다."(유아교육학사전, 1997)라고 정의하였다.

「브리태니커」 사전에 의하면 언어란 "문화를 공유하고 있는 사람들이 서로 의사소통하기 위해 사용하는 구어적, 문어적 상징체계"라고 정의하였다.

언어란 자의적인 상징체계를 통해 아이디어, 정서 및 욕구를 상호 소통하는 인간적이고 습득된 어떤 수단이며 이와 같은 상징은 청력적이며 언어적인 기관에서 산출된다고 정의하였다. 또 언어학자 Bolinger(1974)에 의하면 인간의 언어는 음성적, 청력적 소통체계로서 임의적인 소리의 단위로 구성되어 있으며, 언어 사용자의 경험과 상호작용하면서 일정한 규칙에 따라 결합하는 인습적 기호체계이다

(임영주, 2006).

이러한 언어의 정의들을 종합해 보면 언어란 몇 가지의 중요한 특성을 가지고 있다고 할 수 있다.

첫째, 인간의 발성기관을 통해 생성되는 청취 가능한 소리의 연결이다.

발성기관인 입, 입술, 혀, 성대 등의 활동에 따라 규칙성을 갖고 내는 인간의 소리로 한글은 자음과 모음의 조합과 규칙성에 따라 소리를 낸다.

둘째, 언어는 자신의 생각과 느낌을 표현하는 기호들의 규칙적 의미 상징체계이다.

문장은 명사, 주어+동사, 주어+목적어+동사,~ 등의 구문적 규칙성에 따라 표현된 상징적 기호체계이다.

셋째, 언어는 집단 구성원들 간의 의사소통체계이다.

자신의 생활에서 일어났던 일이나 사건의 순서와 같은 추상적인 사건을 기억하고 표현하는 구성원들 간의 의사소통체계이다.

넷째, 언어는 역사적, 사회적, 문화적 맥락에서 사용되고 변화하는 상호작용적 학습체계이다. 언어는 시대적 변화에 따라 쓰임새나 목록이 변화하며, 사회문화권에 따라 다양한 형태에 따라 변화되며 지역사회의 방언이나 현대에 와서 새로 사용하는 신조어나 외래어 등의 변화를 들 수 있다.

2. 언어의 구조

언어는 역사적, 사회적, 문화적 맥락 내에서 사용되어야 하고 사고과정이 수반되어야 하며, 의사소통의 기능을 하여야 언어로서의 기능을 할 수 있다. 모든 언어학적 요소들은 언어 규칙이라는 규칙으로서 관련되어야만 의미가 생성되고 생성된 의미들을 주고받음으로써 언어적 의사소통이 가능해진다. 이영자(2009)는 "소리"의 요소를 다루는 학문을 음성학과 음운론이라 하고, 그 "뜻"의 요소를 다루는 학문을 의미론이라고 한다. "소리"와 "뜻"을 전하게 되는 과정에서 최소단위의 "뜻"을 나타내는 요소를 형태소라 부르고, 형태소가 모여 구를 이루고 구가 모여 절을 형성하는데 이러한 구와 절의 구성과 기능을 다루는 학문을 통사론이라 한다. 통사론은 의미론으로 연결되고 의미론은 어떤 말이 어떤 상황에 어떻게 적절하게 쓰이는가? 하는 화용론에 연결된다고 한다. 또한 Owens(2005)의 언어의 기능적 구성요소를 살펴보면 형식, 내용, 사용의 3가지 측면으로 구성되며, 언어의 형식측면에서는 음운론, 형태론, 통사론이 포함되며, 내용면에서는 의미론, 사용측면에서는 화용론이 포함되어 나누어진다.

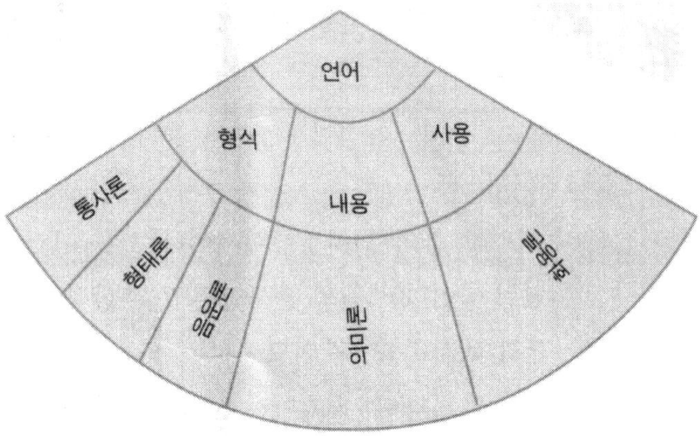

[그림 1-1] **언어의 구성요소 (자료출처 : Owens, 2005)**

1) 언어의 형식적 측면의 구성요소

(1) 음운론

음운론(phonology)은 말의 구조, 배치, 순서 등 말소리의 조합을 지배하는 규칙에 관련된다. 모든 언어는 각기 다양한 말소리로 이루어지는데, 이 말소리를 음소라 한다. 음소(phoneme)란 서로 다른 의미를 신호하는 소리의 가장 작은 단위로서 소리의 차이를 통하여 의미를 변별해 주는 음성의 최소단위로 음운이라고도 불린다. 음운론은 음소론이라고도 한다. 음성학은 말소리를 있는 그대로 연구하지만, 음운론은 말소리를 언어적 표현 또는 의미와 연관하여 연구한다.

음운론은 말소리를 의미와 연결하여 연구하므로 사실 한국어에서는 의미의 차이를 가져올 수 있는 소리의 최소단위는 별 의미가 없다. 우리말에서는 '학교'를 '학꾜'

'버스'를 '빠스'로 발음한다고 해서 뜻이 달라지지는 않는다. 한국어에서는 음운론이 음성학과 큰 차이는 없다. 그러나 영어권에서는 유성음 'dank'를 무성음으로 발음하면 'tank'로 의미가 달라진다. 영어는 음성적 차이가 음운적 차이가 된다.

우리말에서는 음성적 차이가 음운적인 차이로 나타나지는 않지만 유아기에 '쌀'을 '살'로 발음하거나 '자장면'을 '짜장면'으로 발음하지 않도록 유아교사는 모국어의 표준발음을 읽혀 음절, 단어, 문장을 정확하게 발음할 수 있는 언어적인 음성학적인 모델자가 되어야 한다.

(2) 형태론

형태론은 의미를 나타내는 최소의 단위이며, 형태소가 어떻게 구성 결합되고 구성되어 문장을 형성해 가는가 하는 단어의 내적인 구조에 관한 것으로 형태소는 어휘적 형태소와 문법적 형태소의 유형으로 분류된다. 어휘적 형태소(lexical morpheme)는 자유형태소(free morpheme)라고도 하며, 명사, 동사, 형용사, 부사와 같이 독립적이고 뚜렷한 의미를 가지는 형태소이며, 문법적 형태소(grammatical morpheme)는 의존형태소(dependent morpheme)라고 하며, 명사 뒤의 격조사, 형용사나 동사의 어미변화와 같은 형태소간의 문법적 관계와 의미를 명백하게 해 주는 역할을 한다(이연섭 · 강문희, 2000).

예를 들어 '나는 친구들과 공놀이를 하였다.'라는 문장에서 '나', '친구', '공', '놀이', '하다'는 어휘적 형태소이고 '는' '들' '과' '를' '였'은 문법적 형태소이다.

(3) 통사론

통사론(syntax)은 문장의 형식과 구조에 관한 것으로 언어의 문법체계를 말한다. 통사론이란 한 마디로 문장 안에서의 '단어의 배열'을 다루는 학문인 것이다.

통사론은 단어의 조합이 올바른지, 혹은 문장이 문법적인지 아닌지를 판단할 수 있게 해 준다. 단어의 배열은 임의로 하는 것이 아니라 정해진 규칙을 따라야 한다. 또한 단어의 순서뿐만 아니라 어떤 품사의 단어가 명사구나 동사구에 나와야 하는지를 결정한다. 같은 의미를 지닌 문장이라도 언어에 따라 단어의 배열순서가 다르다. 우리말이나 일본어는 주어-목적어- 동사의 어순(나는 꽃을 좋아 한다)이지만, 영어는 주어-동사-목적어(I like flowers)의 어순으로 되어 있다. 우리말의 문법관계는 명사에 붙는 주격조사 '이/가' 목적격 조사 '을/를' 등 격조사가 주로 결정한다. 이렇게 통사론은 문장의 배열순서에 관심을 가지며 단어, 구, 절이 배합되어 독립된 의사 전달의 단위가 형성되는 것이다(이차숙, 2005; 이순형 외 6인, 2010; 임영주, 2006).

2) 언어의 내용적 측면의 구성요소; 의미론

의미론(semantics)은 단어와 단어 조합의 의미, 또는 내용을 지배하는 규칙체계이다. 의미는 실재를 최소의 작은 범주로 나누는 분류체계다(Bolinger, 1974). 작은 범주로의 분류는 언어사용자가 사물, 행위들을 관계지을 때 유사한 것들을 묶고, 서로 다른 것들은 구분하는 것을 가능하게 작은 범위를 나타내는 단위들 중에서 어떤 단위들은 서로 배타적인 것들도 있고, 중복적인 것들도 있다. 예를 들면, 남자나 여자는 상호배타적인 단위로서 인간은 남자이거나 여자이지, 남자도 되고 여자도 될 수는 없다. 또 여성, 여자, 숙녀 등은 다소 중복적인 단위로서 어느 정도는 같은 개념으로 사용될 수 있고, 또 서로 다른 개념으로도 사용될 수 있다. 예를 들면 모든 여성이 다 여자인 것은 아니다. 동물의 여성을 여자라고 말하지는 않는다. 이처럼 의미론적인 구조는 단어나 단어의 조합에서 유사성과 차이점을 말해 줌으로써 사물, 사건들에 대한 관계성을 따질 수 있게 해 준다. 따라서 의미론적 구조는 사물, 사건 그리고 그것들 간의 관계성, 그리고 인지와 사고에 관한 문제들을 언어의 형태와 관계짓는 기능을 한다(이차숙, 2005; 이차숙, 2004).

3) 언어의 사용적 측면의 구성요소; 화용론

화용론(pragmatics)이란 의사소통적 맥락 안에서 다른 사람에게 영향을 미치고 정보를 전하려 할 때 적용되는 규칙이다. 의사소통적 맥락 내에서 언어 사용과 관련한 사회언어학적의 문제라기보다는 언어가 어떻게 사용되어야 하는지를 고려하는 문제다. 모든 말은 화행(speech act)이며 말로 하는 모든 행위, 즉 진술, 질문,

응답, 명령, 약속, 제안 등을 말한다. 모든 말은 화행이며, 화행은 그것이 타당한 것이 되기 위해서 어떤 조건들을 충족시켜야 한다. 즉, 의사소통자들 간에 적절한 말을 주고받기 위해 의사소통에 참여하고 있는 사람들이 의도하고 있는 것과 의사소통 상황을 적절하게 배려해야 한다. 만약 어떤 사람이 "이 사과 먹어도 될까요?" 라고 했다면 이 말이 타당한 말이 되기 위해서는 그 자리에 사과가 있어야 하고, 사과를 주는 것을 허락할 사람이 있어야 하고, 그 자리에서 사과를 먹을 수 있는 상황이 전제되어야 한다. 만약 이런 조건을 갖추지 못한 상황에서 이런 말을 했다면 잘못된 말이 될 것이다.

3. 언어의 기능

언어는 인간이 의사소통을 하기 위한 기본적인 수단이며 도구이다. 언어는 다른 사람의 행동의 변화를 요구, 통제할 수 있으며, 언어를 통하여 다른 사람과 상호작용함으로써 사회적 관계를 형성할 수 있도록 돕는다.

영국의 유명한 기능주의 언어학자 Halliday(1973)는 언어와 언어가 사용되는 사회적 상황과의 관계를 종합적으로 밝힘으로써 이 문제를 더 자세하게 설명하고 있다. 즉 언어 사용이 일어나는 모든 상황들은 장(field), 취지(tenor) 그리고 양식(mode)이라는 세 가지 범주로 구조화하여 기술할 수 있다고 한다. 장은 진행되고 있는 사회적 상호작용 활동의 유형이며 취지는 언어사용자가 서로 간에 어떤 역할 관계로 상호작용하는지에 관한 문제다. 양식은 언어 사용의 수사적 기능의 문제이다.

Halliday는 유아들이 언어를 기능적으로 사용하는 것은 다음과 같이 7가지로 분류하여 설명하고 있다.

1) 언어의 도구적 기능(Instrumental function)

영유아가 말을 사용하여 원하는 물질적인 욕구와 욕망을 충족시키기 위한 수단으로 음식과 장난감 같은 도구적, 신체적 필요의 욕구를 만족시키기 위한 언어표현을 뜻하는 것으로 예를 들면 엄마 물, 어부바, 까까 등의 표현을 말한다.

2) 언어의 조정적 기능(Regulatory function)

언어를 통해서 다른 사람의 행동과 감정 및 태도를 조정하고 통제하기 위하여 언어를 사용한다. 그러므로 언어의 조정적 혹은 통제적 기능이라 한다.

유아의 역할놀이에서 많이 나타나는 기능으로 놀이가 보다 정교화될 수 있다. 예를 들면, 밥 먹고 놀아, 신은 신발장에 넣어라 등의 예를 들 수 있다. 문어기능으로는 교통표지판, 물건의 사용설명서, 방향지시판 등이 있다.

3) 언어의 상호작용적 기능(Interactional function)

영유아가 말을 사용하여 다른 사람과의 사회적 인간관계를 형성하고 유지하기 위한 사회적인 상호작용을 포함하며, 의례적인 인사도 여기에 포함된다. 문어기능으로는 개인적 편지나 메시지 등이 있다.

4) 언어의 개인적 기능(Personal function)

영유아가 말을 사용하여 자신의 생각과 느낌 등 개인적 견해를 표현함으로써 자신의 개성을 나타내는 것으로 개인적 정체감을 의식하게 된다. 예를 들면 개인의 이름이나 주말지낸 이야기 등이 있다.

5) 언어의 발견적 기능(Heuristic function)

영유아가 말을 사용하여 질문하고 답을 찾아내며 세상을 이해하고 궁금한 것을 깨달아 나가는 것이다. 영유아들이 세상에 대한 무궁무진한 호기심을 바탕으로 질문하며 탐색해 나가는 데서 많이 나타난다.

6) 언어의 상상적 기능(Imaginative function)

영유아가 말을 사용하여 자신만의 가상적인 세계를 만들어 내기도 하고 친구들과 어울려서 새로운 극을 연출하기도 하는 것으로 극놀이의 언어와 이야기 나누기에서 사용되는 언어가 있다. 동시, 동화 등은 문어의 상상적 기능의 활동이다.

7) 언어의 표상적 기능(Representational function)

영유아가 말을 사용하여 정보를 전달하고 개념을 표현하는 것으로 정보적 기능이라고도 한다. 개인에게 새로운 정보를 전달해 주며, 이를 설명하고 표현하도록 하는 기능을 가진다.

예를 들면 "내일은 유치원에서 부모교육이 있으니 어머니 유치원에 10시까지 오시래요" 정보전달 기능이 있다. 문어기능으로는 사전, 전화번호부, 보고서 등이 있다.

4. 인지와 언어

인간은 누구나 언어를 통해서 자신이 가지고 있는 정보나 아이디어, 감정 등을 다른 사람에게 전달할 수 있다. 언어는 사물에 의미를 부여하는데, 이러한 언어는 의미의 세계라고 말할 수 있다. 의미의 세계는 심리학적으로 볼 때 인간의 복잡한 정신작용에 근거를 두고 있다. 즉 지각, 개념, 판단, 추리, 분석, 비교, 통합, 기억, 재생, 연상, 상상, 가상 등의 정신작용을 통하여 의미의 세계는 구체화되고 추상화로 발전되어 심오한 정신세계를 이루어 나가고 있다. 또 언어를 통해서 인간은 서로 협동하며 복잡한 그룹 활동을 해낼 수 있고, 진정한 사회생활도 누릴 수 있는 것이다. 또한 인간은 언어가 있기 때문에 현존하는 사물이나 우리가 직접 경험한 일들에다 이름을 붙이며, 현존하지 않는 상징적인 사물이나 직접 경험하지 못한 일들에까지 이름을 붙일 수 있다(이차숙 · 노명완, 1994).

이와 같이 인간이 동물과 구별되는 점 가운데 한 가지는 사물을 통해 언어의 경험을 형성하고 언어를 사용할 수 있다는 것이다. 언어사용은 인간이 살아가는데 있어 아주 중요한 요인이다. 그러므로 언어발달에 관한 관심과 연구는 여러 영역에서 많이 이루어졌다. 즉 음운, 의미, 문법, 의사소통 능력의 발달에 관한 연구들이 있다.

한편, 인간의 사고 과정에서 인지와 언어가 서로 어떻게 작용하는지에 대한 관심을 가진 인지심리학자들은 인지와 언어가 인간의 마음 속에서 어떠한 관계를 가지는지에 대해 영역 일반적인 관점과 영역 특수적인 관점의 두 가지 관점으로 논쟁하고 있다.

이 두 가지 논쟁은 인지와 언어가 서로 어떻게 상호작용하여 인간의 마음을 변화시키는가에 초점을 두고 있다. 그 첫 번째 주장으로 인지는 일반적인 인간의 능력이며 언어는 일반적인 인지능력의 일부분이기에 인지능력의 발달은 언어 습득에 필수적이라고 주장하였다(Bates, 1979; Yamada,1990). 즉, 언어 능력은 인지발달을 기초로 하여 향상되어 간다. 또한 언어를 습득하기 이전에 준비성을 가지고 있어야 하는데 선행조건인 인지구조가 없거나 손상된 정신지체 아동들은 언어 습득에 실패하게 되고 언어장애를 보인다. 지능은 언어 이전에 계통 발생적으로 존재하며 언어 구조의 습득도 인지적인 활동에 의해서 이루어진다. 따라서 인지 구조는 언어 습득을 설명할 수는 있으나 그 반대는 불가능하다고 결론짓고 있다. 이러한 주장을 영역 일반적인 관점이라고 한다(Yamada, 1990).

Miller(1985)는 언어는 일반적인 인지 과정에 근거하여 깊이 뿌리박고 있으며, 따라서 언어의 습득 과정은 인지 구조의 과정으로 설명되어져야 한다고 주장하면서 언어 습득의 지체는 하나 혹은 그 이상의 많은 인지 능력에서 근원적인 결함을 갖게 될 것이라고 하였다. 또한 그는 다양한 언어 결손이나 감각, 기능 결함이 있는 경우를 제외하고는 인지가 언어 발달을 설명하는데 충분한 역할을 한다고 하였다.

Markman(1991)은 인지와 언어에 대한 논쟁에서 단어 의미 제약조건들, 즉 단어의 의미 습득을 도와주는 가정으로 상호배타성 원리가 영역 일반적인 입장에서 설명될 수 있다고 하였다. 상호배타성 원리란 하나의 사물은 오직 하나의 이름만을 가진다는 가정으로서 이 원리는 단지 단어습득 뿐만 아니라 언어습득과 더 나아가

서 전반적인 인지영역의 사고 과정 모두에 적용된다고 하였다. 상호배타성 원리는 언어를 습득하고 인지 과제를 수행하는데 도움을 주는 여러 원리들 중의 하나로 설명되고 있다.

두 번째 입장은 인지가 언어보다 선행한다는 영역 일반적 관점과는 달리 언어 자체의 과정을 중시하여 언어와 인지는 본질적으로 분리되어져야 한다고 생각하는 관점이다. Karmiloff-Smith(1993)는 인간의 마음은 유전적으로 특수하고 독립적인 기능을 하고 특별한 목적을 가지는 입력체계로 구성되어 있다고 주장한다. 그에 의하면 단원(module)은 인지적 중앙체계의 영향을 받지 않고 단독으로 그 영역 고유의 기능을 자동적으로 처리하고 수행하는 정보입력체계이다. 이러한 가정에 의하면 외부 환경에서 투입된 정보는 감각 등록기를 통해 입력되어 각각의 고유한 목적을 가지는 영역에서 단원에 의해 처리된다는 것이다. 이러한 단원이 있기에 언어영역과 인지영역은 따로 구분되어서 각각 제 기능을 수행하고 있다고 설명하고 있다.

영역 특수적인 관점은 신경 발달학적으로 장애를 보이는 아동들의 증거에 의해 지지된다. 예를 들어 자폐증 아동들은 추론 능력에는 손상을 보이나 다른 인지 영역에서는 손상을 보이지 않고, 일부의 장애 아동들은 언어능력 및 지각능력에서는 손상을 보이지 않으나 수 개념과 공간 인지에서는 손상을 보였다. 또한 뇌 손상을 입은 성인들은 대부분 영역 특수적인 장애를 보인다고 하였다.

Karmiloff-Smith(1993)는 Chomsky(1957)와 같은 입장에서 모든 인간은 일반적인 정신표상능력과는 달리 독립적인 언어 특유의 능력을 갖고 있다고 주장하였다. 이러한 주장은 정신지체 아동들의 언어능력이 그들의 일반적인 인지능력보다 상회할 수 있다는 현상으로부터 시시되었다. 또한 Yamada(1990)는 지능지수가 40정도인 한 중도 정신지체자의 언어 및 인지능력을 16세부터 성인이 될 때까지 관찰하였다. 연구 결과 이 정신지체자는 비언어적인 다른 지적 수행에서는 많은 결함을 보였으나 언어적인 수행에서는 월등하게 뛰어났다고 밝히면서, 특히 언어영역 중에서도 구문론과 형태론에서 좀 더 복잡하고 풍부한 재능을 나타냈다고 보고하였다(엄태식, 2000).

제 2 장

언어습득이론

1. 생득주의 이론
2. 행동주의 이론
3. 상호작용주의 이론

1. 생득주의 이론(천성주의 이론)

인간은 누구나 태어날 때부터 언어를 배울 수 있는 선천적 능력을 가지고 태어난다고 하였다. 그들은 언어란 보편적인 특성을 가진 인간의 내적인 정신의 반영이며 인간 언어의 습득능력, 언어습득의 범위, 방법, 성질은 타고난 본능에 의해 결정된다고 보았다(박인숙 · 이숙재, 1996).

1960년대와 1970년 초 언어학자 Chomsky(1965)나 언어심리학자 Roger Brown(1973)은 유아는 단어를 모아 구절과 문장을 형성하는 문법 능력을 타고났다고 주장하였다. 이와 같은 Chomsky의 견해에 대한 지지자로는 McNeill(1970), Braine(1963), Lenneberg(1967), Greenberg(1963) 등이 있다.

McNeill(1970)은 선천적 기제가 2가지의 요소로 구성되어 있다고 설명했다. 즉, 언어습득기제는 언어의 보편적 측면에 관한 언어적 정보와 정보들을 분석하는 평가과정으로 구성되어 있다고 한다. 이론에 의하면 어린이들이 주변에서 어떤 언어를 듣게 되면 선천적으로 갖고 태어난 언어적 정보에 근거하여 그 언어를 조사하고 평가하여 세부적인 구조를 추출해 냄으로써 언어발달이 이루어진다고 하였다.

Braine(1963)은 변형생성 문법에 근거를 두고 주축 개방 문법에 의해 언어습득을 설명하였다. 어린 아이가 자주 사용하는 기능어를 주축어(Pivot words)라 하고 명사, 형용사, 동사 등의 내용어를 개방어(Open words)라 하는데 주축어는 혼자서 문장을 만들 수 없고 개방어와 함께 쓰여진다고 두 단어 시기의 통사 구조를 설명하였다.

Lenneberg(1967)는 언어가 인간에게만 고유한 것으로 보고 언어습득에 대한 생리학적 연구 결과 인간 두뇌의 측면화를 주장하였는데 이에 따른 좌반구, 우반구의 주요 기능을 좌반구는 말과 언어 분석적 처리과정 등이고 우반구는 음악 창의적 사고 등으로 설명하였다. 모든 인간은 지능, 동기, 정서적 상태 등에 구애됨이 없이 누구나 언어적 문화권에 노출되기만 하면 쉽게 언어를 획득할 수 있도록 구조되어 있기 때문이다. 그러기에 인간은 그토록 짧은 시기에 무한히 많은 문장을 이해하고 산출할 수 있다.

Chomsky(1957, 1965)의 LAD(Language Acquisition Device)에 의한 인간의 언어 기능,

또는 언어습득 능력이 생득적이라는 주장은 다음과 같은 이론에 기초한다고 볼 수 있다.

첫째, 모든 언어는 표층 구조(surface structure)와 심층 구조(deep structure)를 가지고 있다. 표층 구조란 구문 규칙에 의한 문장의 외형적인 구조를 말하며, 심층 구조란 의미와 관련된 문장의 구조를 말한다. 세상 모든 언어의 표층 구조는 서로 다르다. 그러나 심층 구조에는 보편적 특성이 있다. 예를 들면, 주어와 술어, 의문문, 명령문, 부정문 등과 같은 것이다. 언어는 문화권의 언어 이전 언어는 주어와 술어로 이루어져 있고, 의문문, 명령문, 부정문이 존재한다.

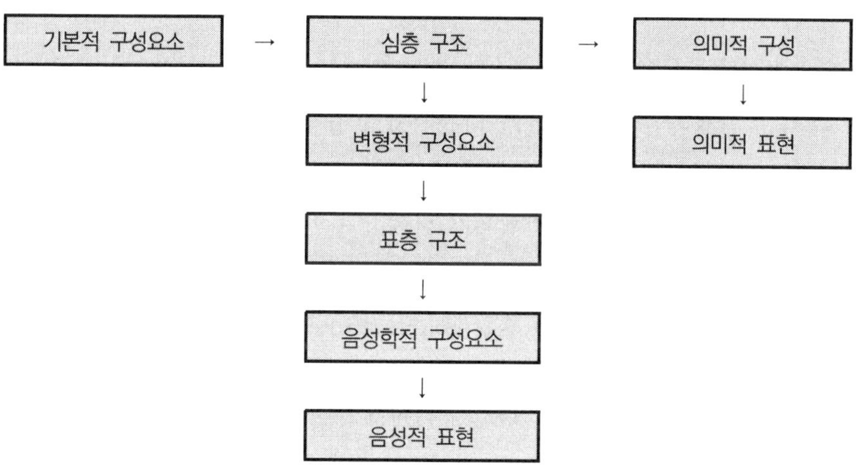

[그림 2-1] **변형 문법 구조**

심층 구조의 이런 보편적 특성들은 소위 언어의 구성요소들인데 인간은 이런 언어의 기본적 구성요소들을 먼저 획득하고, 이것을 다시 음성학적인 구문, 즉 표층 구조로 바꾸는데 여기에 변형이라는 문법의 적용이 필요하다는 것이다. 변형 문법을 적용할 수 있는 능력은 인간이 생득적으로 갖고 태어난 언어획득 장치 때문에 생긴다는 것이다. 이 문법능력의 개념을 Chomsky(1986)는 심층 구조와 표면 구조 대신에 D구조 (D-structure), S구조(S-structure), 논리형태(Logical form), 그리고 음성 구조(Phonetic form) 등을 설정하였다. 우리 머릿속에 말을 할 수 있게 입력된 프로그램이 내재적 언어이며 내재적 언어에 반대되는 개념으로 외재적 언어(Externalized language)라는 개념을 사용하였다. 외재적 언어란 내재적 언어라는 프로그램에 의해 만들어진 실제 말들이라고 할 수 있다. 즉 내재적 언어는 언어 행위의 구체적 결과를 말한다고 하겠다.

아동이 매우 복잡하고 추상적인 언어들을 획득함에 있어서 변형 문법을 사용한다는 것은 언어 획득의 생득이론을 주장한 McNeill(1960)이나 Braine 등에 의하면 유아들이 처음에는 went, put 등 불규칙 동사를 주위에서 듣고 배워 잘 사용하지만, 일단 규칙 동사의 원리를 알게 되면 전혀 들어 보지 못한 toed, putted 등의 과거 동사를 사용한다. 둘째, 언어 획득 현상을 살펴보면, 세계의 어떤 언어이든 간에 발달의 순서에 보편적 유형이 있다. 즉 생후 1년 사이의 자음의 발달은 목 가까운데서 입쪽의 발음으로 발달되며 모음의 경우 중설음 중에서 전후 방향으로 발달된다(최경숙, 1985).

어휘의 발달을 보아도 처음에 옹알이 일어문, 이어문 등으로 발달해 간다. 셋째, 언어 획득은 신체적인 다른 발달과 마찬가지로 결정적 시기(critical period)에 쉽게 빨리 이루어진다는 것이다. 언어 획득의 결정적 시기로 Lenneberg(1970)는 언어 발달 기능은 생후 12개월부터 발휘되기 시작하여 만 12~13세에 접어들면 완전히 소멸되어 버린다고 하였다. 그러므로 언어의 결정적 시기는 2살에서 사춘기 전까지인데 2살 이전에는 인간의 성숙 요인 때문에 언어 획득이 어렵다고 보며, 사춘기 이후에는 언어 기능의 측면화(lateralization) 현상 때문에 언어 획득이 어렵다고 본다. 이는 언어 기능을 담당하고 있는 생리적 기제의 발달 때문이라고 해석된다. 오늘날 언어 능력이 생득적이라는 이론을 뒷받침하는 것으로 미국 아이오와 대학의 보고에서, 인간 두뇌 좌측의 상당 부분이 언어 검색 과정에 관련되어 있으며, 이곳에 동의어, 반대어, 유사어 등 사전의 부류 항목들과 유사한 항목 속에 단어들이 조직되어 있다는 연구 보고가 있다. 이러한 연구는 언어 획득에서 생득적 입장을 지지하고 있다고 하겠다.

언어적 자료→	LAD	→문법적 능력(언어, 이해, 산출의 능력)
	(처리)	
(입력)		(출력)

[그림 2-2] Chomsky의 **언어획득장치(LAD)**

생득론은 새로운 문장을 이해하고 문법적인 새로운 문장을 말할 수 있으며, 비문법적인 문장을 식별할 수 있는 능력인 언어의 창조성이 중요함을 역설하고 있다. 또한 많은 언어들이 중요한 특성을 상당부분 공유하고 있다는 것, 즉 언어에는 보편성이 있다는 것을 강조하고 있다. 그 밖에 언어는 인간에게만 있는 인류의 특유한 것이며 언어습득에는 결정적인 중요시기가 있다.

레너버그(Lenneberg, 1967)는 언어가 인간에게반 고유한 것으로 보고 언어 습득에 대한 생리학적 연구 결과 인간 두뇌의 측면화를 주장하였는데 이에 따른 좌반구, 우반구의 주요 기능은 좌반구는 말과 언어, 분석적 처리과정 등이고 우반구는 음악적, 창의적 사고 등으로 설명하였다. 또한 중추신경계에는 언어의 추상적 구조를 해석하는 생물학적 기제가 있으며 그러기에 인간은 언어습득에 적합한 신체구조를 가지고 출생한다고 한다. 언어습득이 생물학적 성숙의 과정이라고 믿는 이론가들은 언어습득에는 '결정적인 시기(critical period)'가 있다고 한다. 언어를 배우기 위해서는 18개월에서 아동기 중반 정도까지는 언어를 접해야 한다. 또한 언어는 인류의 특유한 것이며 언어습득에는 결정적인 중요한 시기가 있는 것이어서 5세까지에는 거의 모든 어린 아이가 그들의 언어의 기본적 구조를 다 배우게 된다고 주장하였다(Elliot, 1981).

결국 생득론은 모든 아동은 언어획득기제를 갖고 있기 때문에 변형규칙을 배우는 선천적 능력 또한 갖고 있다고 보며, 유전과 소질 등 생득적 요인(LAD)의 중요성을 강조하였다.

2. 행동주의 이론

경험주의(empiricism)는 그리스어인 'emperia'에서 왔는데 이는 경험을 말하는 말로서 인간의 지식에 있어 경험을 중요시하고 이성을 극소화하는 것으로 John Locke에 의하면 인간은 태어날 때 백지(tabula-rasa)와 같으며 경험에 의해 지식을 습득한다고 하였다. 행동주의자들은 언어는 습관에 의해 형성되고 그 습관은 반복에 의해 언어 지식이 된다고 주장한다.

모방은 언어습득을 위한 필수요건으로 타인의 소리를 반복하지 못한 어린이는 적절한 언어발달을 이룩하지 못한다. 모방을 중시하는 입장에서는 어린이가 만일 모방 반응에서 강화받으면 모방행동이 점차 일반화되어 언어발달을 도모한다고 주장한다. Skinner에 따르면 유아의 언어획득 방법은 다음의 세 가지로 요약될 수 있다(이차숙 · 노명완, 1994).

첫째는 'Mand' 반응이다. 이것은 '명령(command)'과 '요구(demand)'라는 낱말을 따서 스키너가 만들어 낸 용어이다. 예를 들어 영아가 우연히 '무', '무'하는 옹알이를 했다고 하자. 그런데 엄마는 이를 '물'을 달라고 하는 소리로 해석하고 물을 주면서 영아의 요구(manding)에 응하고, 영유아에게 물을 주면서 '물' 하고 말하는 과정을 반복하면서 그 단어의 의미를 습득해 간다는 것이다.

둘째는 'Tact' 반응이다.

'접촉(contact)'이라는 낱말을 따서 만든 용어이다. 영유아가 물리적 접촉을 경험하는 상황에서 단어의 배움을 의미한다. 예를 들어 영유아가 '물'을 접촉한 목욕과정에서 물과 유사한 '무', '무' 소리를 내면 영아는 물을 접촉하면서 '무', '무' 소리를 물이라는 낱말과 연결시켜 배우게 된다.

셋째는 'Echoic' 반응이다.

'반향(echoic)'이란 말은 메아리처럼 어른의 소리를 그대로 반향한다는 뜻이다. 영아는 '물'이라는 정확한 발음을 계속 듣고, '무'를 '물'이라고 엄마의 흉내를 내서 말하게 되는데 이때 엄마가 뽀뽀를 한다거나 껴안아 주는 등 긍정적인 강화를 경험하면 영아는 이런 과정을 통해 물이라는 단어를 배우게 된다는 것이다.

Skinner(1957)는 유아의 최초의 음성화와 옹알이는 스스로 강화되고 후에는 유아 주변의 성인이 그 문화권 안의 언어의 일부가 되는 소리만 선택적으로 강화해 주어 이러한 소리만 사용하게 되고 다른 소리들은 사라져 버리게 된다고 주장하였다. 이 이론들에서는 언어 형태 모방을 통해 배운다고 한다. 유아는 언어를 듣는 동안 문장과 문장이 아닌 것을 구별함에 따라 문법과 적절한 단어 순서를 학습한다. 따라서 말을 먼저 학습하고 문법을 알게 되며 우리가 말을 배우는 것은 전적으로 후천적 경험에 의존하고 문법적 능력도 마찬가지라고 스키너는 주장하였다.

즉 우리는 언어 경험을 통하여 배운 대로 말할 뿐이라는 것이다. 그러므로 언어 능력이란 단순히 언어 경험을 통하여 말을 배워서 쓸 뿐이라고 한다. 이처럼 자극 모방, 강화로 언어 획득을 설명하고 있는 경험론은 1950년대 말과 1960년대 초에 언어심리학자나 언어학자들에 의해 다음과 같은 비판을 받았다.

첫째, 행동주의 견해에는 인간이 모두 언어를 습득하며 같은 방법으로 언어를 습득한다는 점, 즉 언어습득의 인류성을 고려하기 힘들다.

둘째, 행동주의 입장은 인간이 아니라도 지적 능력이 있다면 언어습득을 할 수 있다고 본다.

셋째, 언어습득은 자극-반응-강화로만 설명되어질 수 없다.

넷째, 유아가 많은 특정 문장에 접했으나 유아가 학습하는 것은 이러한 특정한 문장이 아니라 문장 구성의 원리를 학습하였다.

다섯째, 행동주의 이론에서 제시하는 것처럼 유아가 일반적 학습능력 외에 아무것도 타고나지 않았다면 짧은 기간에 복잡한 언어를 학습할 수는 없을 것이다(이영자, 2004).

어린이의 언어발달은 다른 행동의 발달과 마찬가지로 자극과 반응의 관련 속에서 이룩된다는 것이다. 유기체는 어떤 자극이 주어지면 이에 능동적인 어떤 반응을 보이게 되는데 이 반응에 보상을 주어 적절한 방향으로 강화를 함으로써 그 자극에 대한 반응이 하나의 행동으로 조건화된다는 것이다. 따라서 인간의 언어습득도 주위의 어떤 자극에 대하여 반응하는 어린이의 자발적 표현을 적당히 강화시킴으로써 이루어진다고 설명한다(주영희, 1999).

행동주의 학습이론가들은 모든 학습을 자극과 반응, 강화로 설명하고 있으며, 언어습득 역시 그와 같다고 본다. 그들은 20세기에 습관형성 학습이론을 정립하고, 어린이의 두뇌는 백지상태와 같아서 후천적인 언어경험에 의해 언어를 배운다고 한다. 인간이 태어날적엔 인간의 두뇌는 아무것도 모르는 백지상태이며, 이 백지에서부터 차차 언어경험을 통해 지식을 쌓게 되고 연상과 반복으로 언어를 습득해 나간다고 본다.

스키너는 언어행동을 주위환경을 통한 자극-반응(S-R)조건과 강화에 의하여 학습한다고 하지만, 반두라(Bandura)는 언어는 직접경험 뿐만 아니라 간접 경험에 의해서도 학습가능하다고 한다. 반두라는 선택적 학습과 간접 모방의 개념까지 확장하여 영유아의 언어습득을 설명한다. 영유아의 언어는 타인의 소리를 관찰하고 그를 모방하는 과정에서 획득되는데, 그 과정은 무조건적인 모방이 아닌 영유아의 선택적 관찰을 통해 이루어진다는 것이다. 그러므로 반두라는 언어습득에서 자신이 직접 모방하는 것뿐만 아니라 주위 성인과 또래의 언어경험도 공유한다. 반두라에 의하면 이러한 영유아의 언어습득은 타인의 행동을 면밀히 관찰함으로써 가능한 관찰학습이며, 자신이 직접 얻은 경험뿐만 아니라 주위 타인의 경험을 자신의 것으로 일반화시켜 이해함으로써 가능한 대리학습이기도 하다(이순형 외 6인, 2010).

3. 상호작용주의 이론

언어습득에 대한 상호작용 이론은 사회적 · 언어학적 · 성숙적 · 인지적 제 요인들이 상호 의존하고 상호작용하여 각각의 요인들에 영향을 미친다고 본다. 즉 인지적 · 사회적 요인이 언어습득을 조적 · 변화시킨다. 따라서 여러 변인들이 상호작용하면서 상호 인과관계를 갖는다.

Piaget는 언어습득에 주 영향요인은 인지라고 설명하여서 그의 이론을 인지적 상호작용주의 이론이라 한다. Piaget의 언어발달 이론은 유아의 인지발달이 선행된 후 언어가 발달해 나간다는 인지 우선 이론이면서 유아가 외부 환경과 상호작용하면서 지식을 발달해 가며 이러한 지식이 언어에 영향을 미친다는 이론이다. 비고스키는 언어발달을 사회적 맥락 안에서 이해하며 사회적 경험이 내면화되는 과정으로 언어습득을 설명하여 그의 이론을 사회적 상호작용주의 이론이라 한다.

1) 인지적 상호작용주의 이론

Piaget는 언어발달이 인지발달과 상징적 체계의 이해에 기초한다고 보았다. Piaget는 언어는 타고난 것도 반복적 경험에 의해 학습된 것도 아니고 유아가 현재 지닌 인지수준과 현재의 언어학적 · 비언어학적 환경 간의 계속적 상호작용으로 구성한 것이라고 주장하였다.

Piaget학파의 견해에 의하면 언어 사용 이전에 물체의 영속성에 대한 개념형성이 필수적이다. 즉 감각운동기 초기에는 물체가 유아의 바로 앞에 있지 않으면 그

물체는 유아에게는 존재하지 않는 것이기 때문에 언어적 상징을 사용할 필요가 없으나 물체의 영속성이 형성되면 앞으로 존재하지 않는 물체를 표상하기 위하여 상징을 사용하기 시작하여 유아의 초기단어(어휘)로 나타난다는 것이다(이영자, 2004).

Piaget에 의하면 영유아의 언어습득 과정도 이러한 인지발달에 의해 결정되므로 언어는 인지발달 순서에 영향을 받는다고 설명한다. 즉, 영유아의 언어는 현재 영유아의 사고수준의 특성을 반영한 것이다. 인지발달단계의 특성에 따른 언어발달의 과정을 구체적으로 살펴보면 다음과 같다(이순형 외 6인, 2010).

(1) 감각운동기적 특성과 언어발달

Piaget는 문법적 이해의 기초는 생득적 언어습득 장치(LAD)에 의한 것이라기보다는 오히려 감각운동기의 지적 능력의 행동적 도식에 의한 것이라고 제안하였다. 즉, 행위자인 영유아와 영유아의 행위 그리고 사물과의 관계에 대한 감각운동적 경험들이 영유아가 언어를 이해하고 습득할 수 있게 하고 이것이 언어습득의 기초가 된다는 것이다(Bruner, 1975).

이 시기의 영유아는 자신에게 필요한 단어를 주로 사용하며 단어를 조합하여 사용하기도 하는데 단순히 두세 단어를 조합하는 전보식 문장(telegraphic sentence)을 만들 수 있고 내적이며 상징적인 표상도 가능해진다.

(2) 전조작기 특성과 언어발달

자기중심적 언어(egocentric speech)를 사용하는 특징을 보이는 시기로서 자기중심적 언어란 듣는 이를 고려하지 않는 혼잣말인 독백(monologue), 집단독백(collective monologue) 등을 말하며 사고의 관점이 자신에게로 모아져 있으므로 언어의 형태 또한 자신에게로 향해 있어 의사소통으로서의 대화가 제대로 이루어지지 못하는 특징을 보인다.

① 반복하는 언어 : 운율을 즐기며 반복하여 흉내내는 언어의 형태

② 독백(monologue) : 타인의 반응과 상관없이 자기 생각을 언어로 표현하는 대화

의 형태

③ 집단독백(collective monologue) : 사회화된 자기중심적 언어의 유형으로 대화자와의 상호작용이 없는 대화로서 대화의 상대자로서는 아니지만 타인의 존재로 인해 언어는 촉진된다. 그러나 아직 상호작용으로서의 대화는 이루어지지 않는다.

(3) 구체적 조작기 특성과 언어발달

자기중심적 언어는 인지발달이 진행되어감에 따라 탈자기 중심화가 이루어지고 6~7세 이후 구체적 조작기에 들어서면서 논리적 사고가 발달함에 따라 사회화된 언어(socialized speech)를 사용한다. 사회화된 언어란 타인의 관점을 이해하며 사용하는 언어로서 의사소통이 가능함은 물론 정보교환, 비평, 요구, 질문 등을 할 수 있는 언어를 말한다.

이 시기의 언어는 타인의 입장에서 생각이 가능해지고 문장의 의미와 형태까지도 고려할 수 있다. 진정한 의미에서 타인과의 의사소통이 가능해지게 된다. 피아제의 인지적 상호작용주의 이론은 언어발달이 자기중심적 언어(egocentric speech)에서 사회화된 언어로 발달해 간다고 본다.

2) 사회적 상호작용주의 이론

사회적 상호작용주의의 대표적인 Vygotsky에 의하면 인간은 사랑과 보호를 받고 싶어하는 욕구를 가지고 태어나고, 이 욕구는 언어습득이 신속하게 일어나도록 자극하는 역할을 하게 된다. 유아는 다른 사람과의 사회적 접촉에 민감하게 반응하는 성향을 가지며, 이 반응 성향은 사람이 잘 살아가는 데 필요한 결정적 요인이다.

세상에 대한 유아의 이해는 그들의 정신적 인상으로 구성되어 있다. 그들이 살면서 겪는 여러 가지 사건들은 분류되어 영유아들의 기존구조에 새롭게 자리잡게 된다. 이 과정에서 언어는 매우 중요한 역할을 한다. 이런 경험이 계속되면 유아는 쉽게 언어를 생각해 내게 되고 점차 유창한 말솜씨를 가지게 된다(이차숙, 2004).

이러한 비고스키의 이론은 영유아의 언어가 사회화된 언어(socialized speech)에서 내적 언어(inner speech)로 발달해 간다고 설명한다는 것이다.

Vygotsky(1987)는 영유아의 사회적 경험이 내면화되는 과정으로 사회적으로 상호작용하는 과정에서 자신의 행동을 조절하기 위해 언어를 사용한다. 즉, 언어가 영유아의 행동과 사고를 지시하고 조절하는 역할을 한다고 본다. 이 과정에서 비고스키는 영유아에게 문화적 맥락 안에서 적절한 언어경험을 주는 성인의 역할을 강조한다.

사회적 상호작용주의 이론의 핵심은 유아가 부모 또는 성인과 유능한 또래의 환경적 상호작용을 통하여 새로운 언어를 배우고 형성해 간다는 것이다. 이러한 그의 이론에서 나온 용어가 근접발달영역(ZPD : Zone of Proximal Development)으로서 영유아가 독립적으로 문제를 해결할 수 있는 실제적 발달수준과 성인의 안내 또는 유능한 또래와의 공동 노력을 통한 문제해결에 의해 결정되는 잠재적 발달수준(level of potential development)간의 영역을 의미한다. 그러므로 영유아를 잠재적 발달수준까지 도달하도록 돕는 비계설정자로서의 부모와의 언어적 상호작용이 중요함을 강조한다.

상호작용주의자들은 유아와 언어 환경이 역동적 체계로 작용하여 유아와 다른 사람간의 사회적 상호작용이 원활히 이루어지면서 유아의 언어기술이 발전한다고 본다. Brown(1973)은 풍요로운 해석법(rich interpretation)을 어린 아이 언어분석에 사용할 것을 제안하였는데 이 방법은 주어진 문맥이나 상황을 의미 해석에 작용하는 것이다. 이 같은 문맥이나 상황에서의 의미 표현에 대한 흥미는 사회 언어학적인 입장에서 의사소통 능력을 중시하는 Halliday(1975)를 비롯하여 Hymes(1972)는 언어 습득과 발달에 사회적인 환경의 중요성을 강조하였다.

제 3 장

영유아의 언어발달 과정

1. 음운 발달
2. 어휘 발달
3. 문법의 발달
4. 의사소통의 발달

1. 음운 발달

음성능력이란 발음기관을 통하여 소리를 표출하는 외현능력이고, 음운능력이란 청취된 소리를 범주화하는 내재능력이다. 어른은 음성능력과 음운능력이 균형을 이루나 어린이들은 그렇지 못하다. 두 능력 중 하나가 먼저 발달한다.

Smith(1973)는 음운능력 다음에 음성능력이 발달한다고 하는가 하면 반대로 Leopold(1953)는 음성능력이 먼저 발달하고 그 다음에 음운능력이 발달한다고 한다.

어린이는 생후 28주가 되면 'ba, da, ka'와 같은 4개 이상의 소리를 발음할 수 있게 되고 생후 32주가 되면 'baba, dada, mama'와 같이 결합 음절을 구사할 수 있게 된다고 한다.

유아는 특정 언어의 음운들을 한꺼번에 습득하지 않고 점진적으로 획득해 나간다. 음운을 습득해 나가는 속도는 개인차가 있기 때문에, 어린이에 따라서 빠르게 습득하는 경우와 느리게 습득해 나가는 경우가 있다. 그러나 음운 획득의 순서는 개인차에 따른 획득 순서와 관계없이 일정한 순서로 획득되어진다.

이러한 음운 발달을 Jakobson(1968)은 변별적 특징(distinctive feature)의 순차적 획득이라 한다. 먼저 분화하는 것은 P/a 음이고 이는 다시 p는 t/p로 a음은 i/a로 분화된다고 한다. Jakobson은 어린이의 언어발달과 관련지어 음운발달을 다루지 못한 단점이 있다. Dale(1973)은 이런 단점을 보완하는 대치이론을 발표하였다. 즉 '소'를 '토'라고 발음했을 때 성인의 발음 형태인 '소'와 어린이의 표출 상태인 '토'를 비교하였다. 즉 'ㅅ' 대신에 'ㅌ'이 대치된 것이다.

Wellman, Case, Mengert의 공동연구에 의하면 아동의 명확한 발음과 그 상관이 8이라고 한다. 평균 2세의 아동은 발음한 소리 중 약 32%만 정확하게 발음할 수 있었고 3세가 되면 63%, 4세 77%, 5세 88%, 그리고 6세 때는 89%를 정확하게 발음할 수 있었다고 한다(이성구, 1985).

권경안(1979) 등의 연구에 의하면 3세 이전에 ㅁ/ㅂ/서열, ㄷ/서열, ㄱ/서열, ㄴ/ㅇ/ㅎ/이 획득된다. ㅈ/서열은 4세 초기에 ㅅ/서열은 5세 초기에, 그리고 ㄹ/은

5세 중기에 획득된다. ㅈ/서열 안에는 ㅉ/-ㅊ/-ㅈ/의 순서로, 그리고 ㅅ/서열 안에는 ㅅ/-ㅆ/순서로 거의 같은 시기에 획득된다. ㄹ은 음운 환경에 따라 l/과 r/로 나눌 수 있는데 두 음성 중에 l/이 r/보다 앞서 획득하며 l의 획득시기는 3세 초기로 추정된다. 어린이는 세상에 태어나면서 첫 울음으로써 음성을 산출하여 그 후 여러 개의 발달단계를 거치면서 음운과 조음능력을 기르게 된다. 만 6~8세에 이르면 음운의 발달은 거의 완성 단계에 이르게 된다(강문희, 1986).

2. 어휘 발달

1) 단어 의미 발달

단어의 의미를 획득해 나가는 것은 지각적 세계에 대한 어린이의 해석과 깊은 관련이 있다는 것이다. 이와 관련된 이론으로 첫째 의미 특징 가설(semantic feature hypothesis)이다. 이 이론은 Eve Clark(1973)에 의해 제안되었는데 그에 의하면 단일 단어시기의 어린이는 사물의 뚜렷한 지각적 특징(색깔, 모양)에 주의를 기울이며 그와 동일한 특징을 가지는 사물에 대하여 같은 단어를 사용한다는 것이다. '개'라는 한 가지 단어를 과잉 확장(over extension)해서 사용하는 경향을 보여주는 것이다. '다리가 4개'라는 지각적, 형태적 유사성에 근거를 두고 '다리가 4개인' 동물에 '개'라는 단어를 사용하게 된 것이다. 이런 경우에 성인이 "아니야, 그것은 개가 아니라 예쁘고 부드러운 고양이란다."라는 말로 반응을 해 주면 '다리가 4개'인 사물 중 '개'인 것과 개가 아닌 것 간의 지각적 구분을 학습하게 됨으로써 단어 의미의 발달이 이루어지게 되는 것이다. Clark의 과잉확대 이론과 반대로 Louis Bloom(1973)은 어린이의 단어 의미발달에서 과잉 축소(under extension) 현상을 설명한 바 있다. 과잉 축소 현상이란 단어를 단지 거리에서 달리고 있는 택시만을 의미하고 있어서 택시 이외의 승용차라든가 주차하고 있는 차는 '자동차'라는 의미에서 제외시켜 제한적으로 사용하는 것이다.

개념 발달 이론의 두 번째는 Nelson(1973)이다. 1.5~2세 정도 유아들이 특정 사물을 지칭하기 위하여 매우 특정한 단어를 사용하고 있음을 발견하였다. 즉 곰, 오리, 개구리, 새, 물고기와 같은 동물을 가리키는 특정 단어들과 크래커, 과자, 케이크, 국수, 콩 등과 같은 음식을 가리키는 특정 어휘들을 사용한 것이다.

이러한 사실은 유아가 단어를 사용할 때 그 의미를 담고 있고 사물의 기능적 특성에 따라 중요성을 부여하고 있음을 보여주는 것임을 뜻한다. 기능적 정보에 의존해서 사물을 지칭하는데 사용되었던 의미는 차츰 그 사용 빈도가 증가하면서 기능적 정보가 누적되므로 성인이 사용하는 단어의 의미와 같은 뜻을 갖도록 발달한다고 보는 입장이다.

셋째, McNeill은 어린이의 어휘학습과정을 두 가지 수평적 발달과 수직적 발달로 설명하고 있다(Pflaum, 1974). 단어 의미의 '수평적 발달'이란 한 단어의 의미를 보다 명백하게 알아 가는 과정을 의미한다. 즉 어린이는 어떤 단어에 대하여 많은 것을 경험함으로써 그 단어에 대한 고정된 의미를 획득하게 된다. 한편 단어 의미에 대한 수평적 발달이란 어떤 어휘 개념의 속성을 알고 난 후에 계속해서 그 어휘와 여러 가지로 관련된 단어들을 습득하게 되고 결국 어휘들이 군집화되는 것을 말한다. 예를 들면 '고양이'라는 단어를 처음 알게 된 후에 고양이의 속성, 생김새 등에 대해 많은 정보를 얻음으로써 고양이에 대한 의미를 확실하게, 즉 수평적으로 발달시킨다. '고양이'에 대하여 그 특정한 속성을 알고 나면 그 밖의 동물 이름도 알게 되고, 하나의 단어군 또는 의미적 집합군을 형성하게 된다. 다시 말하면 동물이라는 집합을 이해함으로써 개, 소, 말 등을 그 집합에 쉽게 수직적으로 추가시킬 수 있다. 어휘 발달에서 단어의 의미를 완전히 이해하려 할 때 수평적이고 수직적 과정의 양면으로 학습해야 하는 것이다.

영아가 사용하는 단어의 의미는 성인이 사용하는 단어의 의미와 같지 않다. '한 단어 시기'의 단어 의미는 문장의 역할을 하며 또한 고유명사로의 구실을 한다. 영아가 표현하는 한 단어는 주변세계에서 접하는 참조물, 사건, 상호간의 관계에 사회적 관계를 통해 습득되는 것으로 다양한 의미가 함축되어 있다. 영아의 한 단어 표현에서 특정한 한 가지 대상물만을 참조한다. 이런 단어들은 성인 언어의 경우 대개 보통 명사로 일컫는다. 어린이는 사물에 대한 개념을 참조하는 실질어 의미관계어도 습득한다. 관계어는 서로 관계되는 개념을 참조하는 역할, 즉 여러

가지 사물에 관련되는 동작이나 행동의 관계를 반영적으로 참조하여 표상하는 어휘를 뜻한다(김옥련, 1988)

2) 어휘수의 발달

어린이는 출생 후 1년 정도 되면 남이 알아들을 수 있는 단어를 말하기 시작해서 연령의 증가와 함께 어휘의 수도 증가하게 된다. 어휘 수의 증가는 연구자에 따라 다르다. 4세 유아의 단어수를 보면 Smith는 1,540개, Arkin은 1,926개, Buller는 2,346개가 발달한다고 함으로써 숫자상의 큰 차이를 보여 주었다.

가장 활발한 시기는 3~4세 사이인 것으로 짐작할 수 있다. 이상금(1971) 등의 조사 결과를 보면 2~3세 사이의 유아의 어휘 수는 1,105개, 3~4세에 1,595개로 증가되었고, 4~5세 사이에는 2,487개로 증가되었다. 한국행동과학연구소 이성진 외 3인(1977)은 18개월 유아를 중심으로 조사해 본 결과 그들이 사용하는 어휘 수는 13개였음이 밝혀졌다. 또 허형 등(1978)은 24개월된 유아가 사용하는 단어 수가 약 40개임을 밝힌 바 있다.

또한 3세부터 5세반까지 어휘 발달을 조사한 이연섭(1980) 등의 연구에서는 3.3~5.6세 사이의 유아에게 1,553개의 사용 어휘를 수집 · 발표하였는데 4세에서 4세 반까지 어휘가 가장 빨리 발달한다고 하였다(강문희, 1986).

6세경 아동의 어휘 수에 대하여 독일의 Sterm, W. 는 2500~3000 단어, 일본의 久保良英은 2,289단어로 보고 있으며, 1981년의 6세된 미국의 어린이의 단어 습득 수는 7,800개나 된다는 연구 보고(Bartlett)가 있는데 여기서 말하는 7,000개의 어휘는 이해되는 단어로 보아야 할 것이며, 어린이가 표현할 수 있는 어휘 수는 6세경 2,500~3,000개의 범주로 보는 견해가 지배적이다(박춘식, 1985).

언어학습에 따른 어휘 수의 증가에 따른 최근 연구를 보면 Jones & Smith, Landau(1991)는 한 달에 3~5개의 단어를 알며 처음에 30개의 단어를 알게 되고, 그 후 하루에 10~20개의 단어를 획득하게 되며 3,000개의 단어를 알게 된다고 한다.

3. 문법의 발달(문장 구조의 발달)

어린이의 문법 발달 과정은 세 가지 접근 방식으로 설명할 수 있다. 첫째, 연령에 따라 발달 단계를 설명하는 방법이 있고, 둘째, 평균 형태소의 길이(mean length of utterance in morphemes)에 따라 단계를 규정하는 방법(Brown, 1973), 셋째, 표현된 언어와 표현적 특징에 의해 발달 과정을 설명하는 방법이 있다. 표현된 언어를 중심으로 살펴보면 다음과 같다.

1) 한 단어 시기의 문법 발달

첫 단어는 10개월부터 12개월 전 후로 한 단어의 언어가 시작되는데 이때 한 단어가 단순한 의미를 내포하고 있는 어휘에 불과한 것인지 아니면 문장의 역할을 하고 있는지에 대한 각기 다른 주장들이 있다. Bloom에 의하면, 한 단어로 표현하는 시기의 어린이는 통사적 구조에 대하여 아무런 지식이 없다는 주장과 함께 한 단어의 의미는 어휘적인 의미일 뿐 의미 관계를 표현하거나 문법적인 의미로는 사용되지 않는다는 주장을 하고 있는데, 이에 대립되고 있는 McNeill(1970)의 견해는 어린이의 한 단어가 문장으로서의 기능을 한다는 것으로 성인의 문법적 문장과 마찬가지로 보고 있다. 이 때 어린이는 완전한 문장 관념을 가지고 있지만 주의력과 기억력이 제한되어 있어서 그 관념을 하나의 단어로 밖에 표현할 수 없다는 것이다.

주영희(1987)는 한 단어 말은 언어 상황에 따라 그 의미가 달라지며, 같은 한 단어가 여러 가지 의미를 나타낼 수도 있고 다른 단어가 같은 사건이나 내용을 설명할 수도 있는 것이라고 하였다. 그러므로 한 단어시기에는 문법성의 포함 여부를 논란하는 것보다 의미론적 기능에 대하여 밝히는 것이 더 중요한 일이라고 본다. 어린이의 한 단어 말은 문장으로 보아야 하며 이에 대한 연구가 있어야 할 것이다. Fillmore는 한 단어 문장을 Chomsky의 변형 생성 문법으로 분석하기 어려운 점을 생각하여 격문법으로 단일 단어를 분석하고 있는데 행위자격, 도구격, 수여격, 작위격, 처소격, 대상격 등으로 의미 해석을 시도하고 있다. 한 단어 문장의 의미 기능은 매우 다양하다. 한 단어 문장에는 거의 대부분 어린이의 동작이 수반된다는 사실이다. 이때 동작은 한 단어 문장의 의미 기능을 보다 명확하게 나타내 보이는 보조적인 역할을 하게 된다. 한 단어를 문장의 기능으로 보완하는 각종 동작은 깊은 의미가 있다고 보아야 하며, 이 동작에 관련되어 또 다른 단어가 첨가될 때 어린이는 두 단어 문장을 구사하게 된다.

2) 두 단어 시기의 문법 발달

생후 18개월~20개월 사이에 어린이는 한 단어 문장에서 두 단어 문장으로 발달해 가는데, 두 단어 문장 시기는 3~4개월 정도의 기간으로 비교적 짧으며 곧이어 세 단어 문장으로 범위가 넓어지게 된다. 이때 두 단어는 각각의 의미 기능을 표명으로 나타내 보이고 있다.

두 단어 문장 안에서 나름대로의 문법적 규칙을 발견하여 설명하고 있다. 크게 두 가지로 나누어 볼 수 있는데 Braine(1963)의 주축 문법과 Brown(1978)의 격 문법이다. 주축 문법은 고정되어 자주 나타나는 단어는 주축어라고 하고, 사용 빈도가 적으면서 주축어에 결합되어 있는 단어를 개방어라고 한다. Dale은 주축어의 특징을 첫째, 고정된 위치에 나타나고 둘째, 단독으로 사용되지 않으며, 셋째, 다른 주축어와 함께 사용되지 않으며 넷째, 모든 개방어와 결합할 수 있는 특징을 가지고 있다고 했다.

3) 문법적 형태소

세 단어 문장 시기를 넘어서면서 어린이는 기능어를 사용하기 시작한다. 문법적 형태소 사용도 어른들처럼 사용하는 것이 아니라 어린이 나름대로 일관성 있게 사용하고 있다. 어린이가 습득한 일정한 규칙에 따라 정확하게 형태소를 사용하기 때문에 과잉 일반화 현상이 일어나기도 한다. 우리말에는 주격조사를 '가'임을 배우고 난 다음 "발이 아파"하기도 하고 또는 "선생님이가" 하기도 한다. 이런 경향은 2~4세경까지 나타난다고 하는데 이러한 현상은 일시적인 현상으로 보고 있다. 주격조사는 '가'가 '는'보다 먼저 나타나며 공존격 '같이', '랑', '하고', '도'

등은 세 단어 문장 시기에 나타난다. 장소격 '앞에', '위에' 등의 용어는 비교적 일찍 발달하여 주격조사보다 먼저 나타난다고 본다. 부정문은 Bloom(1973)의 연구에 의하면, 부정문은 부재, 거부, 부정으로 나누며 그 발달은 위의 순서와 같다고 하였다.

의문문은 조명한(1982)의 연구에 의하면 21개월 되면 질문을 분별하는 시기가 되며 어른들의 질문에 대한 이해를 어린이가 스스로 질문하는 언어 행위보다는 먼저 나타난다. 사물에 대한 이해 욕구가 많아지면 '무엇'이라는 질문을 습득하게 되고 인과관계에 대한 말을 할 수 있을 때 '왜?' 라는 질문에 적합한 답을 할 수 있다. 어린이가 제일 먼저 이해하고 산출하는 질문은 '무엇', '어디'이며 그 다음은 '누구', '왜', '어떻게', '언제' 등의 순서로 발달되어 간다고 한다.

4. 의사소통의 발달

1) 영아기(0~2세)의 의사소통 능력의 발달

태어날 때 반사적으로 우는 갓난아기는 점차 울음을 통해서 자신의 욕구를 표현한다. 이는 점점 발달하여 옹알거림을 시도하게 되어 성인과의 의사소통의 기본을 익히기 된다. 즉 성인이 아기의 옹알거리는 소리를 모방하면 아기는 성인이 소리내는 동안 가만히 듣고 있다가 그 다음 다시 그 옹알거리는 소리를 되받아 '내가 무엇인가 말하면 다음은 당신 차례'라는 향후 의사소통의 기본적인 기능을 익히게 되는 것이다. 더 나아가 생후 4개월 정도면 억양으로 친근한 목소리와 그렇지 않은 목소리를 구별하여 선택적으로 반응하고 감정 표현도 뚜렷해져서 좋고 싫은 것을 표정, 소리 지르기, 울음 등으로 표현할 수 있게 된다.

언어적 표현이 9~10개월쯤이면 출현하여 이 때부터는 언어형태의 소통이 시작되는데, 소리와 의미는 있지만 구분은 갖추어지지 않은 원시 언어로써 시작한다. 이는 언어를 사용하여 의사소통을 한다기보다는 제스처를 통한 의사소통에 언어가 덧붙여졌다고 볼 수 있다. 의사소통 의도에 따른 24개월까지의 언어발달을 개괄해 보면 〈표 3-1〉과 같다(Miller, 1988).

〈표 3-1〉 24개월까지의 언어발달

단　　계	목　　적
의사소통 (8~10개월)	몸짓을 통하여 사물이나 활동을 요구하거나 거부하거나 존재를 가리킴
의사소통 의도가 표현된 말 (9~15개월)	사물이나 활동을 요구, 거부하는 소리나 몸짓을 함
대화기능이 있는 말 (16~22개월)	대화기능 : 정보요구, 대답, 질문(주로 사물이름)
상징적 기능이 있는 말 (24개월)	현실창조 : 상징놀이(언어를 상상적으로 사용) 사물에 대해 상기해 냄

영아 초기의 언어발달은 영아의 감각기능 및 운동기능의 발달과 밀접한 관련을 맺고 있다. 영아 초기에 있어서의 언어발달이란 영아의 조음기관 및 감각기관 더 나아가서 신체의 대·소근육 발달에 전적으로 의존할 수밖에 없기 때문이다. 영아기의 언어발달과 운동발달의 양상을 비교해 볼 수 있는 연구가 있는데, 생활연령의 단계별 언어 및 운동발달을 정리해 보면 〈표 3-2〉와 같다.

〈표 3-2〉 언어 및 운동발달 단계표

나이(개월)	언 어 발 달	운 동 발 달
0~4	– '으', '그', '끄'와 비슷한 음절 웃음	– 머리를 든다. – 세 군데에 방석을 대주면 앉는다.
6~9	– 옹알이, 마, 다 등의 소리를 낸다. – 흔히 말하는 소리를 연속적으로 낸다. '맘마', '다다' 등	– 혼자 앉는다. – 서서 몸을 곧추 세운다. – 엄지손가락을 다른 손가락의 반대편에서 잡기를 한다.
12~18	– 몇 개의 낱말을 말한다. – 간단하고 일상적인 지시에 응한다. – '아니오'라고 답한다.	– 잠깐 혼자서 선다. – 긴다, 옆으로 걷는다. – 손을 잡아주면 몇 발자국 걷는다. – 붙들고, 잡고, 놓을 줄 안다.

나이(개월)	언 어 발 달	운 동 발 달
18~21	– 18개월에서는 20개의 낱말, 21개월에서는 200개의 낱말을 말한다. – 여러 가지 사물을 손가락으로 가리킨다. – 간단한 질문을 이해한다. – 두 낱말로 된 문장을 사용한다.	– 서는 동작이 완전히 습득된다. – 혼자서 앉는다. – 기어서 뒤로 내려간다. – 정육면체 3개를 어렵게 쌓는다. – 공을 익숙치 않게 던진다.
24~27	– 200~300개의 낱말을 사용한다. – 2~3개의 낱말로 구성된 문장이 가능하다. – 대명사를 사용한다.	– 달린다. 그러나 갑자기 뒤로 돌면 넘어진다. – 앉고, 서고, 무릎 꿇기 등의 자세로 쉽게 바꿀 수 있다.
30~33	– 낱말 수가 많이 늘어난다. – 익숙한 3, 4개의 낱말로 구성된 문장을 사용한다. – 낱말의 순서, 문장구조 및 문법이 주변의 언어를 따른다. –그러나 많은 말들이 어른이 하는 말과는 다르다.	– 손, 손가락의 협응력이 좋다. – 각 손가락을 하나씩 움직일 수 있다. – 물건을 세련되게 조작할 수 있다. – 정육면체 6개를 쌓을 수 있다.
36~39	– 1000개 이상의 낱말을 사용한다. – 모든 규칙을 다 사용하지는 못하나 복잡한 문법규칙에 맞게 문장을 표현한다. – 문법적 실수는 점점 줄어들고 아동의 말은 90% 이상 이해 가능하다.	– 빨리 혹은 천천히 민첩하게 달린다. – 빨리 몸을 구부릴 수 있다. – 한 발자국씩 계단을 오르내린다. – 두 발로 뛴다. 세발자전거를 탄다. – 몇 초 동안 한 발로 선다.

〈표 3-2〉에서 언급한 바와 같이 의사소통은 언어적 의사소통과 비언어적 의사소통으로 나눌 수 있다. 즉 조음기관인 입을 통해서 언어의 형태를 띠고 진행되는 의사소통이 언어적 의사소통이고, 그렇지 않고 몸짓이나 표정, 눈짓 등의 비언어적인 수단을 사용하여 의사소통을 수행하는 것을 비언어적 의사소통이라 하겠다.

영아기에서 보여주는 공통적인 몸짓과 그 의미를 살펴보면 〈표 3-3〉과 같다.

〈표 3-3〉 영아기의 몸짓과 그 의미

몸 짓	의 미
- 젖을 빨지 않고 입 밖으로 흘리는 것	- 배가 더 이상 고프지 않다.
- 혀로 젖꼭지를 밀어내는 것	- 만족하게 먹었다.
- 입을 삐죽이 내미는 것	- 불유쾌함.
- 물건을 밀어내는 것	- 원치 않음.
- 물건을 향하여 손을 내미는 것	- 물건을 손에 쥐어 주기를 원함.
- 사람을 향하여 팔을 내미는 것	- 안아 주기를 원함.
- 입술을 빨거나 혀를 내미는 것	- 배고픔.
- 미소짓고 팔을 내뻗는 것	- 안아 주기를 원함.
- 재채기를 심하게 하는 것	- 춥거나 기저귀가 젖음.
- 옷을 갈아입히거나 목욕을 시킬 때 버둥거리며 우는 것	- 이 행위를 싫어하고 화가 났음.

또한, 의사소통 능력의 발달에 관한 연구를 보면, Piaget(1955)는 어린이의 언어를 자아 중심적 언어와 사회화된 언어의 두 종류로 나누어, 어린이가 어떻게 의사소통 능력을 발전시켜 나가는가를 임상적으로 분석해 놓은 것에서, 의사소통 능력의 획득과정을 다음과 같은 단계로 나누고 있다.

첫째는 비의사소통적 언어인데, 이는 반복어, 개인독백, 집단적 독백 등을 가리키는 것으로 상대방이 드러나지 않은 상태에서 유아가 혼자 표현하는 것으로 의사소통적이라고 볼 수 없다. 둘째는 의사소통적 단계인데, 이는 순응된 정보 교환, 비판, 명령, 요구, 위협, 질문, 대답 등을 가리키는 것으로 비로소 의사소통적 단계로 진전되는 것이고 이러한 유아의 의사소통의 내용은 유아에게 의사소통의 기능이나 의도의 표출에 해당하므로 의미나 기능의 측면에서도 분석이 가능하다.

Bruner(1978)는 유아가 4~5개월에는 어머니와 눈을 마주치는 마주봄을 8~11개월에는 어머니와 공통된 관심대상을 향하여 공동주목을 할 수 있고 만 1년 이후에는 의사소통 상황 속에서 요구, 거부, 관계 맺음 등으로 의사소통 의도를 드러내고 있음을 강조하였다.

언어의 사회적인 의사소통 기능의 중요성을 예시하는 예로 공존격이나 호칭 등의 의미관계가 먼저 나타나는 것으로 보아, 사회적 의사소통에 필요한 것일수록 먼저 습득되는 경향이 있다고 지적한다.

유아의 언어발달은 신체적 운동기능의 발달과 밀접한 관련이 있으며 언어능력이 발달되지 않은 유아 초기에서는 다양한 몸짓과 표정 등의 비언어적인 방법으로 유아가 능동적으로 의사소통을 시도하고 있음을 알 수 있다.

2) 유아기(2~7세)의 의사소통 능력의 발달

유아기에 유아는 사과하기, 약속하기, 계약하기, 거짓말하기, 공손한 요청 등과 같은 화행을 효과적으로 하는 방법을 습득한다. 또한 이야기나누기 또는 언어 사용 시 다른 사람과 협동하는 기초적 의사소통 능력도 습득한다. 그러나 유아의 화행에서 자기중심적인 발화가 나타난다. 유아기 동안 유아의 발화는 좀더 분명해지며 다른 사람의 발화가 불분명할 경우 명확히 하기 위해 명료한 설명을 요청하는 의사소통 기술도 발달한다. 예를 들어 다른 사람의 발화가 분명하지 않을 때 '무엇을 했니?', '누가 갔지?' 등의 질문을 하여 내용을 분명히 할 수 있게 된다. 상호작용적 형태에 대한 연구에서 나타난 결과는 1~2세 영아들은 대체적으로 성인과 상호작용하며, 이런 형태는 3세에서도 4세에서도 아주 현저하게 눈에 띈다. 초기에는 대화의 95%가 성인을 향하며 4세에는 53%가 성인을 향한다. 자기를 향한 의사소통은 1세에 비해 4세 때에는 반으로 감소하는데 이는 초기에 유아들이 우선적으로 성인과 대화하려는 경험뿐만 아니라 자신과도 대화하려는 경향이 있음을 지적한다.

Shields(1979)는 유아원 유아의 의사소통 능력을 연구하여 이미 유아원 시기에 의사소통 능력 발달의 대부분이 이루어짐을 제시하였으며 의사소통 능력이 발달된 어린이의 특징을 다음과 같이 설명하였다.

① 상대편의 주목을 끌 수 있으며 또한 일단 주목한 바를 유지하기 위해 대화교환의 차례를 잘 지켜 나간다.

② 자신이 목적한 바와 행동의 중심이 되는 것을 타인의 마음에 분명하게 떠올리기 위해서 대인간의 영역을 조직화하고 결정할 수 있다.

③ 상호교환성의 기대에서 언어적, 비언어적 행위를 주도할 수 있으며 타인에 대한 반응으로 상호교환성을 잘 처리할 수 있다.

④ 불필요한 중복을 피하기 위해 이미 행한 것과 말한 것을 충분히 고려할 수 있다.

⑤ 세상에 대해 갖는 경험의 틀에서부터 요소를 끄집어 내어 타인의 마음을 유발시키거나 개성화시킬 수 있다.

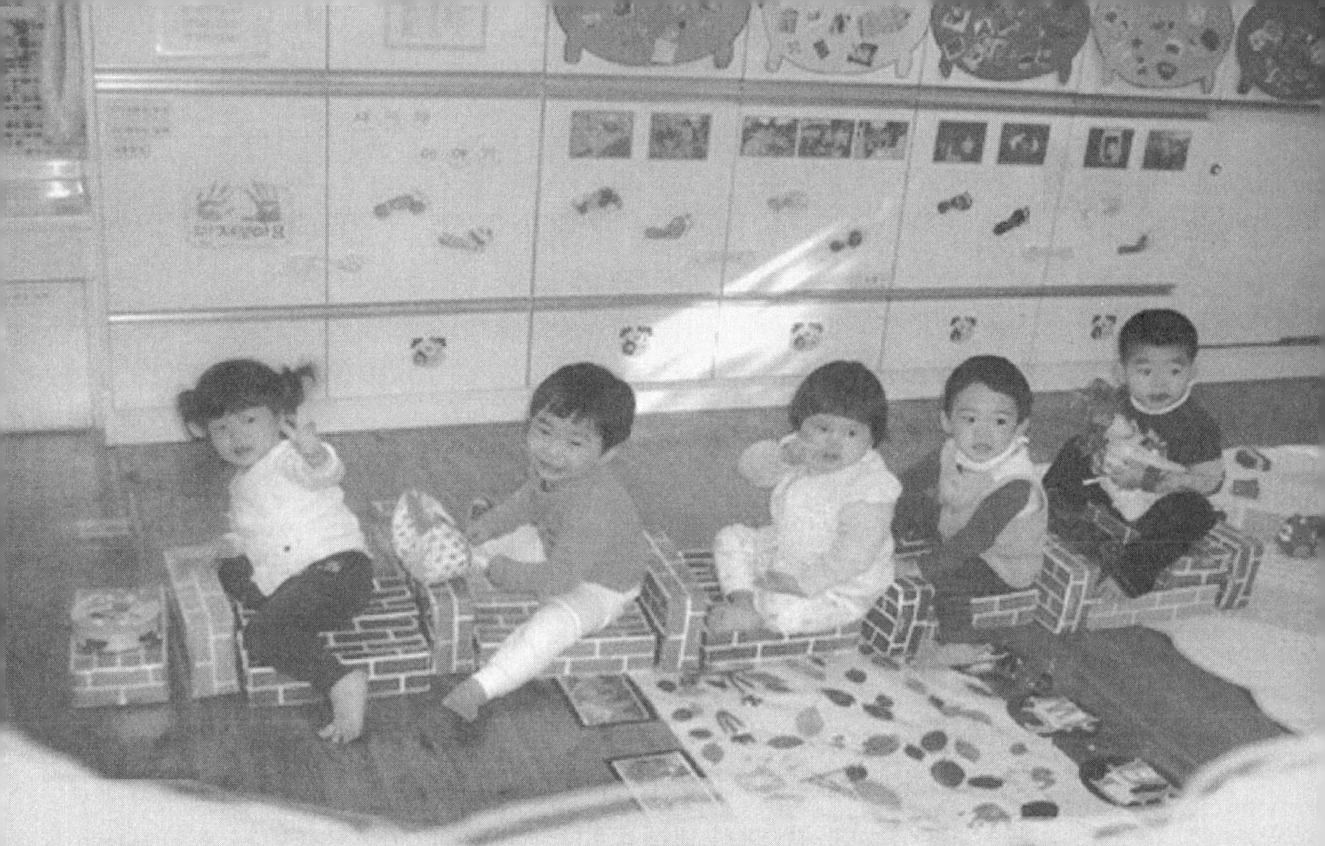

제 4 장

언어발달과 지도

1. 음성언어의 발달과 지도
2. 문자언어의 발달과 지도
3. 언어 교수방법

1. 음성언어의 발달과 지도

1) 영아기 음성언어 발달

(1) 반사적인 발성

생후 3개월 동안 영아들은 매우 제한된 음성행동(vocal behavior)만을 한다. 매우 어린 아기가 아무런 목적 없이 내는 반사적인 발화에는 두 가지 주요 형태, 즉 우는 소리(crying)와 만족해서 내는 소리(comfort sounds)가 있다.

가. 우는 소리(울음)

배가 고파서 우는 소리(wail)와 기저귀의 안전핀에 찔려서 우는 소리(howl)를 구분하지 못하는 아버지일지라도 이 두 상황의 우는 소리 사이의 차이를 구분할 수 있을 것이다. 생후 첫달 동안 부모들은 만족해서 내는 소리보다는 낑낑대는 소리가 더 많으며, 낑낑대는 소리보다는 우는 소리가 더 많으리라는 것을 추측할 것이다. 기저귀를 바꿔주는 횟수가 늘어남에 따라, 그 울음의 비율도 변화될 것이다.

아기가 약 2개월쯤 되었을 때, 부모들은 갈망, 배고픔, 고통 등을 나타내는 여러 가지 명백한 울음형태의 소리를 확인할 수 있는데, 이 모든 울음소리들에는 나름대로의 명백한 억양과 음도 수준이 있다. 더구나 황달, 호흡문제, 기타 유아기의 가벼운 질병 등이 있을 위험도가 높은 아기들은 더욱더 명백한 울음 형태를 나타내기 때문에 식별할 수가 있다. 만일 울음소리가 음성언어발달에 어떠한 기여를 한다면 그 기여도는 필수적인 운동 협응의 연습과 후두와 입과 귀 사이에 필요한 피드백 통로를 확립하는데 있을 것이다. 특히 그 울음소리가 다르게 될 때, 그 울음소리는 아기와 부모와의 원시적인 의사소통 관계를 확립시킨다(권도하, 2001).

나. 만족해서 내는 소리

Cooing이라는 범주 하에 gurgles, sighs, grunts, wisps 등을 모두 포함시킬 수 있다. 이러한 소리들은 주로 음식을 먹일 때, 또는 먹은 후에, 기저귀를 갈아 채우거나, 어떤 불편함이 없어지는 순간이나 그 직후에 나타난다. 주의해서 들으면 전 모음과 후 자음이 지배적인 것 같지만, 그 소리들은 우는 소리에서처럼 비성으로 나오지는 않는다. 아기가 즐거운 감각에서 자기의 음성을 들을 때 그 자신의 발화를 더 많이 경험할 것이며 그러면 음성언어를 더 빨리 습득하게 될 것이다.

생후 1개월이 지나면서 유아는 울음 이외의 발성을 시작한다. 아기는 울음소리 외에 /우/, /나/, /이/와 같은 모음 소리를 주로 내며 호흡과 관련되는 /h/소리도 발성한다. 이러한 소리를 쿠잉이라 하며 이 같은 발성은 우연히 산출되는 목 울림소리로 입의 안쪽 부분에서 '쿠', '구'로 생성되는 소리이다(주영희, 2001).

3~4개월이 되어 소리를 길고 반복적으로 연결할 수 있으면 아기는 /바-바-바-바/와 같이 옹알거리며, 좀 더 지나면 /바-바/와 같이 두 음절의 소리를 내기도 한다. 이 시기의 아기는 일종의 소리실험이라고 볼 수 있는 침소리(gurgles)를 내기 시작하는데 이때 아기들은 침소리를 내면서 즐기는 듯 보인다.

(2) 옹알이

옹알이(babbling)는 자음과 모음소리의 반복적 연결로 이루어진 소리인 음절 혼합의 음성적 행동의 결과로 나타난다. 옹알이는 한번 호기를 해서 몇 개음을 연결하는 것이 특징이다. 모든 유형의 음절들이 나타나게' 되는데, C-V('ba'에서와 같이 자음과 모음) 형태가 가장 일반적이며 V-C("ab"와 같은 모음-자음)와 VCV ("aba"와 같은 모음-자음-모음)는 그렇게 자주 나타나지 않는다. 옹알이를 구성하는 음들이 성인들이 내는 음소와 매우 비슷하지만 이들 음절들이 연결되어 내는 소리는 만족해서 내는 소리 이상은 없다. 아기는 손가락 발가락을 가지고 노는 것과 마찬가지로 혀, 입술, 후두를 가지고 노는 것 같다. 영유아가 같은 소리를 내려면 그 소리를 반복해서 듣는 동시에 느껴야 한다. 모방은 자극을 촉진시키는 필수적인 방법이며, 옹알이는 가장 순수한 종류의 자기모방(self-imitation)인 것이다. 옹알이 기간이 병으로 인해 방해

되거나 지체될 때, 진어(true speech)의 출현도 마찬가지로 지체된다. 농아들도 정상적인 시기에 옹알이를 시작하지만 자기가 내는 소리를 들을 수 없기 때문에 농아의 아기들은 옹알이에 흥미를 잃어버려서 정상아보다 진짜 음성놀이를 훨씬 덜하게 될 것이다. 농아의 아기들은 침대 위에 거울을 달아두면 시각적인 자기 자극을 통하여 옹알이를 증가시킬 수 있다.

가. 사회화된 옹알이(socialized babbling)

유아가 일어나 앉고 시선을 한 가지 물체에 고정시키고, 물건을 집어서 입으로 가져가고, 기기 위해 몸을 뒤집을 수 있을 때인 생후 5~6개월경에 어떤 옹알이는 도구적인 기능을 가지는 것 같다. 그러한 옹알이는 관심을 끌고 거부당하지 않으며, 어떤 요구를 나타내기 위해 사용하는 것 같다. 아기는 사회적인 문맥에서 더 많이 옹알이를 한다. 가끔 아기는 남의 말을 듣는 것 같기도 하고 확실히 타인의 말을 깨닫는 것 같다. 그 이후 아기들은 남의 주목을 끌고, 거부당하지 않으며 요구를 나타내기 위해 발성(vocalization)을 사용하기 시작한다. 영유아들은 자신을 표현하고 또 남의 행동을 수정하기 위한 두 가지 목적으로 자신의 원시적인 언어를 사용하는 것이다. 이 단계는 또한 음성놀이에서 음절의 나음이 중복해서 내는 것 (doubling of sounds)이 특징이다. 그는 da-da와 같은 어떤 이중 음절을 내며, 다른 음절들과 결합하지 않고 그 음절만 자주 연습한다. 보통 며칠마다 무엇인가 새로운 어떤 음으로 바꾸어서 간혹 이전에 성취한 음들을 복습하는 것이 보다 일반적이지만, 가끔 한 가지 음만 결합한 것을 여러 주일 동안 연습할 때도 있다. 진짜 이중음절(dissyllable; ba-ba)은 비교적 생후 1년 중의 후반기에 나타난다.

이때 영유아는 종종 "말대꾸(answer back)"를 할 것이다. 소리를 내어 보라. 그러면 영유아들도 소리를 낼 것이다. 이 두 소리는 보통 비슷하지는 않지만 영유아들이 반응하고 있다는 것은 확실하다. 영유아들의 음성놀이에 나타나는 대부분의 모음은 입의 전방 또는 중간에서 만들어진 전모음 또는 중모음이지만, 소수의 ㅇㅇ와 oh음과 같은 후모음도 영유아의 음성놀이에서 발견할 수 있다. 또한 /d/, /t/, /n/, /l/등과 같은 자음도 들을 수 있지만, 예리하고 분석적인 귀를 가지고 듣지 않으면 이러한 음들을 분류되지 않은 음들의 흐름 속에서 구별해 내기가 어렵다.

영유아 혼자서 하는 옹알이(private babbling)가 이 시기까지 계속되지만 이제 그

시기의 영유아들은 여러 사람이 보는 가운데서 연습하는 것을 더 좋아하는 것 같다. 영유아들은 자신이 하는 것을 듣기 위해서 옹알이를 하지만 다른 사람들에게 들려주기 위해서도 옹알이를 한다. 영유아들은 자신에게 말하고 있지만, 또한 남에게도 말하고 있는 것이다. 이것이 사회화된 발성이다.

나. 억양이 붙은 음성놀이

비록 옹알이에서도 음도와 강도에서 약간의 squeals와 변화가 이전에 일어나고 있었지만, 약 8개월 이후가 되어야 억양이나 음조의 변화가 두드러지게 나타난다. 음성놀이가 성인의 구어의 음조 특징을 나타내게 되는 시기도 이 때이다. 영유아는 아무런 의미가 없는 뭐가 뭔지 알 수 없는 단지 즐겁게 지껄이는 소리가 의문문, 명령, 놀람, 사실의 장황한 서술 등과 같은 억양을 사용하는 것을 본다.

혼자서 하는 옹알이와 사회적인 음성놀이는 생후 8개월에서 1년 동안에 맹렬히 계속된다. 또한 음들의 레퍼토리가 증가한다. 후모음과 전자음들이 현저하게 습득된다. 비록 우는 시간이 줄어들었다고 믿는 아버지들은 거의 없지만 실제로 우는 시간이 줄어든다. 아버지들은 이 시기가 되어서야 자녀에게 관심을 갖기 시작한다. 아기는 울기만 하던 존재에서 사람이 되어 가고 있는 것이다. 영유아들은 컵을 탕탕 두드리며 어른들을 따라 웃을 것이다. 영유아들은 끌어 안기려고 손을 뻗치며 "아니(no)"라는 부정어의 의미를 이해하기 시작한다. 그러나 무엇보다도 중요한 것은 영유아들이 마치 말을 하고 있는 것처럼 소리를 내기 시작한다는 것이다.

영유아들의 끙끙거리는 소리(grunts)와 울부짖는 소리(wails), 옹알이, 사회화된 발성, 억양연습 등 이러한 활동들은 모두 앞에서 언급한 시기에 시작하지만 언어발달을 하는 전체 기간에 걸쳐서 계속된다.

영유아는 음성적인 훈련(vocal gymnastics)을 통하여 점점 의미 있는 음성언어에 필요한 협응을 숙달한다. 그러나 영유아들이 이 단계에서 da-da, ma-ma라는 것을 반복한다고 하여 그 영유아들이 자기의 부모들을 부르고 있는 것이 아님을 강조한다. 이 시기 동안에 간단한 음악적인 음조나 노래 또는 자장가 등이 특히 좋은 자극이 된다. 부모들은 영유아의 억양과 리듬을 관찰하여야 하고, 이것들을 배가시키도록 노력하여야 한다. 이것은 이 시기에 자극으로써 사용해야 한다는 자료이다. 이러한 사회화된 옹알이나 음성놀이에서 비록 그것이 의미 있는 메시지가 아닌 단순한 소리에 불과한 것이지만, 주고받고하는 의사소통의 기본 형태를 찾을 수 있다. 옹알이 시기에 상대방의 반응 여하에 따라 상대방이 반응하면 적극적이고 다양한 소리의 옹알이를 하게 되나 반응이 없게 되면 옹알이는 소극적이 된다.

8개월경에는 음도 억양이 매우 현저해지고, 웅얼거리는 소리의 운율특성이나 멜로디는 영유아에게 즐거운 경험을 주면서 "대화"를 주고받게 만든다. 부모들의 미소나, 제스처, 토닥거려주는 것, 또는 말을 하여 주는 것 등과 같은 사회적인 강화제는 영유아의 음성 행동의 빈도를 증가시킨다. 즉, 옹알이는 영유아에게 발성 자체를 즐기게 하는 언어적 연습의 의미와 성인과 발성을 주고받는다는 의사소통의 첫 경험으로써 큰 의미가 있다고 할 것이다. 그러나 아기가 후모음과 전자음을 현저하게 습득하면서 그의 음의 레파토리가 급속히 증가하는 것을 보게 될 것이다. 이 때가 처음으로 의미 있는 단어를 말할 시기가 되는 것이다.

아이들의 옹알이는 그 언어 환경에 따라 달라진다. 예를 들어 영어를 말하는 집에서 자란 아기와 한국어를 말하는 가정에서 자란 아기의 옹알이는 다르다. 농아도 옹알이를 하는데, 그 소리 형태가 다르다고 한다. 옹알이에서의 차이는 9개월에서 10개월 사이에 관찰되는데 이 시기는 바로 아이들이 자기 모국어에서 쓰이지 않는 소리의 지각능력을 잃어버리는 시기이다. 6개월 이후면 모국어의 음운론에 주의를 기울인다.

(3) 한 단어시기(One-Word sentence stage)

어린아이들은 매우 복잡한 구조로 이루어져 있는 언어를 어떻게 빨리 배울 수 있을까? 어린이는 출생 후 1년 정도 되면 남이 알아들을 수 있는 단어를 말하기 시작해서 연령의 증가와 함께 어휘의 수도 증가하게 된다. 1세 영유아들은 파열음(ㅂ, ㅃ, ㄷ, ㄸ, ㄱ, ㄲ)과 비음(ㅁ, ㄴ)을 활발하게 획득한다.

18개월 정도가 되면, 아이의 어휘는 급속하게 자라나고 낱말을 조합하기 시작한다. 두 살 정도면 50개에서 600개 정도의 낱말을 언제든지 사용할 수 있다. 하지만 이 정도도 과소평가이며, 아이들은 말하는 것보다 훨씬 더 많은 낱말을 이해한다(Clark, 1993).

대개 첫돌 무렵에 한 단어가 사용된다. 옹알이가 한 단어로 발전되어 '마마마마'는

'맘마'나 '엄마'로, '바바바바'는 '아빠', '어부바' 등의 단어로 발전한다. 이와 같은 첫 단어 발화에 엄마 아빠는 감격하고, 온 가족의 칭찬과 환호가 쏟아진다. 이것은 영아에게 발화의 중요한 피드백이 된다.

16~18개월경이면 영아들은 조합된 의미나 문장의 의미를 전달하는 한 단어의 사용이 증가하고 어휘의 놀라운 신장을 보이는 것으로 나타났다. 한 번에 한 단어씩 말하지만 유아는 한 단어로 여러 가지 의미를 전달한다. 예를 들어, 영아가 "우유"라고 말할 때 이는 "여기 우유가 있다" 또는 "나 우유 먹을래" 하는 뜻을 의미할 수 있다. 영아가 말하는 의미를 분명히 알려면 상황에 의존해야만 한다. 즉, 이 시기에 영아가 말하는 한 단어의 말은 구(句)나 문장의 의미를 가지고 있으므로 일어문이라고도 하며 이 시기에 영아는 자신이 속해 있는 언어사회에서 큰 영향을 받게 된다. 한 단어 시기에는 몇 가지의 특징을 갖는데 사물의 이름이 있음을 발견하며 이름을 알려는 상당한 노력을 하는 '명명 폭발기(naming explosion)'의 특징과 단어의 의미를 더 넓게 확대하여 사용하는 '과잉확대 현상'과 이와 반대로 의미의 범위를 축소시켜 단어를 사용하는 '과잉축소 현상'을 보인다. 이러한 과잉확대와 축소 현상을 '과잉일반화(over generalization)현상'이라고 한다.

① 과잉일반화(over generalization) : 이제까지 배운 문법적 지식을 가지고 그 규칙이 적용되리라 생각하는 곳에 적용하는 것이다. 예를 들면, 주격조사 '이가'를 적용하는 것(선생님이가, 곰이가, 꽃이가)으로 과잉축소나 과잉확대 현상을 포함한다.

② 과잉확대(over extension) : 단어의 참조범위를 지각적 유사성(형태, 크기, 감촉 등)에 기초하여 확대해서 적용하는 것이다. 예를 들면, 주격조사 '가'를 적용시키는 경우에 '삼촌이'를 '삼촌이가' 등으로 표현하는 것, 아빠 또래의 남자를 보면 '아빠야' 하고 확대하여 말하는 것이다. 집에 있는 애완견을 멍멍이라고 배우면, 개만이 아니라 말, 하마, 소도 멍멍이라고 한다.

③ 과잉축소(under extension) : 단어의 참조범위를 어른들의 인식보다 좁게 적용하는 것이다. 예를 들면, 튀긴 닭요리를 먹은 유아가 '치킨'이라는 언어를 사

용할 때 반드시 닭튀김 요리에만 적용시키는 것, 즉 다른 요리 방법으로 요리된 닭고기는 '치킨이가 아니야'라고 범위를 국한시키는 것이다.

Nelson(973)은 1세와 2세 사이의 영아 18명의 처음 한 단어 표현 50개를 기록하여 분석하였다. 분석결과 영아들은 '양말', '구두', '열쇠' 등 영아 주변에서 흔히 들을 수 있는 말이면서, 영아 자신이 직접 다루고 쉽게 만질 수 있는 사물이 첫 단어로 사용된다는 것을 밝혀 내었다.

Nelson은 연구결과 영아의 첫 단어 종류를 다음의 5가지 종류로 구분하였다(이영자, 2004).

① 명사 : 영아가 표현하는 명사를 구분하면 호격명사(예 : 엄마)와 일반명사(예 : 우유, 강아지)로 구분된다.
② 동사 : 행위의 설명, 요구를 전달하거나 주의를 요구하는 표현이 이에 해당된다(예 : 빠이빠이).
③ 수식어 : 사물 또는 사건의 속성이나 질을 표현하는 말이 이에 해당된다(예 : 예쁘다, 뜨거워, 없다).
④ 개인적-사회적 상태나 관계표현 : 개별적인 느낌 등의 정의적 상태나 사회적 관계를 표현하는 말이 이 분류에 해당된다(예 : 주세요, 줘, 아파, 싫어 등).
⑤ 문법적 기능어 : 예를 들면 무엇, 어디 등의 언어사용이다.

이밖에도 아기가 사용하는 첫 단어에는 인사말, 관계어, 위치어 등도 나타난다. 특히 아기의 첫 말은 대개 추상성의 정도에서 중간 정도의 것, 즉 기본 수준(basic level)에 해당하는 범주의 것이 많다. 예컨대, 하위 수준인 '장미'나 상위수준인 '식물'이라는 표현보다는 기본 수준인 '꽃'이라는 단어를 많이 사용하는데, 이는 그런 단어들이 기능적으로 더욱 유용하기 때문이라고 한다(Brown, 1973).

아울러 Nelson은 한 단어 표현시기에도 성인이 영아와 상호작용하는 방식에 따라 영아의 한 단어 표현이 다름을 제시하였다. Nelson은 영아의 한 단어 표현 범주에 따라 참조적 영아와 표현적 영아로 구분하였다. 참조적 영아(referential children)는 의사소통 시 주로 개념을 전달하기 위해서 언어를 사용하는 영아이고 표현적 영아(expressive children)는 주로 요구와 느낌을 표현하는 영아다. Nelson은 영아와 어머니의 의사소통 유형을 살펴본 결과 참조적 영아의 어머니는 참조적 어휘를 많이 사용하고, 표현적 영아의 어머니는 표현적 어휘를 많이 사용하였음을 밝히고 있다(조정숙 · 김은심, 2006).

(4) 두세 단어 시기(Two, Three-Word sentence stage)

유아마다 개인차는 있지만 대체로 16~18개월 정도에 '엄마 맴매', '아빠 어부바' 등 두 단어를 사용하기 시작하며, 두 단어가 한 문장의 역할을 한다. 전보식 문장표현(telegraphic speech)과 주축문법(pivot grammar)의 사용이 이 시기의 특징이다.

가. 전보 문장식 표현(telegraphic speech)

전보식 문장 표현이란 표현 그대로 전보를 보낼 때 가장 중요한 단어만 배열하여 전보내용을 보내듯 이 시기 유아는 접속사, 서술어 등을 생략하고 명사와 동사, 그리고 몇 개의 형용사와 부사를 사용하여 의사를 표현한다는 것이다(임영주, 2006). 예를 들어, 이 시기의 유아는 "나는 강아지와 함께 놀고 있어요"라고 말하기 보다는 " 나, 강아지 놀아" 또는 "강아지 놀아" 정도로 줄여서 말할 것이다. 즉, 핵심적인 단어를 제외하고는 다른 문법적 의미를 가진 단어들을 생략한다(이경화 외 5인, 2009).

나. 주축문법(pivot grammar)

주축문법은 주축어와 개방어(pivot words& open words)로 구성되어 있다. 주축어란 두 단어를 조합할 때 축이 되는 단어이며, 주축어는 단독으로 사용되지 않고 다른 단어가 합쳐지게 하는 축의 역할을 하여 의미를 구성한다는 뜻에서 주축어라 하고, 주축어는 다른 개방어와 사용된다는 특징을 갖는다.

개방어는 주축에 속하지 않는 어휘를 뜻한다. 예를 들어 "안 가", "안 예뻐"에서 '안'은 주축어이고 '~가', '~예뻐'는 개방어이다. 이때 주축어는 두 단어 조합의 앞이나 뒤의 고정된 위치에 나타나며, 단독으로 사용되지 않으며, 다른 주축어와 함께 사용되지 않고, 모든 개방어와 조합될 수 있다(이경화 외 5인, 2009).

우리말의 경우 사용빈도가 높은 감탄사 또는 아빠, 엄마 등의 단어들이 주축어가 되고, 어휘수가 다양하고 의사소통의 뜻이 확실히 포함된 단어가 개방어가 된다.

어린이가 두 단어를 조합하여 말하기 시작한 후 한 달 정도가 지나면 두 단어를 의미론적으로 연결시켜 표현함으로써 진정한 의미에서의 두 단어 표현이 이루어진다. 두 단어 조합에서는 맥락에 따라 어린이의 말을 해석하지 않으면 정확한 의미를 알 수 없는 경우가 많다. 예를 들어 "엄마 물"이라는 말이 "엄마 물 주세요"라는 의미인지 또는 '엄마 물'이라는 의미인지는 그 표현이 이루어진 맥락을 고려해야 정확한 의미를 파악할 수 있다. 그러나 두 단어를 조합하여 말하기 시작한지 2, 3개월이 지나 세 단어 조합이 나타나기 시작하면 "엄마 물 줘"라는 좀 더 완전한 문장으로 표현하게 된다. 이와 같이 세 단어 이상의 표현에서는 동사가 필수적으로 사용되어서 명사들의 의미 관계가 자연스럽게 연결되기 때문에 맥락을 고려하지 않아도 정확한 의미를 해석할 수 있다(이승복, 1994).

2) 유아기 음성언어 발달

3~4세경이 되면 한 번에 세 단어 혹은 그 이상을 말하기 시작한다. 주어+목적어+동사(예 : 성훈이 빵 먹어)로 구성되는 단순한 문장형태로 표현이 이루어지며 이들 각 요소들은 (주어, 목적어, 동사) 좀 더 긴 절로 확장되기 시작한다. 이 시기 유아는 대명사, 조사, 형용사, 부사를 포함하는 복합문장을 사용하게 된다.

4, 5세경에는 문장과 문장이 연결이 되어 표현한다(예 : '나는 밥 먹고 나가서 자윤이 하고 놀꺼야'). 그리고 문장과 문장을 연결하는 어미(예 : -고, -는데, -서)를 빈번히 사용한다. 접속사(예 : 그리고, 그러나, 그래서, 그러니까, 그런데, 왜냐하면 등)도 사용하게 된다(예 : '나는 유치원에서 간식을 먹었어, 그리고 놀이터에 가서 미끄럼을 탔어'). 이와 같이 언어능력이 계속 성장되어 가고 세련되어 5세경에는 이미 성인 언어 문법 체계의 기본을 습득하게 된다. 학령기에 가면 한국어의 복잡한 구조들도 습득하게 되고 여러 가지 낱말들, 한자어들도 많이 늘어나게 된다. 또한 3세경이 되면 문법적으로 정확한 문장을 사용하고 유아들은 세단어로 간단한 문장을 표현하며, 접속사의 사용으로 5~6세경에는 수동태 등 일부 복잡한 문장 변형을 제외하고는 다양한 문장 표현이

가능해진다. 음운의 점진적인 발달과는 대조적으로 구문은 처음부터 매우 정확히 사용된다(Machado, 2003).

(1) 부정문 사용

부정문의 표현 특징으로서 부정문의 출현을 들 수 있는데 부정의 표현으로는 '아냐', '안 해', '안 먹어', '안가', '안 돼', '싫어' 등으로 부정, 거부, 금지 등의 목적으로 사용한다. 특히 우리말의 경우 부정의 언어로 '안'과 '못'이 있다면 '안'의 사용이 먼저 나타남을 살펴볼 수 있다. '아니'라는 부정은 일종의 자의 부정으로서 '~하지 못한다.' 라는 타의 부정보다 훨씬 더 자주 쓰이나, 연령이 증가하면서는 자의 부정이 감소하고 타의 부정은 좀 더 후에 나타나는 것으로 밝혀졌다(이연섭 외, 1995).

동사나 형용사 앞에 '못'을 배치하여 "그거 못 해", "언니는 못 하지?", "나 못 해" 등의 문장을 사용하여 정확한 부정문을 사용하게 된다. 우리말에서 부정문의 사용이 5~6세에 거의 완성되게 나타난다고 본다. 이 시기에는 자신이 하지 못하는 것에 대해서는 '못 해'와 할 줄은 알지만 하지 않을 것이라는 자신의 의지를 담은 '안 해'의 차이를 알고 제대로 사용할 줄 알게 되는 것이다.

(2) 의문문 사용

영어의 경우 의문문의 발달 과정은 부정문의 발달과 유사하게 일어난다. 처음에는 문장의 끝을 무조건 올림으로써 의문문을 만들기 시작한다. 3세경이 되면 유아는 소위 wh- 을 사용하게 되는데, 처음에는 문장의 맨 앞에 이 표현을 첨부하고('what mommy doing?'), 조동사를 사용하기 시작하다가 ('what mommy is doing?'), 마침내 이들을 바르게 사용하게('what is mommy doing?') 된다(조희숙 외, 1994).

질문 유형의 산출은 이해보다 늦게 이루어진다. 예를 들어 유아는 '무엇'이 포함된 질문에 대답할 수 있어야 '무엇'으로 묻는 질문을 할 수 있게 된다. 유아가 질문의 형태를 습득하는 방법에는 일정한 계열성이 있다. 여러 학자들의 연구를 종합해 보면 유아가 가장 먼저 이해하고 산출하는 질문의 형태는 '무엇', '어디', '네, 아니오' 대답의 형식이고 그 다음은 '누구', '누구의'이며 '왜', '어떻게', '언제'가 포함된 질문은 후에 나타난다(Lindfors, 1987).

'무엇',과 '어디'의 질문은 사물, 사건의 명칭과 위치에 관련되는 형태로서 일찍 습득되며 '누구'는 행위자를, '누구의'는 소유를 묻는 질문으로서 비교적 일찍 나타난다. 인과 관계에 관한 '왜'와 행위의 도구나 수단에 관한 '어떻게'는 늦게 발달되며 특히 시간 개념에 관한 '언제'는 가장 늦게 표현되는 질문의 형태이다. 이와 같은 유아의 질문 형태 습득은 언어의 의미관계 발달 과정과 일치되며 인지발달을 반영하는 현상이다(주영희, 1984).

(3) 문법적 형태소 사용

조명한(1982)의 연구에 의하면 우리나라 유아들에게 문법적인 형태소가 상당히 일찍부터 사용되어 이미 두 단어시기에 나타난다고 하였다. 예를 들어, "엄마야"의 호칭 어미와 "내거야"의 문장 어미 등이 그 예이다. 공존격 조사로 쓰이는 '같이, 랑, 하고, 도' 등의 형태소도 일찍 발달되어 "아빠하고 얘기하고, 엄마하고……" 등 인간관계를 표상하는 관계에서 많이 나타난다. 주격조사인 '가'와 '는'은 공존격이 발달한 이후에 나타나는 것이 보통이다. 피동문의 사용은 영어에서는 보통 5세경에야 획득되는 것으로 알려져 있다. 그러나 우리나라 유아의 경우 비교적 일찍부터 사용하는 것을 관찰할 수 있는데, 가령 2.5세된 유아가 "바지 입혀 줘"라고 이야기하는 것을 들 수 있다.

5~6세경이 되면 유아의 언어는 어른의 말과 아주 흡사해진다. 접속문이나 내포문 등 복합문장을 구성하여 사용하게 되며, 어휘의 발달도 계속해서 이루어진다(이경화 외 5인, 2009).

(4) 문법과 어미 사용의 발달

문법적 형태소가 나타나면서 성인의 언어수준과 비슷해짐은 물론 격조사가 많이 사용된다. 우리말의 사동과 피동은 가끔 혼돈하여 사용되기도 하지만 5세경이면 "모기한테 물렸어요.", "엄마가 해 주셨어요.", "선생님이 오랬어요." 등의 정확한 문장 사용이 가능해짐은 물론 문장의 길이도 성인의 수준에 가늠될 만큼 길어진다.

특히 이 시기에 '그렇지만', '그러니까', '그래서', '그랬는데' 등의 연결어미를 적절하게 사용하게 되는데 문장 속에서 사용하는 단어의 의미를 고려하여 자연스럽게 표현하고 있음도 살필 수 있다. 또한 '더 많다', '더 적다', '~보다 크다', '~보다 작다' 등의 가역성의 개념도 대체로 이 시기가 되면 정확하게 표현할 수 있게 된다(임영주, 2006).

3) 음성언어 지도

잘 사고하며 듣는(listening) 유아들이 잘 말하고, 읽고 쓸 수 있다는 듣기능력이 말하기, 읽기, 쓰기에 미치는 크나큰 영향력에 대해 인식하지 못하고 있어 아직도 듣기교육이 등한시되고 있는 실정이다. 태어날 때부터 듣기에 대한 잠재능력이 있다고는 하나 의도적인 듣기지도에 의해서 더욱 개발되고 향상될 수 있음이 밝혀졌으며, 태아기부터 듣기를 할 수 있지만, 듣기의 능력은 유아기 이후부터 초등 저학년 시기에 더 많이 길러진다고 하는 연구결과들이 나왔다 (고은영, 2009). 이러한 유아기 듣기의 중요성을 이해하고 올바르게 지도할 필요가 있다.

(1) 듣기 지도

가. 듣기의 개념

듣기란 다른 사람이 전해 주는 말소리를 마음 속에서 의미로 전환시키는 과정이다(Yawkey, et al., 1981). 즉, 듣기란 단순히 말소리를 받아들이는 것이 아니라, 들려오는 말소리를 받아들이고, 그것들에 주의를 기울여 의미를 구성하고, 마침내 메시지를 이해하고 반응하는 과정적 활동이란 뜻이다. Brown(1994)에 의하면 진정한 의미에서 듣기는 청자가 처음으로 말소리를 들은 후, 적어도 7단계나 되는 심리적 처리를 거친 후에 가능하다고 한다. 이러한 사실은 듣기의 요인들이 무엇인지 살펴보면 확인될 수 있다. Brown은 듣기의 요인들을 다음 다섯 가지로 설명하고 있다. 즉, 사전지식, 듣기자료(내용, 메시지), 신경생리학적 활동(hearing, sensation, perception), 주의와 집중, 듣기 활동을 할 때 일어나는 의식적이고 지적인 정신활동이다(이차숙, 2009)

Taylor(1973)는 듣기를 들리기(hearing), 듣기(listening), 그리고 이해하기(auding)의 세 단계로 구분하고 있다. 들리기(hearing)는 말소리의 음파(sound waves)를 귀로 받아들이는 단계를 말한다. 예를 들면, 소리가 들려오는 곳을 확인한다든지, 말소리만을 받아들이는 것을 뜻한다. 듣기(listening)는 말소리를 다른 음향과 구분하여 언어로 인지하고, 이 말소리를 의미 있는 단위로 처리하는 과정을 뜻한다. 따라서, 듣기 과정에는 귀로 받아들인 말소리를 분석하고, 조직하며, 이 소리를 기억 속에 저장된 지식이나 경험과 연결짓는 과정을 포함시켜야 한다. 마지막으로 이해하기(auding)는 듣기 과정의 처리 결과를 종합적으로 이해하고 해석하며, 또 여기에 청자 자신의 정의적인 반응까지 곁들이는 과정을 뜻한다. 다시 말하면 이해하기는 연속적으로 이어지는 단어들을 종합하여 의미로 변화시키는 높은 수준의 인지적, 정의적 처리 과정을 뜻하는 것으로 청자의 비판적 사고 기능이 크게 작용하기도 한다(노명완 외, 1997).

이러한 듣기의 과정에서 듣는 이의 청각적 예민성, 교육 경험과 배경 지식, 정서적 · 사회적 적응 정도, 학급의 물리적 · 심리적 환경, 듣기에 대한 태도, 내용의 난이도 및 화자의 목소리와 전달 방법 등이 주요 변인이 된다(조정숙 · 김은심, 2006).

나. 듣기의 기술

듣기 지도를 하는 데는 메시지를 이해하고 메시지의 내용구성이나 타당성까지 분석하고 판단할 수 있는 진정한 의미에서의 듣기는 매우 복잡한 심리적 처리과정을 거치게 된다.

Petty& Jensen(1980)은 듣기 기술은 듣기 활동의 목적이나 유형 그리고 듣기의 수준에 따라 다 다르기 때문에 듣기 기술들을 구체적으로 파악하기는 매우 어렵다고 말한다. 그러나 대충 ① 소리의 지각, ② 소리 순서의 기억, ③ 의미도출, ④ 의미의 활용 등 네 가지 범주로 구분하여 설명하고 있다.

Brown은 듣기 기술은 듣기 활동의 목적에 따라 여러 가지 형태를 취한다고 보았다. 좋은 듣기는 말을 정확하고 사려 깊게 받아들이는 것이지만 듣기의 목적에 따라 듣기 활동의 유형이 달라지고 유형에 따라 활용되는 듣기 기술이 다르다고 지적한다. Brown은 듣기의 유형을 일반적인 듣기와 비판적인 듣기로 구분하고,

각각의 듣기를 위하여 활용되는 듣기 기술은 다음과 같다고 밝히고 있다(이차숙, 2009).

① 일반적 듣기 기술들

- 의미 있는 세부 내용을 정확하게 기억하기
- 단어와 아이디어의 순서들을 기억하기
- 구두로 지시하는 것들을 따르기
- 구두로 전달된 메시지를 다른 말로 바꾸어 말할 줄 알기
- 이야기의 구성, 인물의 성격, 화자의 주요 주장을 알기
- 단어의 문자적 의미 알기
- 상황에 따른 단어의 의미 알기
- 세부 내용들이 함축하고 있는 것을 알기
- 주요 생각을 알기
- 답하고 질문할 줄 알기
- 주요 아이디어를 찾아내고 요약할 줄 알기
- 아이디어들 사이의 관계를 알기
- 전체적인 구조를 이해하고 다음에 나올 내용이 무엇인지 예측할 줄 알기
- 전달된 내용과 사전 지식을 연결하고 적용할 줄 알기
- 즐거움을 위하여 상상하고 확장하기

② 비판적 듣기 기술들

- 준거에 따라 환상적인 것과 사실적인 것을 구분할 줄 알기
  주요 아이디어, 주장, 가설들의 타당성과 적절성을 판단할 줄 알기
- 진술의 잘됨을 알고 판단하고 평가할 줄 알기
- 타당한 진술과 타당하지 않은 진술을 구분할 줄 알기
- 아이디어를 검사하고, 비교하고, 대조하여 진술에 대한 결론을 내릴 줄 알기
- 오류를 발견하기
- 화자가 청자에게 영향을 미칠 수 있는 다양한 장치의 효과를 인식하고 판단하기

- 화자의 편견이나 관점을 찾아내고 평가할 줄 알기
- 화자의 여러 조건들이나 제한을 평가할 줄 알기
- 화자의 아이디어를 새로운 상황에 적용시킬 수 있는 방법들을 평가하기

다. 듣기 지도의 기본원리

유아교육기관에서 듣기 경험은 유아들에게는 매우 새롭고 높은 수준의 지적 능력을 요하는 중요한 교육 경험이다. 유아기에 형성되는 듣기 습관은 평생 동안 그대로 지속될 가능성이 상당히 높으므로 교사는 훌륭한 듣기 습관, 높은 수준의 듣기 능력, 듣기를 중요하게 여기는 태도를 보여주어 자연스럽게 이러한 것들을 학습할 수 있도록 배려해야 한다.

듣기 교육을 위한 교육원리는 다음과 같다.

① 영아를 위한 듣기의 기본원리

㉠ 영아가 보내는 몸짓이나 표정과 같은 비언어적인 단서나 옹알이와 같은 언어적 시도에 말로 반응하여 풍부한 언어적 자극을 제공하고 눈을 맞추는 등 적극적으로 반응한다.

㉡ 영아는 듣기를 통하여 말하기를 배우므로, 영아에게 단순하지만 명확한 언어를 말해 주어 영아에게 듣는 기회를 많이 제공한다.

㉢ 흔들면 소리가 나는 놀잇감을 영아가 자유롭게 가지고 놀게 하여 다양한 소리를 탐색하도록 배려한다.

㉣ 손뼉치고 두드리고 콧노래나 노래를 불러주는 등 영아에게 다양한 소리를 들려주어 영아가 소리에 주의를 집중시키는 훈련을 할 수 있도록 한다.

② 유아를 위한 듣기의 기본원리

㉠ 유아들에게 듣기의 중요성을 인식시킨다.

유아들은 효율적인 듣기가 유치원 생활이나 친구들과의 일상생활 및 가족과의 생활에서 매우 중요하며 성인이 된 후의 사회생활에서도 매우 중요하다는 점을 배워야 한다. 그리고 듣기란 내용의 이해뿐만 아니라 효율적 의사소통의 한 방편이며, 더 나아가 생활을 풍부하고 부드럽게 만들어 주는 영양소가 될 수 있음도 배워야

한다.

듣기를 중요하게 인식하도록 환경을 구성하기 위해서는 일상생활에서도 듣기를 중요하게 다루어야 한다. 화장실가기, 먹기, 잠자기와 같은 일과 속에서도 유아는 끊임없이 일상생활과 관련된 낱말과 문장을 듣고 이해하는 경험을 한다. 이와 같이 유아의 유아교육기관의 일과 속에서 유아가 교사와 한 약속과 규칙을 잘 이행할 수 있도록 꾸준히 대화를 나누고 또래와의 놀이 속에서도 친구와 갈등 없이 지내기 위해 친구의 말에 귀 기울일 수 있도록 지도한다.

㉡ 유아들에게 여러 가지 소리에 대한 감각 경험을 갖는다.

유아들에게 어느 한 장소에 조용히 앉아 주위에서 들려오는 온갖 소리를 들어보고 각각의 소리가 주는 의미, 여기에서 느낄 수 있는 감정에 관심을 기울여 보도록 한다. 같은 소리라도 어떤 유아는 이를 단순한 하나의 음향으로 들을 수도 있지만 다른 유아는 이 소리에 스스로 의미를 부여하여 재미있는 이야기를 만들어 낼 수도 있다. 소리에 대한 예민한 감각이나 감상적인 감각은 듣기의 중요성을 새롭게 인식시켜 줄 뿐만 아니라, 예술 감상을 위한 첫 걸음이 되기도 한다 (조정숙 · 김은심, 2006).

㉢ 유아들에게 다양한 듣기 경험을 제공한다.

교사는 유아가 이해하기 쉽게 간단명료하게 말해야 한다. 그리고 유아가 이해할 수 있는 주제와 길이의 이야기를 들려주어 유아가 흥미롭게 들을 수 있도록 배려한다. 듣기 행위는 친구와의 대화에서부터 교사와의 이야기 나누기에서의 듣기에 이르기까지 다양하다.

교사는 유아의 주의집중 시간을 고려하여 듣기 활동을 계획해야 한다. 유아가 흥미가 없어 보이거나 지루해 하며 집중력이 떨어진다면 교사는 활동을 마칠 수 있다. 그렇지 않으면 관련된 다른 흥미로운 이야기를 들려주거나 재미있는 매체를 통해 유아가 계속 관심을 가지고 들을 수 있도록 융통성 있게 활동을 조절해야 한다. 이러한 매체로는 녹음기, 카세트, 오디오, 각종 도서류, 손 인형 등이 있다.

㉣ 유아가 잘 들을 수 있는 환경을 마련한다.

교사는 유아가 잘 들을 수 있도록 유아의 주의 집중을 흩어지게 하는 것이 무엇인지를 파악하여 이 요인들을 없애 버리거나 최소화하도록 신경 써야 한다. 듣기 활동의 처음과 끝이 분명하게 드러나고 간단명료하면 유아도 좋은 청자가 될 수 있다. 듣기 활동을 준비할 때는 교구장이나 칸막이를 이용하여 산만한 소리나 자극을 통제하고, 적절한 실내 온도와 조명, 좌석 배정을 점검하여 편안하고 쾌적한 상태에서 듣기 활동이 진행될 수 있도록 환경을 점검한다. 또한 사전에 집단의 크기를 결정하는 것이 좋으며, 유아가 어릴수록 소집단 활동으로 활동 소요시간이 짧을수록 좋다. 무엇보다 편안한 마음으로 들을 수 있는 안정되고 온화한 분위기를 조성하는 것이 중요하다.

㉤ 교사 자신이 유아에게 좋은 모델이 된다.

유아는 교사의 듣는 태도를 관찰하면서 모방한다. 그리고 교사의 듣는 행동을 듣기의 중요성을 가늠하는 하나의 척도로 받아들인다. 따라서 교사 자신이 주의를 집중하여 열심히 상대방의 말을 들어주는 좋은 모델이 되도록 노력해야 한다(이순형 외 6인, 2010).

라. 듣기 지도방법

듣기 활동을 시작할 때는 신호음을 사용하여 듣기 시간을 알리거나 집중을 위해 조용히 침묵하는 것도 효과적인 방법이다. 교사는 음성의 변화나 짧은 노래, 손유희, 간단한 신체 동작을 사용하여 흥미를 자극하고 집단을 모은다.

교사는 유아들의 주의 집중 시간을 고려해서 듣기 활동을 계획하고, 유아들의 반응을 지켜보면서 활동을 조절한다. 만일 유아들이 지루해 하고 흥미가 없어 보이면 다른 활동으로 전환하는 융통성을 발휘하고, 산만해지기 전에 활동을 마치도록 한다.

① 영아를 위한 듣기 지도 방법

이경화 외(2010)는 영아를 위한 듣기 지도방법을 다음과 같이 제시하였다.

㉠ 2세 미만 영아의 경우 주변의 다양한 소리에 흥미를 나타낼 때 다양한 소리와 말소리를 들려주는 것을 통해 소리의 감각적 자극에 관심을 갖도록 유도한다. 이 때 표정과 몸짓을 통해 말의 뜻을 알아듣도록 격려한다.

㉡ 일상적 행동과 말소리를 연결하여 듣는 능력을 기른다. 영아는 언어적으로 표현하지 못하더라도 들을 수 있다. 따라서 양육자는 말로 반응을 하며 풍부한 언어적 자극을 제공해야 한다. 교사는 일상의 활동을 통해 “물이 나오네,

손 씻자, 물소리가 졸~졸 나네, 더 세게 콸콸해 볼까? 등의 말을 영아에게 들려준다.

ⓒ 소리 나는 놀잇감을 제공하여 영아가 자유롭게 만지고 두드리고 흔들어 봄으로써 나는 소리에 관심을 갖게 한다. 손뼉치기, 콧노래 등의 소리에 주의를 기울여 들어보게 한다.

ⓓ 운율이 있는 짧은 말소리 듣기 활동을 한다.

ⓔ 영아에게 다양한 크기의 소리에 따라 집중해서 듣는 태도를 기른다.

ⓕ 교사가 하고 있는 일이나 생각을 영아에게 짧게 들려줌으로써 상황에 적절한 어휘와 표현을 익히도록 한다.

② 유아를 위한 듣기 지도 방법

Scott는 유아의 듣기 형태를 감상적 듣기, 목적 있는 듣기, 변별적 듣기, 창의적 듣기, 비판적 듣기로 분류하였다. 이러한 듣기 활동에 가장 중요한 요소는 직접적 · 구체적 경험을 제공하면서 또한 새로운 것을 경험할 수 있도록 하는 것이다.

이러한 듣기 능력을 향상시키기 위한 지도방법은 다음과 같다(박홍자 외 2인, 2010).

ⓐ 교사는 유아가 어느 정도 듣는지, 어느 정도 이해했는지, 얼마 만에 이해하는지를 파악함으로써 기본적인 듣기 능력을 평가할 수 있다.

ⓑ 듣기는 어휘에 대한 이해력, 소리변별력 등에 큰 영향을 받으므로 유아가 어휘에 대하여 많은 경험과 다양한 소리를 들을 수 있는 경험을 제공하는 것이 바람직하다.

ⓒ 의도적으로 듣는 시간을 갖도록 한다. 이때 안정된 분위기로 유아의 주의가 산만하지 않도록 한다.

ⓓ 유아의 말에 귀를 기울이는 것은 유아에게 좋은 모델링이 되므로 항상 경청하는 자세를 갖는다.

ⓔ 유아의 말에 언어적 반응을 보임으로써 주의 깊게 듣고 있음을 표현할 수 있다.

ⓕ 바람직한 듣기 습관을 형성할 수 있도록 다양한 경험을 제공한다.

- 다른 사람의 말에 주의 집중하는 경험
- 함께 생각하는 시간을 갖는 경험

- 순서적으로 회상할 수 있는 경험
- 지시를 따를 수 있는 경험
- 듣고 나서 다시 말할 수 있는 경험
- 들은 말을 전달할 수 있는 경험

ⓢ 듣기를 하는 목적을 알려주도록 한다.

ⓞ 듣기 활동은 유아의 흥미와 이해 수준에 적합해야 하며, 듣는 시간을 너무 오래 끌지 말아야 한다.

ⓙ 가능한 다양한 자료와 방법을 사용한다.

ⓒ 개인차를 고려하여 듣기 활동을 계획한다.

(2) 말하기 지도

가. 말하기 지도의 중요성

인간은 매우 자연스럽게 말하기를 배운다. 누구나 특별한 노력을 기울이지 않더라도 나이가 들면 자연스럽게 말을 할 줄 알게 된다. 유아교육기관에 오는 영유아들은 대체로 말을 할 줄 안다. 대부분의 영유아들은 적어도 기본적 수준에서 모두 말을 할 줄 알고 다른 사람들과 의사소통을 할 수 있다. 그러나 이들의 말하기 활동을 조금만 자세히 들여다 보면, 말하기 능력이 개인에 따라 크게 차이가 있다는 사실을 알 수 있다. 영유아들은 개인에 따라 더 효과적으로 또는 덜 효과적으로 말을 한다. 그것은 영유아들이 여러 가지 사회적 맥락 속에서 말하기를 경험한 정도와 교육의 정도가 다르기 때문이다.

아동의 전체 의사소통 활동 75% 이상이 말하기, 듣기 활동이며, 전자 시대가 열린 지금에도 여전히 인간생활의 60% 이상이 말하기, 듣기 활동이라면 그래도 여전히 말하기 지도가 별로 중요하지 않다고 할 수 있을 것인가? 말하기 능력은 개인의 노력과 교육의 정도에 따라 상당히 달라지기 때문에 기관에서의 교육은 반드시 말하기 지도를 중요하게 다루어야 할 것이다.

영유아의 말하기 활동은 단순히 언어능력 이상의 능력이기 때문에, 말하기 교육을 통해 올바로 지도해야 할 필요가 있다. 인간이 말을 잘하기 위해서는 논리적 · 창의적으로 생각할 수 있어야 하고, 아이디어를 표현할 수 있어야 하며, 다른 사람

의 말을 이해할 수 있어야 하고, 그것에 반응할 수 있어야 하며, 질문을 하고 대답을 할 수 있어야 하고, 정보를 조직하고, 평가하고, 적용할 수 있는 사고, 지식, 기술 등 포괄적 개념의 의사소통 능력을 가져야 가능하다. 따라서 말하기는 상당한 정도의 훈련과 연습이 필요하며, 지도가 필요하다. 그리고 그 지도는 반드시 비판적 사고, 문제해결력, 창의성 등의 문제와 연결된 것이어야 한다(이차숙, 2009).

나. 말하기의 개념

말하기는 자신이 알고 있는 정보, 생각 그리고 감정들을 소리의 상징들을 사용하여 다른 사람들에게 체계적이고 효과적으로 표현하는 고도의 복잡한 지적 활동이다.

말하기는 단순히 언어능력만이 아니라 언어능력과 의사소통 능력을 말한다. 언어능력은 적절한 문장과 의미 있는 문장을 산출하고 이해하는 능력이며, 의사소통 능력은 그런 문장들을 사회적 상호작용에서 적절하게 사용할 줄 아는 능력이다. 말을 잘하기 위해서 화자는 모든 사람들이 이해할 수 있고, 반응할 수 있도록 자신이 표현하고자 하는 의미를 메시지로 바꿀 줄 알아야 한다. 메시지의 효과적인 구성은 어떤 어휘를 골라 사용해야 할지, 무엇을 강조해야 할지, 그 강조를 잘 나타내기 위해 어떤 음조로 말을 해야 할지를 알아야 한다. 한 마디로 말을 잘하려면 주어진 상황에 맞게 언어적 기능을 효과적으로 달성할 수 있는 전략들까지 알고 사용할 줄 알아야 한다는 뜻이다(이차숙, 2009).

말은 의사소통 매체이므로 말하는 사람과 듣는 사람의 상호 이해를 전제로 한다. 만일 말하는 사람이 자신만이 알 수 있는 형태의 언어를 구사한다면 의사소통은 불가능하게 될 것이다. 의사소통을 하려면 다른 사람이 이해할 수 있는 발음과 어휘 및 문법규칙을 적용하여 언어를 구사해야 하며, 말하는 사람은 자신의 생각과 느낌을 목적에 맞게 표현해야 한다. 즉, 말하기란 다른 사람이 이해할 수 있는 발음과 어휘 및 문법규칙을 적용한 언어를 구사하여 자신의 생각과 느낌을 상황과 목적에 맞게 말소리 언어로 표현하는 행위라고 한다(조정숙 · 김은심, 2006).

결론적으로 말하기란 말하는 사람이 언어능력(발음, 어휘, 문법적 구조)을 이해하고, 상황과 목적에 맞는 문장을 산출하여 말소리 언어로 표현하는 행위라 할 수 있다.

다. 말하기 지도의 기본원리

① 영유아가 자발적으로 말하도록 수용적인 분위기를 조성한다.

영유아들이 주로 어떤 것에 흥미를 보이는가를 관찰하고 그것을 중심으로 시작하는 것이 영유아의 말하기 동기를 유발할 수 있다. 영유아와 직접적인 관련이 있는 경험을 주제로 이야기하는 활동을 마련한다. 영유아의 경험과 관련된 내용으로 대화하면 영유아는 적극적으로 말하기에 참여하며 자신 있게 자신의 경험을 이야기할 수 있다. 또한 친숙한 사물을 묘사하기 위해 새로운 단어를 사용해 보거나 잘 알고 있는 단어를 새로운 방법으로 사용해 보는 활동을 통해 어휘능력을 확장할 수 있다.

영유아의 말하기의 수용적인 분위기를 마련하기 위해서는 영유아가 말하고자 할 때 기다려 주면서 영유아의 말에 귀를 기울인다. 교사가 말하기를 주도하기보다 영유아가 주도적으로 말할 수 있도록 기회를 준다. 영유아가 하는 어떠한 말도 인정하고 수용해 준다. 소집단 활동으로 또래 간에 활발하게 대화가 이루어질 수 있도록 배려한다.

② 영유아가 올바른 발음으로 말하게 한다.

어떤 특정한 발음을 어려워하는 영유아가 있다면 그 발음을 천천히, 그리고 분명히 들을 수 있도록 배려해 주는 것이 좋으며, 영유아의 발음에서 문제점이 있다면 직접 교정이나 충고와 지적, 올바른 발음의 계속적 연습보다 올바른 발음을 들려주어 자연스럽게 수정하도록 유도한다. 성량이나 어조, 강세, 속도를 조절하면서 말하는 상황에 따라 적절한 크기의 목소리를 낼 수 있어야 한다. 또한 영유아가 발음을 스스로 지각하지 못할 때 영유아는 그것을 올바르게 습득하기 힘들다. 실제로 소리를 내보도록 하거나 운율적인 단어를 발음하는 활동을 다양하게 계획하여 제시한다.

③ 교사 자신이 말하기의 좋은 모범을 보인다.

교사는 언어습관에서 모범을 보여 영유아의 말하기를 간접적으로 지도할 수 있다. 우선 천천히 명확한 발음을 구사하는 모델이 되어야 한다. 새로운 어휘를 소개한 다음에는 영유아와 대화를 나눌 때 새로운 어휘가 포함된 문장을 들려주어 영유아가 어휘를 획득할 수 있도록 도와줄 수 있다. 또래 갈등 상황에서 언어적으로 문제를 해결할 수 있도록 교사가 정서표현에 적절한 용어를 사용하는 모델도 될 수 있다. 또한 존대말이나 공손하게 말하기, 상황에 적절한 어휘를 사용하기, 문법적으로 바르게 말하기 모델이 되어야 한다(이순형 외, 2010).

④ 영유아의 어휘를 발달시킨다.

영유아들이 말하기 위해서는 사물에 대한 개념과 이해가 선행되어야만 의미 있게 말을 할 수 있으므로 낱말의 의미를 이해하고 나아가 그 이름을 기억할 수 있도록 여러 번 반복해서 말해 주는 것이 바람직하다. 어휘에 대한 이해는 지적 발달과 관계가 깊다. 그러므로 지적 발달을 도모하기 위해 환경을 물리적으로 풍부하게 마련해 주고, 유아의 언어에 대해 칭찬과 인정을 해 주고 언어적 능력이 보다 증진될 수 있도록 경험을 확장시켜 주어야 한다. 또 단어의 의미를 이해하는 수준은 각 유아의 배경에 따라 다르므로 유아의 수준에 맞추어 조금씩 향상될 수 있도록 지도하는 것이 바람직하다. 유아에게 어휘를 지도할 때는 필요에 따라 직접적으로 지도하거나 모방하도록 하는 방법을 사용할 수도 있다.

⑤ 일상생활에서 쉽게 접하고 다룰 수 있는 자료를 사용하는 것이 좋다.

추상인 자료보다는 영유아들이 쉽게 만지고 볼 수 있는 구체적인 자료를 사용하는 것이 영유아의 말하기 활동의 흥미유발에 도움이 된다. 실제적인 동작, 실물, 사진, 그림 자료, 책 등을 보여주거나 실물 화상기, OHP, VTR, 파워포인트 등 다양한 시청각 기자재를 활용하면 영유아는 자신의 경험을 구체적으로 이야기할 수 있고 이야기 나누기 활동에 흥미를 가지며 적극적으로 참여할 수 있게 된다. 또한 소풍이나 견학활동 등도 말하기 지도의 좋은 소재가 될 수 있다.

라. 말하기 지도방법

말하기는 생활 속에서 자연스럽게 이루어지는 대화를 통해서 발달하므로 말하기 지도를 위해서는 유아가 질문하고 답할 수 있는 기회를 최대화하고, 영유아들이 다양한 사람들과 만나 대화할 수 있는 기회를 마련하고, 실수가 있더라도 괜찮다는 믿음이 전제된 자유롭고 허용적인 분위기에서 영유아가 편안하게 말을 할 수 있는 허용적인 분위기를 조성하도록 한다.

① 영아를 위한 말하기 지도 방법

㉠ 영아의 옹알이와 같은 발성을 자극하고 격려해 주며 모방하도록 한다.

말소리에 주변의 성인들은 말로 반응해 줌으로 영아가 듣고 따라 하도록 기회를 준다. 또한 영아와 서로 차례를 기다려 옹알이와 말을 주고받는 기회와 영아가 성인의 말을 모방하는 기회도 갖게 한다.

㉡ 구체적인 사물 제시 혹은 실제적인 상황 속에서 실시하는 것이 효과적이다.

영아가 친숙한 그림, 사진 그림책 등 다양한 시청각 자료를 사용하여 이름을 말해 보도록 한다. 또한 매일의 대화를 통해 새로운 말과 발음을 경험해 보도록 한다.

㉢ 감각과 지각을 통해 말소리를 인지하도록 돕고 자발적인 발성을 유도하고 발성하고자 하는 의욕을 불러일으킨다.

영아는 표현 언어가 부족한 시기이므로 자발적인 발성과 자신의 말소리를 인지할 수 있도록 영아가 천천히 말할 수 있도록 기다려 주고, 열심히 들어줌으로써 영아가 자신감을 가지고 말할 수 있는 기회를 제공해 준다.

㉣ 영아가 습득한 말소리를 바탕으로 영아의 흥미 등을 고려하여 적절한 상황을 만들어 그 말소리를 의미 있게 사용하도록 하며 자신의 의사를 말소리로 표현하도록 유도한다.

교사는 영아에게 다양한 상황에 따른 말하기 모델을 보여주어, 영아가 자연스럽게 상황에 맞는 말을 배울 수 있는 기회를 제공하고 유도한다.

㉤ 영아의 말하기 활동은 주로 구체적인 사물제시 혹은 실제적인 상황 속에서 실시하는 것이 효과적이다.

영아기는 가작화 놀이가 발달하는 시기로서 영아가 신나고 즐거워하는 가운데 흉내내기 놀이나 인형, 전화놀이를 통해 말하기 활동에 참여할 수 있도록 하는 것이 중요하다.

② **유아를 위한 말하기 지도방법**

㉠ 교사는 유아에게 말할 기회를 많이 주어야 하고 유아가 스스로 동기유발되어 개별적인 경험을 많이 이야기하도록 기회를 준다.

이야기 나누기 시간에 유아가 자신의 경험을 말할 기회를 주는 것이 바람직하다.

㉡ 유아가 자기중심적으로 말을 할 때에도 즉시 반응을 보여주어야 한다.

유아가 말을 했을 때 상대방으로부터 아무런 반응이 없으면 대화는 중단되기 마련이다. 유아의 말을 듣고 구체적으로 반응해 준다. 유아의 눈을 보고 고개를 끄덕여 준다든지, '~ 그랬단 말이지?'라고 유아의 말을 다시 한 번 확인해서 유아가 자신의 말한 것에 대해 신뢰감을 갖도록 한다.

㉢ 유아에게 말을 할 때에는 유아의 수준에 맞는 말을 사용해야 한다.

유아의 말은 어른의 말과는 질적으로 다르므로 너무 길거나 어려운 낱말을 사용하는 것은 피해야 한다. 유아가 어른의 문법을 사용할 때까지 말의 순서나 내용을 단순하고 쉽게 하는 것이 좋다.

㉣ 유아가 새로운 단어에 대한 경험을 갖기 위해서는 구체적인 경험에 따른 구체적인 자료를 사용한다.

구체적인 자료로는 시청각 자료, 실물, 동화책, 인형, 인형극 틀 등을 사용할 수 있다.

㉤ 말하기를 돕는 활동을 계획하여 지도한다.

예를 들어, 주말에 지낸 이야기하기, 물건 보며 얘기하기(show & tell), 주제에 대해 이야기하기, 동극, 말 전하기 게임 등의 활동을 계획하여 지도한다.

㉥ 말하기 지도방법에는 다음과 같은 방법들을 사용할 수 있다.

-확대하기(expanding); 유이가 이떤 말을 하면 한두 가지 요소를 덧붙여 즉시 나시 말해 주는 방법이다. 유아가 한 말을 반복하되, 문법적으로나 어의적으로 적절한 요소를 약간 첨가해서 반복해 주는 것을 뜻한다. 예를 들면 유아가 인형을 침대에 눕히면서 "아가" 혹은 "코-자"라고 하면 "아가가 코 자"와 같은 식으로 받아서 말해 주는 것이다. 유아가 말하고자 하는 의미를 반복해 주면서 적절한 세부사항을 덧붙여 주거나 문법적으로 보다 나은 문장을 들려주는 것이다. 이러한 성인의 말은 유아의 의도나 관심사에 부합되는 것이기 때문에 유아가 이해하기 쉬울 것이다.

뿐만 아니라 확대를 사용하면 유아는 성인이 자신의 말을 주의 깊게 듣고 있으며, 자신의 말이 존중받고 인정받는다는 느낌을 받게 된다.

-부연설명하기; 부연설명은 유아가 의미한 말에 대해 적절한 새 정보를 첨가해서 다시 들려주는 것을 말한다. 앞에서 든 "아가"나 "코-자"의 예를 가지고 부연설명과 확대의 차이를 보자면, 부연설명의 경우 "아가가 졸려" 혹은 "아가가 낮잠 자야돼", "아가가 코- 잘 시간이야"와 같은 연관된 문장들을 들려주는 것이다. 유아가 단문정도는 자유롭게 구성할 수 있을 정도라면 인과관계나 대비관계, 사건의 전후관계 등을 첨가해서 들려주면 복잡한 문장구성으로 발전해 가는데 도움이 될 것이다. 예를 들면 다음과 같다.

유아 : 바퀴가 빠졌어.
교사 : 그래, 책상에서 떨어져서 그렇구나. 떨어져서 바퀴가 빠졌어.
유아 : 이거 너무 커.
교사 : 그래, 저 신발은 작은데, 이건 너무 크다. 저건 작고, 이건 크구나. 어떡하지?

-말을 확대하고 분해하기; 말의 여러 가지 요소들에 대한 유아의 인식을 높이기 위해 자주 사용되는 기술이 말의 "확대"와 "분해"이다. 즉, 유아의 말을 확대시키기도 하고 각 요소들로 말을 분해하기도 하는 것이다. 예를 들면 다음과 같다.

유아 : 아가 자.
교사 : 그래, 아기가 잔다.
아기가 침대에서 잔다.
침대에서 자.
침대에서
아기가 침대에서 잔다.
유아 : 침대에서 자.

-모방(imitation); 아동이 하는 행동이나 말을 똑같이 따라하는 방법이다. 유아가 하는 행동을 잘 보아 두었다가 그 행동을 비슷하게 재현하면서 말을 모방하면 그

효과가 더 커질 수 있다. 유아의 말을 부모나 교사가 정확히 반복해 줌으로써 유아 자신의 말의 적절성을 인식시키는데 도움을 준다. 또한 부모나 교사가 이를 받아들인다는 메시지를 무의식 중에 유아에게 전달하는 것이기 때문에 더욱 좋다.

-모델제시(modeling); 어떤 문법구조를 목표로 한다면 그 표현을 이끌어 내기 위해 먼저 교사가 올바른 말을 여러 번 제시해 주는 방법이다.

㉦ 말하기에 개인차가 있음을 알고, 말이 늦을 경우 지나치게 재촉하지 말고 관심을 갖고 관찰하여 원인이 무엇인지를 알아본다.

2. 문자언어의 발달과 지도

1) 읽기의 발달과 지도

유아교육기관에서의 읽기 지도 활동은 영유아가 요구하는 글자를 써 주고 읽어 주기, 동화책 읽어 주기, 일시적으로 제시되는 글자 읽어 주기, 교실 내에 게시된 글자 읽어 주기, 청각변별력에 대한 지도, 시각변별력에 대한 지도, 수 읽어 주기, 말과 글자와의 관계 설명, 자 · 모음 소리 가르치기, 동음이의어 설명, 소리와 철자와의 관계 설명, 발음 교정, 글자 사이의 공간에 대한 설명의 순으로 총 13가지 유형이 나타났다.

유아교육기관에서의 읽기지도 관련활동은 구연동화 들려주기, 단어의 의미 설명, 동극 지도, 쓰기 지도, 그림만 제시하고 이야기짓도록 지도, 발표력 지도, 글자 형성에 대한 지도, 듣기 연습, 철자에 대한 지도, 동시 들려주기의 순으로 총 10가지 유형이 나타났다. 유아교육기관에서의 읽기 지도 활동은 하루일과 중 5.90%를 차지하였으며, 읽기 지도 관련활동은 5.06%를 차지하였다(정소영, 1989).

(1) 읽기 발달

읽기는 낱말인지(word recognition)와 읽기이해(comprehension)의 두 가지 기능적 활동을 통해 이루어진다(Mercer, 1991). 낱말인지는 문자에 대한 해독(decoding)을 의미하며, 형태(configuration), 음소(phones), 음절(syllable), 문맥(context) 등의 분석과 반복적 경험을 통한 즉시읽기(sight words)를 통해 이루어진다.

형태분석이란 문자의 시각적 특징이나 단서(예 : 길이나 복잡성)에 근거해 낱말을 인식하는 것을 말한다. 음소분석이란 낱말을 구성하고 있는 문자소와 음소의 대응관계를 분석함으로써 낱말을 인지하는 것으로, 읽기학습 초기단계에서 주로 사용하는 방법이다. 음절분석이란 낱말을 구성하고 있는 각 음절에 해당하는 소리를 분석적으로 지각함으로써 전체 낱말을 인지하는 것을 말한다. 문맥분석이란 주위의 다른 낱말이나 의미에 의존해서 모르는 낱말을 해독하는 것을 말한다.

문자해독을 중심으로 Ehri(1996)는 아동의 읽기 능력발달을 상징(logographic), 알파벳(alphabetic), 글자(orthographic) 단계로 나누고, 각 단계별로 나타나는 아동의 읽기능력 특성을 살펴보면, 상징단계에 있는 유아는 단어의 시각적 특징과 단어를 개별적으로 연결시킴으로써 단어를 인지하는 특징을 갖는다. 이 단계의 유아는 아직까지 문자소(letter)와 음소(sound)의 대응관계를 알고 있지 못하기 때문에 음운분석을 통해 단어를 인지하는 것은 아니다. 예를 들면 아이들이 "롯데리아"를 보고 /로떼리아/라고 말하는 것은 유아가 한글이나 영어를 읽을 줄 알기 때문이 아니라 이 체인점의 상징인 'LO'나 다른 시각적 특징과 상호를 연합하여 기억하고 있다가 이를 재현하여 말하는 것 뿐이다. 그러므로 이 단계에서의 단어와 읽기의 연합은 임의적인 일대일의 연합관계라는 특징을 갖는다. 이 단계의 읽기 행동의 특징을 살펴보면 다음과 같다.

① 유아가 읽는 단어들은 주로 자신의 생활 속에서 자주 사용되는 것들이다.
② 단어기억을 위해 길이, 모양, 복잡성, 다른 상징 등을 단서로 활용한다.
③ 반복적인 노출이 새로운 단어를 학습하는 주요한 기제로 기능한다.
④ 시각적 단서와 단어를 연합하여 기억하기 때문에 받아쓰기를 하도록 했을 때 철자가 임의적인 형태로 나타난다.

⑤ 읽기장애 유아의 경우 시각단서를 활용한 읽기 전략을 오랜 기간 사용한다.

알파벳단계에 이르면 유아들은 문자를 구성하는 기본단위인 자음과 모음에 대한 지식을 갖게 되며, 문자소와 음소의 대응관계를 이용한 음운분석 및 결합(soundblending)을 통해 문자해독을 하게 된다. 이 단계의 초기의 유아들은 단어를 구성하는 모든 문자소에 대한 분석과 결합을 통해 단어를 인식하는 것이 아니라, 주로 단어의 전반부 음절에 대한 분석과 나머지 음절에 대한 추측을 통해 단어해독을 시도하려는 특징을 갖는다.

마지막 글자단계에서는 유아들이 음운분석을 통해 단어를 인지하는 것이 아니라 단어를 구성하는 의미적 단위 또는 형식(pattern)을 인식함으로써 대상언어를 해독하는 특징을 나타낸다. 이 단계에서는 유아들이 음운관련 법칙들(예 : 구개음화, 두음법칙, 자음접변, 연음법칙)을 적용하여 단어의 해독 및 받아쓰기를 수행하는 특징을 나타낸다. 예를 들어, 구개음화란 끝소리가 'ㄷ'이나 'ㅌ'인 형태소가 모음 'ㅣ' 로 시작되는 조사나 접미사를 만나면 이들 소리가 각각 'ㅈ', 'ㅊ' 소리로 변하는 언어현상을 말한다. 이러한 음운법칙을 알고 있는 경우에는 "미닫이"가 /미다디/로 읽는 것이 아니라 /미다지/로 발음되며, 이는 일상생활에서 옆으로 여닫는 문을 가리킨다는 것을 쉽게 이해할 수 있게 된다. 하지만, 이러한 법칙을 모르는 경우 단어에 대한 해독뿐만 아니라 이해에 있어서도 어려움을 경험할 것으로 예상할 수 있다. 마지막으로 계속적인 연습을 통해 단어의 해독과정이 자동화되는 단계에 이르게 되며, 즉시 읽기가 가장 빈번하게 단어해독기제로 사용된다(한국언어청각임상학회, 2001).

(2) 읽기 지도

영유아들의 한글 지도에는 최상의 단일 방법이 없다는 것이다. 우리는 반드시 총체적 언어 접근법의 주장을 따라야 할 필요도 없고, 반드시 발음 중심 지도에서 강조하는 자소와 음소의 대응관계나, 자 · 모 결합원리의 이해나 해독(decoding)이 곧 읽기인 것은 아니다. 이런 것들은 읽기의 필수요소일 뿐 읽기의 목적은 어디까지나 의미 파악이며, 의미 파악을 위해서는 여러 가지 읽기 전략들이 습득되어야 한다. 영유아가 글을 성공적으로 읽기 위해서는 기본적인 어휘는 물론, 주변 세계에 대한 얼마간의 지식도 갖추어야 하고, 또 알고 있는 것에 관하여 음성언어로 이야기 할 수도 있어야 한다. 이러한 기능들이 영유아들의 읽기의 기초기능들이 되는 것이다. 따라서 부모나 교사는 이 시기에도 의미 중심의 지도를 병행해야 할 것이다(이차숙, 2007).

가. 읽기 지도

영유아는 읽기활동의 경험을 통해 읽기의 즐거움을 알고, 새로운 정보를 찾기 위해 요구되는 언어관련 기술들을 발달시킬 수 있다. 영유아의 읽기 능력은 영유아기에 어떠한 읽기 경험을 얼마나 많이 했는지에 따라 달라진다. 따라서 풍부한 문해 환경을 만들어 주고, 나도 잘 읽을 수 있다는 자신감을 통해 스스로 읽고자 하는 읽기 의욕을 고취시키기 위해 교사는 노력해야 한다(이순형 외, 2010).

① 영아를 위한 읽기 지도

㉠ 책을 들고 다니며, 책장을 넘기는데 호기심을 보인다. 영아가 넘기기 싫고 감촉을 경험할 수 있도록 헝겊책, 책장이 두꺼운 책, 비닐로 된 책 등을 제공해 준다.

㉡ 영아용 그림책은 그림을 보고 내용을 읽을 수 있도록 간단한 단어와 문장으로 된 그림책을 제공하여, 그림과 내용에 관심을 갖도록 한다.

㉢ 영아는 그림책을 읽어 달라고 요구한다. 이 때에 그림책을 읽어 주고 다양한 언어적 자극을 제공한다.

㉣ 영아는 그림의 내용을 보고 읽는 것처럼 흉얼거린다. 영아는 그림책의 그림과 내용을 매치하며 읽기에 관심을 갖는다.

② 유아를 위한 읽기 지도

㉠ 일상생활에서 스스로 읽고자 하는 동기를 가질 수 있도록 읽기 지도를 한다. 읽기는 생활과 밀접하게 관련되어 있고 생활을 풍요롭게 해 주는 유용한 기술이다. 유아가 읽기의 유용성을 이해하기 위해서는 실제로 글이 일상생활에서 어떠한 목적과 기능을 가지고 있는지를 파악할 수 있어야 한다. 즉, 교사는 유아 스스로 글이 일상생활과 어떠한 관계를 맺고 있는지를 이해할 수 있도록 도움을 주어야

한다. 교사는 글자에 의미가 있다는 사실을 유아가 경험할 수 있도록 주변에 문자언어가 풍부한 환경을 구성하고 동화책 읽어 주기 등 다양한 읽기 활동을 실시할 수 있다. 예를 들어 교사가 '커다란 사과나무' 동화책을 가지고 오면 읽어 주겠다고 말하면 유아는 그 동화책의 제목을 읽을 필요성을 느끼게 될 것이다(이순형 외, 2010).

㉡ 유아의 흥미와 발달수준에 맞는 읽기 자료의 선정이 중요하다.

처음에는 유아들에게 친숙하면서도 그림이 많고 내용이 길지 않은 그림동화책을 반복해서 읽는 경험을 갖도록 한다. 또한 같은 글자로 끝나는 단어 찾기(운율놀이), 같은 소리로 시작하는 단어 찾기, 단어에서 특정한 글자 바꾸어 읽기 활동 등을 마련하여 유아들이 글의 구성 원리를 자연스럽게 터득할 수 있도록 지도한다(정남미, 2010).

㉢ 개별적으로 놀이 활동을 통하여 자연스럽게 읽기 지도를 한다.

유아기 어린이는 읽기 능력에 개인차가 크다. 글자에 전혀 관심을 보이지 않는 어린이, 글자에 관심을 보이기 시작한 어린이, 읽기를 잘하는 어린이 등 수준이 다양하기 때문에 각 어린이의 현재 개별적인 흥미나 언어능력을 파악하고 이를 토대로 개별지도를 한다. 또한 어린이에게 낱낱의 분리된 기능을 반복 훈련을 통하여 암기위주로 가르치는 것보다는 의미있고 즐거운 놀이 상황에서 기초 기능을 길러나갈 수 있는 활동을 제공하는 것이 효과적이다(이숙재 · 이봉선, 2009).

㉣ 초기 읽기 지도는 다음의 3가지 방법으로 지도할 수 있다.

㉮ 발음중심방법 : 발음중심방법은 읽기 학습의 핵심은 글자의 정확한 발음에 있다고 보고 단어나 문장보다는 낱낱의 글자나 단어의 정확한 발음을 지도하는데 초점을 맞추는 자모식과 음절식으로 읽히는 방법이다. 자모식은 자음과 모음의 종류, 순서, 형태, 음가를 가르치고 난 후에 글자와 단어와 문장 읽기를 가르친다. 음절식은 글자 진체를 한 단위로 가르친다. 가, 갸, 거, 겨로 하는 것이 바로 음절을 단위로 가르치는 방법이다.

㉯ 의미중심방법 : 의미중심방법은 읽기 학습에서 문자의 발음보다는 의미의 이해가 더 중요하다고 보고 의미가 없는 자음과 모음 그리고 낱낱의 글자보다는 의미가 있는 단어와 문장의 지도를 강조하는 방법이다. 의미가 있는 단어를 강조한다는 측면에서 의미중심방법이라고 한다. 단어식과 문장식이 이에 속한다. 단어식은 받침 없는 쉬운 단어들로 어느 정도 가르친 후에 문장 읽기를 가르친다. 문장식은

처음부터 문장으로 읽기를 가르친다.

㉰ 절충적 방법 : 유아의 한글지도에서는 발음중심방법과 의미중심방법 모두에서 장점들을 찾아 새로이 구성하는 절충식 방법을 취하는 것이 좋다. 읽기의 궁극적인 목적은 글의 내용을 파악하여 의미를 이해하는데 있지만 정확한 발음으로 읽는 것도 정확한 의미를 파악하기 위해 필요한 것이다.

Strickland& Morrow(2000)는 전체-부분-전체의 방법을 도입할 것을 권한다.

-첫 번째 단계; 가르쳐야 할 읽기 기술들이 포함된 글들을 먼저 제시하고 의미에 관한 대화를 나눈다. 글자의 형태가 간단하고 의미도 쉬운 단어나 간단한 문장을 그림과 함께 제시한다. 그리고 교사가 먼저 소리 내어 읽고 유아에게 따라 읽게 한다. 이때 교사는 유아들이 글자 그 자체보다는 단어나 글의 의미에 관심과 주의를 더 많이 기울이도록 한다. 그림을 이용하거나 일상의 경험을 얘기하면 관심을 쉽게 글의 의미쪽으로 유도할 수 있다. 그리고 종종 지금까지 함께 읽은 글을 혼자 읽어보게 한다. 이때 잘못 읽더라도 너무 즉각적으로 지적하여 교정하게 해서는 안된다. 이 단계에서는 정확한 발음보다는 읽기에 대한 흥미 유발이 더 중요하기 때문이다.

-두 번째 단계; 읽기 기초기능들을 명시적으로 가르친다. 자음과 모음의 형태 변별, 자음과 모음의 음가 변별, 자음과 모음을 구성하여 글자 만들고 읽기 등을 연습한다. 발음중심방법은 유아가 스스로 자모의 음가를 결합하여 배우지 않은 쉬운 글자를 읽을 수 있을 때까지만 계속한다. 이때 보조 그림 자료의 제시는 삼가야 한다. 그림이 글자 읽기의 단서로 작용할 가능성이 있기 때문이다. 발음중심방법으로 글자 읽기가 어느 정도 성취되면 유아들은 비록 의미는 이해하지 못하더라도 쉬운 글자들은 거의 다 읽게 된다.

-세 번째 단계; 쉬운 글자를 거의 읽게 되면 분석적인 발음중심방법을 버리고 의미의 이해나 구성을 위한 의미중심방법으로 돌아간다. 그리고 이제부터는 간단한 생활이야기, 동화, 우화를 읽도록 지도한다. 읽기의 목적, 과제, 중요하고 덜 중요한 것 찾기, 의미를 찾기 위해 배경지식을 활용하는 습관 등을 갖도록 한다(조정숙 · 김은심, 2006).

㉱ 유아교육기관과 가정이 연계하여 읽기 지도를 한다.

유아교육기관에서는 모든 부모가 자녀의 읽기 발달을 지원하는 역할을 충실히 할 수 있도록 도움을 주어야 한다. 즉, 부모가 어린이의 읽기 지도를 담당하는 파트너로서 책임감을 가진 역할을 해 낼 수 있도록 도와주기 위해 다양한 유아교육기관과 가정과의 연계를 적극적으로 도모해야 한다. 구체적인 예를 들어 보면, 유아교육기관에서 도서대출 방법으로 가정과의 연계를 시도할 수 있다. 이 때 책만 빌려주기보다는 책을 읽으면서 부모가 어린이들과 함께 할 수 있는 활동이나 상호작용 방법을 적은 편지를 함께 보내는 것도 부모의 언어활동 동참을 활성화시킬 수 있는 방법이다. 특히 저소득 계층의 어린이와 다문화 가정에서 읽기 경험이 부족한 경우가 많으므로 유아교육기관에서 이를 보충해 주어서 어린이가 읽기 관련 지식과 다양한 개념을 습득하고, 읽기에 대한 흥미와 긍정적인 태도를 기를 수 있도록 해야 한다.

아울러 부모를 대상으로 필요한 정보를 제공하고 면담, 교육도 병행함으로써 읽기발달의 기초가 가정에서부터 튼튼하게 뿌리내리도록 도와주어야 한다(이문옥, 2003).

2) 쓰기의 발달과 지도

초기 쓰기는 크게 두 가지 양상으로 나타난다. 그 하나는 자 · 모음 지식, 음운지식, 철자법에 대한 지식의 발달에 근거한 글자쓰기이고 다른 하나는 문어 이야기 구조개념 및 문어 이야기 구성발달에 기초한 글쓰기이다(이영자, 2009).

이러한 쓰기 발달에 따른 쓰기 지도는 최근 유아교육현장에서 유아를 대상으로 이루어지고 있으며, 단순히 쓰기활동은 쓰기능력만이 아니라 듣기, 말하기, 읽기능력과 상호관련이 있음을 알아야 한다. 또한 유아교육기관에서 유아의 쓰기발달에 따른 올바른 이해와 더불어 체계적인 지도가 필요하다. 유아들을 대상으로 체계적인 쓰기 지도를 위해 유아들의 글자쓰기와 글쓰기 발달이 어떠한 단계로 진행되는지 살펴보고자 한다.

(1) 글자쓰기의 발달

Clay(1972, 1975)에 의하면 유아가 이름을 반복하여 쓰는 가운데 단어는 정해진 글자가 순서에 의해 쓰여진 것이라는 개념을 터득하는 데에 도움이 된다. 특히 자신의 이름쓰기는 쓰기 동기유발에 가장 큰 요인이라고 볼 수 있다. 유아는 자신의 이름쓰기 경험에서 구성한 규칙을 다른 단어쓰기에 적용한다고 하였다.

Wheeler(1971)는 5세된 유아가 자신의 이름을 정해진 글자 차례로 쓰기 시작하면서 이름을 반복하여 쓰다가 점차 자신의 이름쓰기가 감소되고 다른 실제 단어의 구성이 증가함을 발견하였다. 이영자와 이종숙(1985, 1990)의 연구에서는 유아의 쓰기발달이 '긁적거리기 단계', '한두 개의 자형이 우연히 나타나는 단계', '자형이 의도적으로 한두 개 나타나는 단계', '글자의 형태가 나타나고 가끔 자 · 모음의 방향이 틀리는 단계', '단어쓰기 단계'(부분적으로 틀린 단계, 틀린 글자 없이 완전한 단계)로 진전됨이 밝혀졌다.

18~24개월 사이에는 긁적거리기에 힘이 생기고 연속적인 원이나 선이 아닌 독립적 형태가 나타난다. 이 시기에는 긁적거린 것에 대해 표현하는데, 명명하거나 간단한 문장을 표현한다. 이 시기에는 그림 긁적거리기와 글씨 긁적거리기를 구분하는데 글씨 긁적거리기는 짧은 선이나 점으로 나타내기도 하고 그림의 경우는 크고 담대하며 휘갈기듯 그린다.

2세가 되어 점차적으로 그림 긁적거리기와 글씨 긁적거리기가 확실하게 분화된다. 쓴 것과 그린 것을 언어적으로도 구분하여 표현한다. 음절의 수와 표시된 것 간에 관계를 인식하여 하나의 음절에 하나의 자국을 사용하기도 하며 긴 말은 길게 그리고 짧은 말은 짧게 그리기도 한다. 그러나 그림에 나타난 형태에 따라 의미를 부여하는 등 글자의 임의적 성격은 이해하지 못한다.

3세 유아의 경우 긁적거리기 단계이면서 가로선이 나타나는 쓰기를 가장 많이 보이나 쓰기발달 정도가 아주 다양하여 쓰기발달의 개인차가 심하다. 4세의 경우 긁적거리기는 거의 나타나지 않고 단어쓰기가 가장 많이 나타난다. 5세와 6세에는 단어쓰기 이상의 발달수준을 보이며, 6세에 이르면 문장 형태의 쓰기가 많이 나타난다(이영자, 2009).

(2) 글쓰기 발달

Morrow(1990)에 의하면 유아가 책읽기 활동에 많이 참여하게 됨에 따라 점차

이야기 구조 개념이 발달하여 문어이야기 회상에서 이야기 구조가 보다 잘 형성된 문어이야기를 제시한다. 잘 형성된 문어이야기 구조에는 배경(시간, 장소, 인물)과 주제, 구성에피소드, 해결 등이 포함된다. 4~6세 유아가 구성하거나 회상한 문어 이야기 속에는 대개 배경과 도입, 결과가 포함된다고 보고된다.

환상적 문어이야기를 구성한다는 것은 환상적 이야기를 직접 글로 써서 표현하거나 다른 사람이 받아 써 주어 표현하는 것을 의미한다. 환상적 문어이야기를 구성하는 것은 눈에 보이지 않는 독자를 위한 탈상황적인 이야기 구성이기 때문에 시간과 공간의 전환을 어휘나 문장으로 명시해야 하며, 등장인물에 대한 언급을 분명히 해야 한다(이문정, 2001). 유아의 문어이야기 구성 발달은 직접 글로 쓰거나 받아 써 준 이야기 구조에 의해 파악한다.

가. 쓰기 지도

쓰기는 상징적 도구를 사용하여 자신의 경험을 이해하고 조직하여 다른 사람들에게 전달하는 지적 과정이다. 영유아는 글쓰기를 통해 기억하고, 자신의 생각을 조직하고, 정보를 나누고, 의사소통하고, 상상하고, 느낌을 표현한다. 영유아들이 자발적인 동기에 의해 쓰기의 즐거움을 경험할 수 있는 환경구성과 교사의 역할이 중요하다.

① 영아를 위한 쓰기 지도

㉠ 0세의 영아는 딸랑이나 까꿍 놀잇감 등과 같이 간단한 손동작으로 작동되는 놀잇감을 이용하여 손의 소근육을 사용하고 손과 팔을 의도적으로 움직여 볼 수 있도록 해 준다(여성가족부, 2005).

㉡ 영아가 쓰기 도구를 사용하여 마음대로 긁적거리도록 지도한다.

벽에 큰 종이와 쓸 도구를 마련해 주어 마음대로 긁적거리도록 해 준다. 무독성의 크레용이나 사인펜과 같은 쓰기도구와 달력 같은 큰 종이류를 제공하여 영아들이 마음껏 쓰기를 탐색해 보도록 한다.

㉢ 긁적거리기에 필요한 소근육 활동을 지도한다.

간단한 손동작을 필요로 하는 놀잇감을 사용하여 영아의 소근육활동을 도와줌으로써 손의 사용 능력을 길러 준다. 예를 들면 블록쌓기, 가위질하기, 찰흙놀이,

종이 찢어 붙이기, 모양찍기 등의 활동으로 소근육 발달을 돕는다.

② 유아를 위한 쓰기 지도

㉠ 쓰기의 발달적 특징과 발달수준을 이해하고, 유아가 자발적으로 쓰기가 이루어지도록 지도한다.

유아기의 쓰기발달의 초기특성은 그림을 그리거나 긁적거리기, 창안적 글씨쓰기 과정을 거쳐 실제 글자를 쓰는 과정에서 유아는 자신의 이름이나 숫자를 거꾸러 쓰거나 좌우가 바뀌는 거울문자 현상이 나타나는 특성을 이해하고, 사물의 변별활동을 함께 지도한다.

㉡ 유아 스스로 쓰기를 시도할 수 있도록 지원적인 분위기로 자연스럽게 지도한다.

자연스러운 방법으로 쓰기 지도가 이루어지지 않으면 유아는 심리적 부담감을 느끼게 되고 이는 결국 자발적인 쓰기행동으로 연결될 수 없다. 글자를 억지로 받아쓰기 공책에 써 오도록 강요한다면, 유아는 쓰기에 대해 관심과 흥미를 느끼지 못하게 되고 심리적인 큰 부담으로 쓰기활동의 저해요인이 될 것이다. 만일 유아가 글자를 잘못 쓴 경우 직접적인 교정이나 틀린 글자를 지적하기보다 바르게 쓴 것을 보고 차이점을 발견하여 스스로 수정할 수 있도록 기회를 주는 것이 좋다.

㉢ 글자 중심의 쓰기 지도보다는 글자의 의미를 강조하여 지도한다.

유아는 쓰기를 해야 하는 실제적인 동기가 있을 때 재미있게 쓰기를 하게 되고 쓰기를 해야 하는 진정한 이유를 알게 된다. 유아에게 의사소통과 의미 표현을 목적으로 하는 기능적인 쓰기 지도를 해야 한다. 예를 들어 유아는 초대장 만들기, 감사편지쓰기, 놀이 규칙 만들기 등 글을 써야 할 대상과 이유, 상황에 따른 의미 있는 글쓰기를 경험하게 된다.

㉣ 통합적인 방법으로 쓰기 지도를 한다.

쓰기 지도는 말하기, 듣기, 읽기와 통합해서 지도해야 학습의 효과를 높일 수 있다. 또한 다른 영역의 교육활동과 연결지어 통합적으로 지도해야 한다. 언어능력 자체의 교육보다는 주제중심의 타 영역별 교육활동과 실제 생활과 연결지어 가르칠 때 더욱 효과적이다.

3) 이야기 발달과 지도

이야기에 대한 연구는 라보브와 웨일스키(Labov & Walesky, 1967)에 의해 처음으로 시작되었으며, 영어로 이야기의 명사형은 'story'이고, 동사형은 'narrate', 그 명사형은 'narrative'이다. 이야기의 정의는 학자마다 약간씩 차이가 있지만, 하나 이상의 사건이나 경험이 시간적으로 배열되어 있고, 내용이 있으며, 인과적인 관계에 따라 의미 있는 에피소드로 조직되는 인지적 과정이라고 정의한다. 내러티브와 이야기를 구분할 때, 이야기는 말하는 사람의 의도 하에 나온 말이며, 내러티브는 의도하지 않고 대화나 놀이 중에 자연스럽게 나온 이야기라는 차이점이 있다(박혜경 외, 2004). 이야기에는 개인적 일화(화자가 자신의 경험을 언급하는 이야기), 가상적 이야기(가상적, 허구적 이야기 및 허구적 상황에 실제 인물을 등장시켜 꾸미는 상상이야기), 지식에 근거한 이야기(사물과 자연현상의 객관적 사실에 관한 지식을 토대로 말하는 이야기)의 3가지 유형이 있다(정남미, 2010).

(1) 이야기 발달

이야기 구성 능력이란 이야기의 구조에 의해 논리적이고 일관성 있게 이야기를 조직하는 능력을 말한다. 이야기를 구조적으로 조직하는 능력과 이야기를 길게 산출하는 능력은 유아의 이야기 구성능력을 반영하며, 책을 많이 읽을수록 이야기 구성능력이 발달하게 된다. 대체로 우리나라 4~5세 유아들은 문장 수 3~4개, 단어 수 21~22개를 사용하여 이야기를 구성한다고 한다.

이야기를 이해한다는 것은 이야기 속의 중요한 아이디어를 찾아내고, 사건의 인과관계를 추리하고, 이야기 속의 사건을 시간적 · 공간적인 순서로 나열하며, 주어진 정보를 통해 이야기의 내용을 추리하며, 이야기 속의 사건을 요약할 수 있음을 말한다. 주인공의 마음에 공감할수록, 이야기의 사건에 연관되는 사전 지식이 풍부할수록 이야기에 대한 이해가 깊어진다(김경철 · 채미영, 2003; 한국유아교육학회 편, 1996).

일상적인 그림책 읽기 활동은 나중에 읽기나 쓰기학습에까지 영향을 미친다. 친숙한 그림책의 내용은 2세가 지나면서 부분적으로 외워서 꽤 오래 얘기할 수 있다. 누군가의 억양을 모방했다거나 외웠다는 것이 종종 느껴진다. 이 때에는 잘 알지 못하거나 흥미 없는 책은 관심을 가지려고 하지 않는다. 새로운 이야기의 경우에는 아직 자발적으로 이야기를 하려는 의도가 보이지 않는다. 이야기 내용에 대한 질문에 대해 가끔은 서술어나 두 낱말 조합문으로 또는 자기가 외운 긴 문장으로 답하기도 한다.

3세 유아들은 아주 새로운 내용에 대해서도 혼자 이야기해 보려는 시도를 한다. 3세 유아 중에는 아주 가끔 “몰라, 안해” 등의 표현으로 이야기하기를 거부하는 유아도 있기는 하다. 3세에는 새로운 이야기의 내용을 알려고 오히려 질문을 하기도 한다. 계속 사물이나 등장이름만 나열하는 유아도 3세 유아도 이야기에 필요한 주요 낱말들을 산출할 수 있지만, 이 낱말들을 이야기로 연결하는 능력은 아직 매우 부족하다. 이야기를 잇기 위해 ‘~고, ~가지고’의 병렬형 연결어미를 자주 산출하지만 대조, 원인 등의 어미는 상대적으로 산출하지 못한다. 상대방이 이야기를 모른다는 것을 인식하지 못하고 자기중심적인 표현을 하기도 하며, 이야기와 관련 없는 자신의 경험을 길게 늘어놓기도 한다.

4세의 경우에는 이야기구조나 언어구조에서 급진전을 보인다. 단순 나열형 이야기의 기본구조가 성립된다. 언어구조에서는 연결어미의 사용이 보다 자연스러워진다. 이 때에는 낱말의 의미를 혼동하는 일도 드물고 직 · 간접화법을 사용하여 이야기를 연결해가는 유아도 있다. 그런데 4세라 할지라도 이야기구조에 따라 표현수준에 차이가 난다. 단순 나열형이 아닌 사건 포함형의 이야기는 아직 이야기 구조의 기본 조차 갖추고 있지 않다. 명사의 나열이나 생략이 심한 경우가 많고, 부분적인 기술만 했을 뿐 전체 사건이 갖추어진 이야기를 만들어 내기가 힘들다. 특히 언어구조에서 3세로의 퇴행현상을 보이기도 한다. 그러나 전체적으로 4세 유아들은 탈자기중심화 현상의 징조를 보인다. 등장인물 이름 대신 친구이름을 대치한다거나 ‘이거’류를 사용하는 일이 줄어든다. 두 에피소드 사이의 연결에 초점이 되는 부분을 정확히 묘사하는 유아는 약 50% 정도이다(한국언어청각임상학회, 2002).

(2) 이야기 지도

유아들의 이야기 표현능력을 향상시키기 위해서는 그림동화책을 읽고 상호작용을 할 때 성인이 일방적으로 본문의 내용을 읽어 주거나 상호작용을 주도하기보다는 개방적이고 자연스러운 분위기를 제공하도록 해야 한다. 구체적인 지도방법은 다음과 같다(한유진, 2000; 박혜경, 2004; 정남미, 2010).

① 유아들에게 이야기를 많이 들려주도록 한다.
② 유아가 자신의 경험에 대해 이야기할 수 있도록 일상생활에서 경험한 내용을 회상할 수 있는 다양한 환경과 자료들을 계획하고 준비한다.
③ 유아가 자신감을 가지고 즐겁게 이야기할 수 있도록 격려한다.
④ 유아에게 들려줄 이야기를 선택할 때 이야기의 구조를 고려하여 배경이 분명하거나 계기가 되는 사건이 있는 이야기, 인과적 관계에 따라 결과가 분명히 나타나는 이야기를 선정한다.
⑤ 책을 읽은 후 이야기 다시 말하기, 이야기짓기, 극화활동 등 다양한 추후 활동을 계획한다.

3. 언어 교수방법

1) 발음중심 교수법

발음중심 교수법은 행동주의에 기초한 접근 방법으로 언어 습득 시 필요한 행동 기제는 강화와 모방 두 가지 요인으로 요약될 수 있다. 이 교수법은 설명과 지시, 반복적인 훈련 등에 초점을 맞추고 교사 중심적인 성격을 가진 직접적인 수업 형태에 의한 언어 수업 방식이다(Worthan, 1998). 행동주의 이론에 의한 읽기 과정 이론은 읽기를 글자에서 단어로 단어에서 문장으로 문장에서 문단으로 문단에서 텍스트로 이루어지는 계열식 과정으로 보고 맨 마지막에 텍스트의 의미가 이해된다고 설명하기 때문에 상향식 접근(bottom-up approach)이라고도 한다(주영희, 2001).

이차숙(2004)에 따르면 이 교수법은 유아들이 망설임 없이 빠르게 그리고 자동적으로 단어를 재인하여 효과적으로 읽게 하고 처음 보는 글자를 접했을 때도 쉽게 읽고 쓸 수 있도록 하는데 큰 목적을 둔다.

발음중심 교수법에서는 언어를 하나의 습관으로 보기 때문에 습관화의 과정이 곧 언어교육이 된다. 성인의 강화는 중요한 역할을 하므로 환경 내에서의 교사나 성인의 역할을 강조하지만 언어 사용 기능을 격려하고 강조하는 강화자나 언어 모델 제공자로 보는 것이지 언어적 상호작용의 참여자로 보지는 않는다(주영희, 2001).

이와 같이 발음중심 교수법은 유아의 자발적이고 실질적인 읽기나 쓰기보다는 맞춤법에 맞는 읽기, 쓰기 학습을 강조한다. 또한 읽기, 쓰기 학습을 하기 위해서는 위계적인 학습 계획과 반복적인 연습이 필요하다고 본다(고문숙 외, 2013). 따라서 발음중심 교수법은 학습의 전이 효과가 높고 문자 해독 측면에서 효과적인 방법이지만 유아들에게 지나치게 분석적이고 논리적이며, 단지 읽기와 쓰기만을 강조하는 지루하고 의미 없는 학습이 될 수도 있다(이옥섭, 1999, 재인용; 서윤정, 2006).

2) 총체적 언어접근법

총체적 언어접근법은 학습자 중심 교육에서 비롯되며, 문자의 해독(decoding)에 초점을 두어 기술 및 부호화(encoding), 문법, 어휘, 낱말 인식(word recognition), 음철법(phonics) 등의 요소를 개별적으로 가르치지 않고, 언어를 총제적 · 종합적으로 가르치는 방법이다. 총체적 언어교육 접근법의 근본 철학은 읽기나 쓰기가 말하기를 배우는 것과 같이 자연스러운 과정이라는 것이다(이숙희, 2008).

정남미와 한애향(2006)이 제시한 총제적 언어 접근법의 특징은 ① 의미를 이루는 전체 원문(text)의 강조, ② 말하기, 듣기, 읽기, 쓰기의 통합적 지도, ③ 언어와 다른 교과의 통합적 지도를 강조하며, ④ 의미를 이루는 큰 단위를 이해하고 싶은 욕구에서 출발하여 언어의 작은 단위까지지 스스로 배우도록 하는 것이다. 이는 기호나 부호의 낱자를 우선적으로 습득하기를 강조하는 접근법과는 상충된다. 이런 의미에서 총체적 언어접근법을 하향식 접근법(top-down approach)이라고도 한다(고문숙 외, 2013).

유아들이 언어 기술만을 배우기보다는 언어를 적절히 사용할 줄 아는 것을 목표로 하고 있으며 유아에게 언어를 가르침에 있어서도 의미가 담겨있는 상황은 무엇보다도 중요한 것이다(Edelsky, 1991, 재인용; 서윤정, 2006). 총체적 언어접근법은 반복적으로 훈련시키는 인위적인 방법을 배제하고, 실생활 속에서 읽기나 쓰기가 어떻게 사용되는가와 같이 실제적 목적을 가진 생활 속에서의 읽기와 쓰기가 강조된다. 그러나 지도 방법이 체계적이지 못하여 지도 과정에서 애로 사항이 적지 않다(고문숙 외, 2013).

〈표 4-1〉 전통적 언어 교수법과 총체적 언어접근법 간 교수 · 학습 방법의 차이 (고문숙 외, 2013)

구분	전통적 교수법	총체적 언어 접근법
학습 과정의 흐름	부분 → 전체	전체 → 부분
교수의 강조점	지식 전달	협동
구문 학습 방법	분리해서 가르침	분리하지 않고 가르침
교사의 역할	지식 전달자	조력자
언어 교수 · 학습 방법	문법 중심	의미 중심
교수법	교사 중심 교수법	학생 중심 교수법
학생 태도	수동적	능동적
주요 목표	문법 수정	의미 전달

3) 균형적 문해접근법

Holdway(1979)와 Moonye(1990)가 제안한 균형적 문해접근법은 총체적 언어접근법과 발음중심 교수법의 강점을 합하여 새로운 시너지를 창출하는 언어 교수 · 학습법이다(pressely, 1998). 각 교수법이 가진 장점만을 선택해 가르치는 것이 균형적 문해접근법의 궁극적인 목표라 할 수 있다.

문두성(2011)이 제시한 균형적 문해접근법의 특징은 다음과 같다.

① 모든 유아에게 알맞은 단 하나의 문해 지도 방법이란 있을 수 없다는 전제를 가지고 출발한다.

② 의미 습득을 중심으로 전체에서 부분으로, 그리고 다시 전체로 되돌아가며 진행된다(이차숙, 2006; Fowler, 1998; Strickland, 1998).

③ 말하기, 듣기, 읽기, 쓰기가 통합된 풍부한 문해 환경 내에서 이루어져야 한다.

④ 개별 유아의 읽기 · 쓰기 수준을 파악하여 수준별로 지도하는 개별화된 교육 활동을 전개한다.

균형적 문해접근법은 발음중심교수법과 총체적인 접근 방법을 균형 있게 적용한다는 점에서 읽기와 쓰기를 시작하려는 유아들에게 효과적일 수 있으나 이차숙(2004)은 각각의 교수법을 어떻게 혼합해 사용할지에 대한 분명한 안내와 명확한 기준이 없다고 지적한 바 있다. 따라서 우리나라 유아들이 사용하는 한글의 특성을 먼저 이해하고 영유아의 발달수준과 교육 상황에 맞게 다양한 교수 방법을 유동적으로 적용해 맥락을 고려한 다양한 의사소통 능력을 기를 수 있도록 해야 할 것이다.

제 5 장

언어발달에 영향을 미치는 요인

1. 영유아의 개인적 요인
2. 가정환경 요인
3. 교육환경 요인
4. TV 매체와 지역사회 환경 요인

1. 영유아의 개인적 요인

언어는 어린이의 개인적 특성 가운데 지능, 심신의 상태에 따라 그 발달의 양상이 달라지게 된다. 사람이 말을 하고, 듣고, 쓰고, 읽기 위해서는 적절한 기억력, 사고능력, 모방력, 문장구성력 등이 요구되기 때문에 언어발달과 지적 능력의 관계가 이제까지 많은 학자들의 주요 관심사가 되어 왔다. 학자들에 따라 사고의 발달이 언어발달에 예속된다고 하여 언어를 강조하는 입장과 언어보다는 사고를 더 중요하게 생각하는 입장으로 대립되기도 하지만, 대체로 언어발달과 지적 능력 간에는 정적인 상관관계가 보증되고 있다. 다음으로 언어의 습득과 발달은 어린이의 신체조건에 따라 영향을 받는다. 여기에서 신체조건이란 촉각기관, 발음기관, 청각기관 및 신경근육 조직의 정상성 여부를 의미한다. 또 어린이의 사회성과 정서 상태도 언어발달과 밀접한 관계를 맺는다. 언어는 사회적 맥락 속에서 습득되고 발달된다. 따라서 친구가 없는 고립된 어린이보다 사회성이 잘 발달된 어린이가 언어발달이 빠르다. 이와 같은 측면에서 청각장애아는 언어와 관련된 인지능력 · 신체조건 그리고 이로 인한 사회성의 결여 등에 의하여 구화언어 습득과 발달에 결정적인 영향을 받는다.

1) 유아의 인지능력

인간은 누구나 언어를 통해서 자신이 가지고 있는 정보나 아이디어, 감정 등을 다른 사람에게 전달할 수 있다. 언어는 사물에 의미를 부여하는데 이러한 언어는 의미의 세계라고 말할 수 있다. 의미의 세계는 심리학적으로 볼 때 인간의 복잡한 정신작용에 근거를 두고 있다. 인간의 사고과정에서 인지와 언어가 서로 어떻게 작용하는지에 대한 관심을 가진 인지심리학자들은 인지와 언어가 인간의 마음 속에서 어떠한 관계를 가지는지에 대해 언어는 일반적인 인지능력의 일부분이기에 인지능력의 발달은 언어 습득에 필수적이라고 주장하였다(Bates, 1979; Yamada, 1990).

정동빈(1977)은 인지란 언어발달을 위해 필수적인 것이라고 보았을 때, 인지의 영역에 대한 논의는 언어에 대한 다각적인 해석이나 이해 없이는 불가능하다는 점을 들어서 언어와 인지의 관계를 설명하고 있다. 또한 Elliot(1981)는 인지영역은 언어에 대한 체계적 습득, 지식의 저장상태, 두뇌의 사고 개념 활동, 상징적 언어표현 등을 포함한다고 주장하였다(엄태식, 2000).

우리나라 유아를 대상으로 연구한 결과에서 지능과 언어발달 간에는 높은 상관이 있는 것으로 취학전 영재아의 지능과 창의성 사이에 지능이 높을수록 창의성이 높게 나타났고, 특히, 언어성에서 유창성, 융통성, 독창성은 지능과 비교적 높은 상관관계가 있는 것으로 나타났다(김근희, 2001).

하미애(2008)는 유아의 지능과 언어능력 및 학습준비도 간에는 정적 상관이 있다고 하면서, 유아의 지능이 높을수록 언어능력 및 학습준비도가 높다고 하였다. 따라서 이러한 경향성을 고려하여 유아의 언어학습을 비롯한 다양한 학습활동을 계획하고 수행할 필요가 있다. 또한 최성규(2004)는 정신지체와 자폐아동을 대상으로 한 연구에서도 사회성 발달은 언어발달과 높은 상관관계가 있는 반면, 지능지수와 사회성 발달은 상관관계가 없으나, 지능지수와 언어발달은 높은 상관관계가 있음을 제시하였다.

안정은(1991)은 5세 아를 대상으로 한 언어 · 사고능력에 영향을 주는 각 변인들의 관련성 연구에서 언어 · 사고 능력과 지능 간에는 서로 밀접한 상관관계가 있었으며, 즉 지능이 높은 유아들일수록 언어 · 사고능력 검사의 전체 점수와 각 하위검사 점수가 모두 높게 나타나 지능이 높으면 언어 · 사고능력 또한 높게 나타났다고 하였다. 끝으로 다문화가정 아동들의 언어발달 특성에 영향을 주는 변인 간의 상관관계에서도 다문화가정 아동들의 표현언어, 수용언어 및 어휘 이해력과 높은 상관을 보인 변인은 아동들의 동작성 · 언어성 지능 및 전체 지능이 상관이 높은 것으로 나타났다(황상심 · 정옥란, 2008; 황상심, 2008). 이러한 연구결과들을 살펴보았을 때 영유아의 언어발달에 지적 능력이 상당한 영향을 미치고 있음을 알 수 있다.

2) 유아의 성별

일반적으로 언어발달은 성별에 따라 차이를 보이는 것으로 알려져 왔다. 실제로 성별 차이를 분석한 다양한 연구들에서 여아가 남아에 비하여 말하기 시작하는 시기와 문장을 사용하기 시작하는 시기가 더 빠르며, 조음과 언어의 유창성에서도 더 우수하고 말을 많이 하는 것으로 밝혀졌으며 말을 더디게 시작하는 어린이의 대부분은 남아인 것으로 보고되었다. 평균적으로 여아가 남아보다 언어획득이 빨리 이루어지는 경향이 있으며 유전과 환경 모두 언어발달에 큰 영향을 준다. 아기들이 사용하는 문장의 길이, 언어 이해, 어휘 수, 언어의 양, 문장의 복잡성 등에서 여아가 남아보다 우수하다. 남아가 여아보다 발달적으로 말하는 것이 더 늦고 언어장애를 일으키는 사례도 더 많다.

언어 장애의 발생률에서도 남아보다 여아가 그 비율이 더 낮다는 주장들, 유아기부터 사춘기에 이르기까지 어휘, 발음, 철자법, 문장 구성력, 문장 이해력, 언어적 추리력에서 여아가 남아보다 우수한 경향을 보인다는 연구 결과와 여아의 읽기능력이 남아보다 높았다는 연구들이 있다. 이러한 성차의 원인을 보면 신경생물학자들은 남자와 여자의 두뇌에서 이루어지는 호르몬과 뇌의 구조의 차이 때문이라는 주장과 자녀의 성별에 따른 주변사람(부모 및 사회 구성원)들이 남아와 여아에게 각기 다른 기대에 따른 언어 자극의 차이라는 견해도 있다.

한편 성별에 따른 차이가 나타나지 않았다는 연구 결과도 있음을 볼 때(주영희, 1984; Dale, 1976) 언어 능력에서의 남녀의 성차가 있다고 단정지을 수는 없으며, 유승애(2009)의 다문화가정 유아의 유아 언어발달 실태조사 결과 성별에서는 언어영역의 듣기, 말하기 모두 차이가 없었으며, 유아의 언어발달에 영향을 미칠 수 있는 환경 중 가정 내의 부모의 양육태도, 생활환경이 중요한 변인이라 하였다. 또한 초기의 언어발달은 가족과의 상호접촉 형태나 행동 유형에 많은 영향을 받는다. 특히 구어발달은 사회적 맥락 속에서 의미 있는 경험과 상호작용을 통하여 가장 잘 발달될 수 있으며, 언어발달의 중요한 시기인 유아기에 적절한 언어 환경조성이 무엇보다도 중요함을 보여주고 있다. 이 과정에서 각 유아의 개인차와 관련된 다른 요인들이 중요하게 고려될 필요가 있다.

3) 유아의 신체적 조건

유아의 언어발달은 유아 개인의 신체적인 조건(촉각기관, 발음기관, 청각기관 및 신경근육 조직의 정상 여부)에 따라 커다란 영향을 받는다. 유아는 보고, 듣고, 만지고 맛보는 감각 경험을 통하여 여러 가지 정보를 수집한다. 그러므로 유아들에게 정상적인 언어발달이 이루어지기 위해서는 이들 신체기관이 효과적으로 기능을 발휘해야 할 것이다.

영유아기에는 주위 환경과의 직접적인 상호작용이 언어발달에 결정적인 영향을 미치므로 영유아가 주위 환경을 탐색하는 데 필요한 오감각기관의 발달과 주위 환경 탐색결과의 영향을 받는다. 영유아는 환경 탐색 결과를 이해하여 의미 있는 상징으로 나타내기 위해 필요한 발음기관의 발달, 손과 눈의 협응 능력의 발달 또는 영유아의 언어발달에 많은 영향을 미친다고 볼 수 있다.

생태학적 이론에 비추어 볼 때 청각장애아는 정상아보다는 언어습득과 발달에 교육환경의 영향을 많이 받는다. 우리나라 어린이를 대상으로 한 연구에서도 청각기관의 발달과 수용적 언어발달 간에는 높은 상관이 있는 것으로 나타났으며(박상희 · 권영주, 2003) 초기에 중이염과 관련된 청력손실이 아동 후기 언어발달에 영향을 미치는 주요 요인으로 지적되었다(김수진, 2005). 청각장애를 입게 된 아동은 언어문제를 해결하는 선결과제가 되는 듣기 기능이 열악하여 소리를 접할 기회를 상실함으로써 청각을 통한 음성언어를 발달시키지 못한다.

뿐만 아니라 유아의 청력손실이 발견되지 않고 치료되지 않는다면 말과 언어발달, 사회적인 문제와 정서적인 문제 그리고 학습지체를 초래할 수 있기 때문에 청력손실로 인한 2차적인 장애를 수반하게 된다. 이러한 청력손실로 인한 언어발달을 돕기 위해 필요한 것은 조기발견이다. 한편 청력기관의 신체적 문제가 아닌 신체적 장애에서 유광자(1976)는 신체장애 유무에 관계없이 언어능력이 높았으며, 시설에 있는 아동보다 가정에 있는 아동의 언어능력이 높은 것은 주거환경 변인인 언어적 자극에 의해서 유아의 언어능력은 많은 영향을 받는다고 한다.

4) 사회 · 정서적 조건

유아의 사회성과 정서상태도 언어발달에 많은 영향을 준다. 사회성이 발달하여 가정에서 부모, 형제 및 다른 성인들, 그리고 유아교육기관에서 교사 및 또래와의 놀이에 적극적으로 참여하면서 언어적 상호작용을 활발히 하는 유아들은 그렇지 않은 유아들에 비하여 언어발달을 촉진시키는 데 유리한 상황에 있다고 볼 수 있다(이경화 외, 2010).

어린이의 정서 상태도 언어발달에 영향을 미친다. 즉, 영아의 초기 어휘 습득에서 유쾌한 정서를 가진 영아기 어린이는 사람들에게 더 쉽게 접근하여 언어표현의 기회가 많기 때문에 표현어휘가 많다는 연구결과도 있다(장유경 · 이근영, 2006). 또 자기 자신에 대해 긍정적인 유아는 자유롭게 언어표현을 하며, 정서적으로 안정된 유아는 양적으로나 질적으로 말을 더 잘하는 반면에 불안정한 유아는 집중해서 잘 듣지를 못하거나 말더듬이와 같은 장애를 일으킬 수 있다(이숙재 · 이봉선, 2009).

2. 가정환경 요인

가정은 어린이가 언어학습을 하는데 중요한 역할을 한다. 가정환경 변인 가운데 사회 · 경제적 계층, 형제 관계, 부모와의 언어 상호작용, 물리적 환경 등이 언어발달과 관계가 깊다. 청각장애아의 경우 특히 부모와의 언어 상호작용은 가장 중요한 변인으로 간주된다.

1) 부모의 사회 · 경제적 지위

유아의 제 발달 영역에 많은 영향을 주는 것으로 인식되고 있는 가정의 사회 · 경제적 지위와 유아의 언어발달과의 관계는 Bernstein에 의하여 언어표현 양식이 사회 · 경제적 계층 간에 차이가 있다고 주장이 제기된 이래 지금까지 많은 연구의 주제가 되고 있다.

황현이(2005)의 연구결과를 보면, 중류 가정 아동의 언어능력은 저소득 가정 아동의 언어능력보다 전반적으로 높게 나타났고, 중류 가정이 저소득 가정보다 높은 가정문해환경 점수를 나타내었다. 그리고 사회 · 경제적 수준이 높은 가정의 유아가 낮은 가정의 유아보다 언어 기능이 더 높았다는 주영희(1984)의 연구결과 언어발달에 대한 가정의 사회 · 경제적 계층의 차이를 말해 주고 있다.

2) 형제 자매

유아의 형제 수, 형제 순위, 그리고 형제간의 연령차가 영유아의 언어발달과 관계가 있는지에 관해서는 서로 다른 연구 결과들이 있다. 형제가 있는 어린이보다 형제가 없는 외딸이나 외아들의 언어발달이 빠르다고 보는 경향이 있다. 그 이유는 형제가 없는 어린이의 경우, 성인과 언어적 상호작용을 많이 하는데 비해서 형제가 있는 어린이는 형제끼리 언어 상호작용을 주로 하므로 언어발달이 늦어진다고 본다.

형제가 적은 가정의 유아가 형제가 많은 가정의 유아보다 언어 능력의 발달이 빠르다는 주장도 있다. 출생 순서에서 먼저 출생한 유아가 나중 아이보다 더 우수한 언어 능력을 보인다는 주장과 첫째 아이의 언어 능력이 더 뛰어나다는 연구 결과도 있다(김춘희, 1978; 주영희, 1984).

영유아의 언어발달에 미치는 형제와 관련된 다양한 변인들의 영향력은 영유아의 언어적 상호작용을 할 기회를 많이 가질수록 언어 능력의 발달이 촉진되고, 언어 능력이 미숙한 연령차가 거의 없는 형제 자매들과 주로 상호작용하거나 쌍생아 형제들과 상호작용하는 기회가 많을수록 언어 능력 발달이 지체된다는 것이다.

한편 주영희(1984)의 연구에서는 형제 수가 영유아의 언어 능력에 의미 있는 영향을 미치지 않는 것으로 나타났고, 언어발달과 유아의 개인변인으로 유아가 독자인지, 혹은 형제가 있는지 여부가 유아의 어휘력, 표현언어 능력과 수용언어 능력 등 모든 언어발달에서 형제가 있는지 여부의 차이는 나타나지 않았다고 하였다(고순옥, 2004). 또한 4. 5세아의 언어사고 능력은 동성의 구성형태인 형제 자매 관계가 혼성의 구성형태인 남매 관계나 독자의 경우보다 언어사고 능력이 높게 나타났다고 하였다(안정은, 1991).

3) 부모와의 언어적 상호작용

유아는 가정에서 부모와 상호작용을 하면서 언어를 습득하고 계속 발전시켜 나간다. 따라서 부모가 유아와 어떤 언어적 상호작용을 맺으며 어떤 언어 모델을 제공하고 얼마나 언어발달을 자극하느냐가 대단히 중요하다. 부모 가운데 어머니와 어린이 언어발달의 관계를 분석한 연구들에 의하면, 어머니가 자녀에게 질문을 많이 하고 응답에 대한 피드백을 많이 해 줄수록 또 자녀의 질문에 대답을 많이 해 줄수록 어린이의 언어 능력이 더욱 발달되었다(이경렬, 2005). 또한 어머니가 말을 많이 하고 다양한 단어와 문법적 형태소를 사용할수록 어린이의 단어발달이 촉진되는 것으로 밝혀졌다(전효정 · 이귀옥 · 박혜원, 2004).

유승애(2009)는 초기의 언어발달은 가족과의 상호접촉 형태나 행동 유형에 많은 영향을 받으며, 특히 구어발달은 사회적 맥락 속에서 의미 있는 경험과 상호작용을 통하여 가장 잘 발달될 수 있으며, 언어발달의 중요한 시기인 유아기에 적절한 언어 환경조성이 무엇보다도 중요함을 보여주고 있다.

김미영(2005)은 그림책을 활용한 부모의 언어적 상호작용으로 부모는 영유아에게 적절한 그림책을 선택하고, 그림책을 읽어 줄 때 영유아와 적절한 상호작용을 하며 그림책을 읽고 난 후 확장활동을 통해 영유아의 언어발달을 촉진하는데 효과적임을 밝혔다.

3. 교육환경 요인

생태학적 이론에 비추어 볼 때 청각장애아는 정상아보다는 언어습득과 발달에 교육환경의 영향을 많이 받는다. 특히 구화지도를 위해서는 조기교육이 필수적이고, 교수활동의 대부분이 교사와 언어행동에 의하여 이루어지게 된다. 특히 유아교육기관에서 교육경험을 통해 언어발달이 급격히 증진되며, 유아교육기관의 교사, 교수방법, 유아교육기관의 물리적 환경이 중요한 영향을 미친다.

1) 교사

교사가 사용하는 언어는 유아의 언어발달에도 많은 영향을 미친다. 예를 들어 교사가 사용하는 언어가 거칠고 너무 커다란 음성으로 이야기하는 경우 유아의 정의적 측면에 영향을 미치게 되어 유아가 언어표현을 자제하게 되므로 언어발달에 부정적인 영향을 미치게 된다. 반면에 부드럽고 잘 조절된 음성을 사용하여 유아와 상호작용하는 경우 유아에게 좋은 언어모델이 되어 유아의 언어발달에 긍정적인 영향을 미친다(이경화 외, 2010).

어린이집 교사의 언어와 영아의 언어발달간의 관계를 분석한 연구에 의하면 교사가 설명하기와 지시적 요청을 많이 할수록 영아의 수용언어와 표현언어 능력이 낮았다. 또한 질문을 많이 할수록 수용언어와 표현언어 능력이 높았고, 교사가 영아와 대화를 주고받는 횟수가 많을수록 영아의 수용언어 능력이 높은 것으로 나타났다(김지연, 2005). 또한 교사의 지시적 언어 환경의 유아보다 비지시적 언어 환경의 유아가 개인적 내러티브 구조발달과 정신상태 용어에 긍정적인 영향을 준다는 것을 알 수 있다(이영미, 2006).

원희정(1990)은 유아교육기관의 질적인 요인 중에서 교사-유아, 유아-유아의 언어적 상호작용의 양이 유아의 어휘발달과 유의한 상관이 있으며, 유아-유아간의 언어적 상호작용의 양보다는 교사-유아의 언어적 상호작용의 양이 유아의 어휘발달과 더 높은 상관이 있는 것으로 나타났다. 또한 교사-유아의 언어적 상호작용의 양과 어휘발달과의 상관도는 가정환경과 어휘발달과의 상관도와 비교해 볼 때 비슷한 것으로 나타났다.

2) 학급의 크기와 교수방법

학급의 크기가 작은 경우, 즉 한 학급당 유아의 수가 적은 경우 유아의 발달에 긍정적 영향을 미친다고 알려져 있다. 소학급(20명)의 교사들은 유아에게 개별적으로 반응하는 기회를 많이 가졌으며 보다 여유를 가지고 유아와 상호작용하였다. 교수-학습행동 측면에서 소학급에서 온정적인 학습 분위기로의 점진적인 변화를 이루었으며 유아와 교사의 상호작용 시간의 증가, 소외된 유아의 감소, 적극적으로 학습에 참여할 기회의 증가가 있었다. 학급운영 면에서도 소학급은 기다리기, 전이, 주의집중과 같은 활동의 시간이 감소함에 따라 교육활동 시간의 증가가 이루어져 학습의 밀도가 향상되었다(김영주, 1999; 김영주, 2000).

학급 크기에 따라 교사의 행동 형태와 언어적 상호작용 활동형태와 세부 언어적 기능에 유의한 차이가 나타났으며, 3세 유아를 위해서는 학급 크기를 15명으로 구성하는 것이 바람직한 것으로 제시되었다(이영자 · 김혜성, 1995).

김향자(1992)는 유아수가 40명인 학급의 교사의 행동 형태는 시범, 통제, 지시, 비난, 벌, 무응답, 방관행동이 더 많이 나타났으며, 유아수가 30명인 학급의 교사들은 허락, 칭찬, 신체적 접촉, 도움행동, 개별적 대화행동이 더 많아 나타났다. 교사 수 변화는 교사가 1명인 학급에서 단순 언급 반응과 비언어 형태가 많이 나타났으며, 교사가 2명인 학급에서는 교사의 대화적 언급반응 형태가 더 많이 나타났다. 이와 같은 결과를 볼 때 학급의 크기가 작고 학급의 교사 수가 많을수록 교사와 유아와의 언어적 상호작용이 증가함으로 유아의 언어발달에 긍정적 영향을 미친다는 것을 알 수 있다.

영유아들의 언어발달을 촉진시키기 위한 효율적인 교수-학습 방법에 대한 연구는 구어발달보다는 문어발달을 위한 교수법에 집중되어 연구되고 있다.

그림책을 통해 아동의 수준과 발달에 부합하는 존재감 있는 언어를 활용한 초기 문자 지도는 아동의 언어 지식 습득뿐만 아니라, 현실 세계에 대한 이해력까지 길러줄 수 있다. 그림책을 통해 자연스러운 언어 체득이 가능하며, 그림책을 활용한 초기 문자 지도는 구어의 발달뿐만 아니라 자연스러운 상황 속에서 아동의 문어 발달을 가져온다는 것을 알 수 있었다. 또한 효과적인 초기 문자 지도가 이루어지기 위해서는 교사와 아동 간 사회적 상호작용이 활발히 이루어지는 지도가 계획되어야 하며, 지도 과정에서 교사는 여러 가지 역할을 두루 수행할 수 있어야 한다(정미희, 2010).

유아의 읽기능력과 읽기 흥미는 동시를 통한 총체적 언어접근법 활동을 실시하였을 때 실험집단이 높게 나타났으며, 유아의 동화에 대한 내용 이해도는 동시를 통한 총체적 언어접근법 활동을 실시하였던 실험집단이 통제집단보다 높게 나타났다(서혜정, 1997).

서윤정(2005)은 총체적 언어접근법과 발음중심 교수법을 병행한 언어교육 프로그램을 적용한 집단이 총체적 언어접근법을 적용한 집단에 비해 듣기 능력, 말하기, 읽기, 쓰기능력에서 총체적 언어접근법보다 총체적 언어 능력(듣기, 말하기, 읽기, 쓰기)을 향상시키는데 더욱 긍정적인 영향을 미친다고 보았다. 그러므로 총체적 언어접근법과 발음중심 교수법을 병행한 언어교육 프로그램은 유아의 언어 발달에 더 효과적인 교수법이라고 하였으며, 특히 한글은 음소문자이면서 음절문자이고 표음문자이면서 표의문자라는 특성이 있기 때문에 두 교수법이 모두 적용된 교육방법이 실시되어야 하며 다양한 활동들이 유아의 욕구와 흥미를 고려하여 제시되어야 한다고 한다.

균형잡힌 문해교수법을 실시한 집단의 유아들이 발음중심 교수법을 실시한 유아들보다 음운인식 능력, 읽기능력 발달에 미치는 영향이 크다고 한다(엄윤재, 2004).

균형적 문해 프로그램(발음중심 교수법과 총체적 언어접근법을 통합한 프로그램)은 읽기장애 위험아동의 읽기능력, 즉 의미단어 읽기능력과 무의미단어 읽기능력 향상에 효과적이었다. 또한 균형적 문해 프로그램의 텍스트 읽기와 문자 익히기 등에 기초하여 글쓰기 영역의 다양한 활동들이 읽기장애 위험아동의 쓰기능력을 향상시키는데 효과적임을 알 수 있다(조주현, 2008). 균형적 유아읽기 프로그램을 실시한 집단이 발음중심 교수법으로 실시한 집단의 유아들보다 의미이해 능력, 해독능력, 음소인식 능력에서 유의한 향상을 보였다. 특히 이 중 음소변별에서 가장 큰 효과가 있었고, 그 다음은 음소탈락, 음절변별, 음절탈락의 순서로 효과가 있었다. 결과적으로 균형적 유아읽기 프로그램은 유아의 의미이해, 해독능력, 음운인식능력을 증진시키는데 매우 효과적인 프로그램이라고 할 수 있겠다. 이러한 결과는 교사가 유아 개개인의 발달 수준과 특성 및 한글의 문자적 특성에 대한 이해를 바탕으로 이에 적합한 유아읽기 프로그램을 적용할 때보다 더 효율적인 읽기교육이 이루어진다는 것을 시사해 주고 있다(이숙희, 2008).

의미중심 언어교수법이 유아의 의미 표현적 쓰기능력인 그림, 말, 쓰기의 협응성, 그림의 정교성과 통합성에서 의미 있는 것으로 나타났다(문주형, 2002).

3) 유아교육기관의 물리적 환경

유치원이나 어린이집 교실의 물리적 환경은 유아의 언어습득에 중요한 변인으로 작용한다. 읽기 영역이 잘 조성되어 있는 교실에서 유아는 읽기에 더 많은 시간을 보낸다.

그림책 읽어 주기는 오래 전부터 가정에서 부모들이 유아들에게 해오고 있으나 각 가정마다 문해 환경과 방법에 차이를 보이므로 이에 따른 개인차를 보완해 줄 수 있는 유아교육기관의 적절한 안내와 시범이 필요하다. 그러나 유치원에서도 사실상 많은 학급에서 도서를 전이 시간에 잠깐 제시하거나 자유선택 활동 시간에 선택하는 활동으로 하는 등 다른 활동들에 밀려 체계적인 그림책 읽어 주기 활동의 계획에는 소홀히 하고 있는 실정이다.

Smith(1990)는 유아교육기관의 교사가 매일 그림책을 읽어 주거나 이야기를 들려 준 경우, 유아들이 많은 양의 어휘와 효과적인 이해 전략들을 가진 매우 동기화된 독자가 되었다고 하였다. 조정연(2008)은 어렸을 때부터 책 읽어 주는 것을 규칙적으로 경험한 유아들은 책을 좋아하게 되고 읽기 활동에 대한 관심이 높아지며 풍부한 배경지식의 형성은 양적 · 질적 어휘력 신장은 물론이며 복잡한 이야기 구조의 이해를 바탕으로 표현력의 향상을 가져온다고 하였다. Routman(1999)은 매일 일정한 시간에 교사가 유아들 앞에서 소리 내어 읽어 주는 것은 읽기능력 향상을 위해 매우 효과적이고 영향력 있는 방법이며 또한 듣기능력의 향상이나 단어의 축적, 이해력 증진을 가져오고 읽기에 대한 긍정적인 태도 형성에도 매우 좋은 방법이라 하였다(강남희, 2010).

유치원 교실에서 문해 환경으로는 영역 · 코너 표시, 사물의 이름 표시, 아동의 이름표가 부착된 출석표, 동시, 작업 활동 안내표, 달력, 하루 활동 일정표 등을 설치하고 있었다. 한글에 관계되는 특정한 언어 기술로는 그림 · 낱말 카드 등의 설치가 많은 것으로 나타났다. 평균 동화책의 수는 25권이었으며, 교실 내의 쓰기 영역을 별도로 설치해 둔 곳은 88.46%로 나타났다. 유치원에서의 쓰기 지도 활동은 매우 다양하게 나타났고, 가장 많이 나타난 활동은 간단한 문장 쓰기, 간단한 낱말 쓰기, 교사가 써 주는 글자 쓰기, 그림보고 이야기 꾸며 쓰기, 자기 이름 쓰기, 자 · 모음 글자 쓰기, 동시짓기, 친구 이름 쓰기, 숫자 쓰기, 아동이 요구하는 글자 써 주기, 글자의 기초가 되는 모양 그리기의 순으로 나타났다(조인숙, 2001).

그림책 읽기 실태에서는 대부분의 영아보육실에서 주로 오전 활동 시간에, 하루에 2~3회 그림책 읽기 활동이 이루어지고 있으며, 그림책 읽기 활동 1회에 소요되는 시간은 3~5분인 것으로 나타났다. 그림책을 읽을 때 그림책의 본문을 그대로 읽어주는 경우가 많았으며, 그림책 읽기 활동에서 나타나는 상호작용 중에서는 사물의 명칭을 묻는 질문과 영아가 그림책의 내용을 손가락으로 지적하게 하는 상호작용을 많이 하는 것으로 나타났다. 반면, 영아의 흥미유발을 위한 질문, 영아의 경험과 연관짓는 질문, 그림책의 내용의 이해를 돕는 질문과 설명, 영아의 사고를 촉진하는 개방적 질문을 비롯해 영아의 발화에 대한 인정, 확인, 확장 등의 피드백과 같은 상호작용은 적게 하는 것으로 나타났다(김정아, 2006).

4. TV 매체와 지역사회 환경 요인

현대사회는 대량전달(mass-communication)의 시대이며 정보화 시대이다. 사회가 급속도로 변화하며 많은 지식들이 폭발적으로 증가하여 이러한 지식과 정보들이 대량으로 전달되는 사회가 현대사회이다. 신문, 잡지, 라디오, TV 영화 등을 통한 대량전달의 시대에서 점차 컴퓨터가 대량전달의 역할을 담당하는 비중이 늘어나고 있다. 교육의 방법도 신문과 잡지를 활용한 언어활동에서, TV를 통한 언어활동, 컴퓨터를 이용한 언어활동이 일반화되고 있다.

또한 영유아의 언어발달을 촉진하기 위해 지역사회 자원인 어린이도서관의 활용이 늘고 있다.

1) TV 영상매체

현대사회에서 유아들은 생활 속에서 다양한 종류의 전자매체를 접하고 있다. 그 중에서도 텔레비전은 유아가 세상에 태어나면서부터 가장 먼저 접하게 되는 매체일 것이다. 즉, 태어나면서 유아들은 이미 텔레비전 모니터에 노출되고 2~3세가 되면 텔레비전 프로그램의 내용을 이해하면서 수용하게 된다. 많은 가정에서 텔레비전을 아이 보기 위한 수단으로 이용하고 있으며, 유아교육기관에서도 텔레비전을 하나의 교수매체 또는 여가시간을 활용하기 위해 이용하는 경우도 있다. 특히 종일제 프로그램이 실시되면서 오후 시간이나 귀가를 기다리는 동안 유아들이 좋아하는 만화나 유아 프로그램을 보여주는 경우도 늘어나고 있다.

1961년 우리 사회에 텔레비전이 처음 도입된 이후 그 보급이 대중화되어 최근에는 거의 모든 가정이 텔레비전 수상기를 보유하게 되었고 이러한 환경 속에서 1970

년대 중반 이후에 태어나는 세대들은 태어나면서부터 텔레비전을 접하고 그 영향을 받아왔다는 의미에서 소위 "텔레비전 세대"로 일컬어지기도 한다.

최근 우리나라 통계청의 국민생활 시간 조사결과에 따르면 1999년을 기준으로 국민 평균 시청 시간은 2시간 47분으로 가장 많이 하는 여가활동인 것으로 밝혀졌으며, 다음이 놀이, 컴퓨터 게임, 독서인 것으로 나타났다. 미국의 경우도 우리나라와 비슷하다. 레빈과 페이지가 실시한 연구에 따르면 유아들의 하루 평균 텔레비전 시청 시간은 4시간이며 일주일 총 시청 시간은 28시간인 것으로 나타났다. 게다가 저소득 계층 유아의 평균 시청 시간은 이보다 약 50% 정도 많은 것으로 추정하고 있다. 유아들이 TV를 즐겨 시청하는 이유는 TV를 오락적인 매체로 간주하기 때문이다. 재미없는 프로그램을 시청하더라도 의무적으로 해야만 하는 학습과는 달리 TV는 자신이 마음대로 조정이 가능하므로 언제나 그 곳에 있고, 또한 보기 싫을 때는 언제나 TV를 끌 수 있다는 사실이 아동들에게 강제성을 느끼게 하지 않아 심리적으로 TV를 더욱 가깝게 느끼고 있다.

Anderson(1979) 등의 연구결과에 의하면 어린이는 2세에서 3세에 이르러 의도적으로 TV를 시청하고 있으며, 어떤 어린이는 3세경에 이미 상당히 오랜 시간 TV를 접촉한다. 이와 같이 유아가 최초로 TV를 의도적으로 시청하는 2세와 3세 사이, 그리고 가장 많이 시청하는 학령전인 초등학교 취학전 시기(6세 내지 7세)는 Piaget의 전조작기단계(Preoperational stage)로, 처음으로 언어를 사용하고 심상이나 단어를 사용하여 표현할 수 있으며, 이 단계의 끝에 가서는 숫자를 사용할 줄 알고 보존개념이 발달하기 시작하는 시기이다(이훈구, 1981). 특히 Piaget는 유아의 언어는 3~4세까지 가장 빨리 발달되고, 5세에 기본 언어구조를 알고 문법규칙을 따르며, 8세에는 다소 완전한 언어체계가 형성된다고 하였다. 따라서 이 단계에서 TV가 부모 이외의 최초의 사회화 동인으로 언어사용이나 단어를 사용하여 사물을 표현하는 데는 절대적인 영향력을 행사하리라는 것을 충분히 추정할 수 있다.

유아는 TV의 시청을 통해 새로운 단어나 문장을 경험함으로써 어휘력이나 이해력 증가와도 관련이 있다는 연구들이 많이 있다. 6~7세 유아들은 유아교사들이 읽어 주는 이야기보다 TV를 통해 보는 이야기를 더 선호하고 이해 정도도 높이는 연구도 있다. 좋은 TV프로그램은 유아의 개념형성이나 어휘습득, 언어표현 등 언어와 인지발달에 도움이 될 수 있다.

한편 TV가 언어발달에 도움이 되지 않는다는 연구도 있다(이기정, 1977; 박승미, 2003). 일반 TV방송이 어린이들의 어휘력에 미치는 효과는 전혀 없으며 기독교 유아교사의 인식조사에서 특히 TV는 유아의 발달에 가장 부정적인 영향을 준다고 하였다. 결론적으로 영유아의 언어발달에 올바른 환경은 양질의 TV프로그램을 이용한다 하더라도 영유아 혼자 프로그램을 시청하지 않고 교사나 부모가 상호작용해야 한다.

2) 컴퓨터

컴퓨터는 우리 주변 생활과 계속 밀접해지고 있고, 유아교육 현장에서의 컴퓨터 활용 또한 새로운 학습 보조 도구로 활용을 위해 많은 소프트웨어가 개발되어 컴퓨터 활동에 사용되고 있다(정현재, 2000). 따라서 최근 유아의 컴퓨터 사용 능력은 필수적인 것으로 인식되고, 교육의 주요 과제로 대두되고 있다(이현옥, 1993).

유아교육자들은 유아교육에 컴퓨터를 도입해야 하는가에 대하여 의견을 달리하고 있다. 즉, 컴퓨터는 유아의 일상생활의 일부가 되어 가며, 정보화 사회에서는 컴퓨터 사용이 필수적이므로 유아에게 일찍 소개해야 한다는 의견과 컴퓨터는 상징적인 수단이기 때문에 유아에게 적합하지 않다는 의견으로 나누어지고 있다. 전자는 유아의 컴퓨터 활동에 대해 긍정적인 관점을 가지고 컴퓨터를 유아가 배우기에 새롭고 흥미 있는 도구라고 생각하며, 컴퓨터 활동을 통하여 사고방식과 학습방법이 변화할 수 있다고 보는 입장이다. 후자는 유아의 컴퓨터 활동에 대해 부정적인 시각으로써 컴퓨터는 유아들의 사회적 상호작용을 고립시키고 상징 수단으로 유아 발달에 적합하지 않다고 보는 입장이다.

컴퓨터는 현대생활에 없어서는 안 되는 중요한 문명의 이기로서 편리한 생활을 하는데 기여하는 바가 크고, 유아교육에서도 컴퓨터를 올바르게 사용하기만 한다면 중요한 학습도구가 될 수 있고, 유아의 언어발달에도 긍정적인 영향을 미칠 수 있음을 시사해 준다.

컴퓨터를 활용한 문해활동을 실시한 집단의 유아는 통제집단의 유아보다 읽기 발달 능력이 더 높은 것으로 나타났으며, 동화의 내용도 더 잘 이해하고 자발적 읽기 행동도 더 빈번히 나타났다(양승희, 1998). 한편 TV와 마찬가지로 컴퓨터도 영유아에게 일방적인 자극을 제시하기 때문에 양방향적인 시간을 감소시킨다는 것이다. 이는 영유아 언어발달의 지체를 야기할 수 있다. 그러므로 영유아의 컴퓨터 사용은 적절한 프로그램을 선택하고 충분한 상호작용을 함께 함으로써 언어발달에 미치는 악영향을 최소화하고 오히려 언어발달을 돕는 도구로 이용하여야 한다(이순형 외, 2010).

3) 어린이도서관과 장난감도서관

어린이들을 위한 사회적인 교육, 문화시설이 부족한 우리나라의 현실을 볼 때 상대적으로 어린이도서관의 중요성은 크다고 할 수 있다. 현대사회에서 어린이에게 도서관은 단순한 독서를 위한 공간이라는 개념을 뛰어넘어 독서와 여러 가지 사회활동 및 놀이를 함께 체험할 수 있는 새로운 개념의 공간으로 변모하고 있다. 독서영역은 서가영역과의 거리가 4m 이내로 가까워야 하고 열람실 내의 이동통로와 독서영역이 인접하고 있어 아동이 접근 및 이용이 편리하도록 계획한다. 아동의 독서습관은 짧은 집중력으로 단시간에 책을 읽고 새로운 책을 읽기 위해 서가영역으로 이동하여 책을 탐색하여 독서영역으로 돌아가는 행위를 반복한다. 이와 같이 서가영역과 독서영역 사이의 왕복을 끊임없이 반복하므로 두 영역 사이의 거리가 가깝고 동선인 이동통로가 독서영역과 접하고 있어 아동이 쉽게 이용할 수 있도록 계획한다(강건해, 2006).

어린이도서관은 대부분 4세 미만을 위한 프로그램이 없고, 문자 인식 이후의 아동을 중심으로 진행이 되고 있었다. 이에 비해 영국과 미국은 생후 4개월의 영유아를 비롯해서 1년 미만, 2~3세, 4~5세 등 연령별로 세분화되어 프로그램이 진행되고 있다. 대부분의 어린이도서관에서 학령전 아동을 위한 프로그램은 평균 1개로 나타났고, 프로그램은 스토리텔링 위주로 진행되고 있다. 이에 비해 영국과 미국은 스토리텔링, 북크롤, 라임타임, 북스타트 등 다양한 프로그램으로 진행되고 있고, 스토리텔링은 연령별, 테마별로 다양하게 진행되고 있다. 따라서 독서지도는 어린이도서관의 기본적인 업무의 하나이므로 재미있고 창의성을 키울 수 있는 등의 다양한 독서 지도가 이루어져야 한다. 또한 아기와 부모가 편안하게 도서관을 이용할 수 있게 수면실과 수유실 등을 갖춰야 한다. 따라서 독서 지도를 위한 전용 공간 및 영유아를 위한 별도의 공간을 마련해야 한다(송은경, 2006).

네트워크로 연결된 지역사회의 어린이도서관은 각 유아교육기관의 독서교육 프로그램의 협력과 교류를 통해 부모들만의 힘으로 부족했던 독서교육을 보완해 준다. 부모들은 어린이의 독서의 모델로 능동적인 독서습관이 발달될 수 있도록 자녀들과 함께 책을 읽고 토론하는 생활을 해야 한다. 또한 어린이도서관은 부모의 독서교육을 받지 못하는 상황에 있는 어린이들에게 독서교육을 제공해서 올바른 인격 형성을 해 나가도록 역할을 개선하고 발전시켜야 한다. 어린이의 발달 단계 및 흥미를 고려한 도서선정 및 독서활동을 통한 계획적이고 구체적인 독서 지도를 통해, 어린이가 비판적, 해석적 사고 능력과 문제해결을 위한 지식을 습득하여 어린이들이 미래에 당면하게 될 제반 문제들에 능동적으로 대처하고 해결할 수 있도록 가정, 학교, 사회의 지속적이고 적극적인 관심과 노력이 뒤따라야 할 것이다(이은주, 2008).

어린이도서관의 활용은 다양한 테마를 통해 말하기를 유도할 수 있으며 어린이의 특성과 맞물려 언변을 강화시키는 요인이 된다. 일방적으로 지식을 전달하는 방식이 아니고, 그룹형식으로 진행되기 때문에 능동적인 참여를 유도하고, 타인을 인지하며 사회성을 갖추는 기반이 되어 자연스러운 정보탐색 활동을 가능하게 한다(정사라, 2010).

영아는 도서관 이용을 통해 독서습관을 키울 수 있고 다양한 자극을 경험할 수 있다. 또한 영아들은 도서관 경험과 프로그램을 통해 책과 접함으로써 오감발달 및 두뇌발달, 정서발달에 긍정적인 영향을 받는다. 이에 공공도서관은 영아들의 도서관 이용률을 높이고, 영아들이 책을 통해 풍부한 자극을 받을 수 있도록 영아별 발달단계에 적합한 도서관 프로그램을 제공해야 한다(유경아, 2010).

어린이도서관이 어린이 교육의 첫 단계로써 독서 습관 형성 주도 및 도서내여 등의 역할을 해왔으나, 최근 들어 사회적 요구 변화에 부응하고자 도서 및 장난감 대여의 역할을 포함하는 장난감도서관에 대한 필요성이 제기되어 왔다(동윤진, 2009).

장난감도서관은 어린이도서관에 비해 숫자나 시설면에서 미흡한 실정이다. 언어 활동에 이용되는 교구는 장난감 도서관을 통해 대여하여 사용할 수 있다. 장난감 도서관은 시립으로 운영되거나 기업 혹은 복지재단이 운영하고 있다. 서울 및 지방의 도시들을 중심으로 개설되어 있으며, 해당지역의 장난감도서관에 관한 정보는 보육정보센터를 통해 얻을 수 있다. 장난감 대여는 회원가입 후 무료로 대여 가능하다.

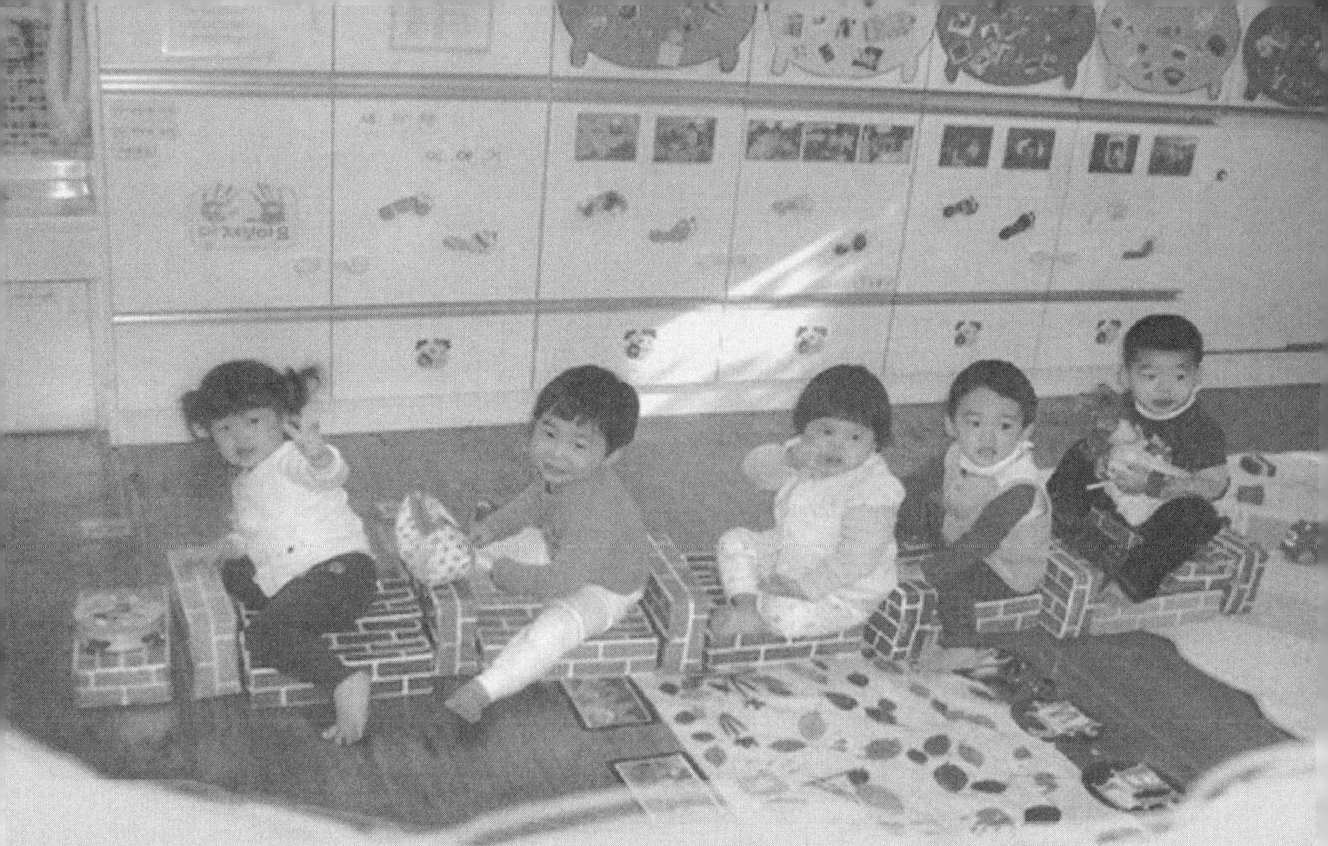

제 6 장

영유아 언어활동을 위한 이해

1. 영유아 언어교육의 정의 및 중요성
2. 영유아를 위한 국가수준의 언어교육
3. 언어교육을 위한 환경구성
4. 영유아 언어교육 평가

1. 영유아 언어교육의 정의 및 중요성

1) 영유아 언어교육의 정의

유아의 언어교육을 위한 교육과정은 하루 일과 속에서 자연스럽게 언어를 사용하며 즐길 수 있도록 계획되어야 하며 주제와 통합된 다양한 언어발달을 도울 수 있어야 한다. 과거의 교육에서는 유아의 언어교육을 듣기, 말하기, 읽기, 쓰기의 순서에 의해 형식적으로 분리하여 가르쳐 왔다. 그러나 최근의 연구결과들은 유아의 언어가 따로따로 분리되어 가르치는 것보다는 통합적으로 가르쳐야 한다는 입장을 지지하고 있으며, 실제로 어린 유아의 언어행위를 살펴보면 유아의 사고와 경험이 듣기, 말하기, 읽기, 쓰기를 통해 고루 나타나는 것을 발견할 수 있다. 즉, 유아의 초기 낙서와 같은 긁적거리기나 초보적 그림 읽기의 경우도 유아의 여러 가지 언어적 경험이 녹아 있는 명백한 언어행위라고 보아야 한다(정남미, 2010).

언어생활 영역은 유아의 언어사용 능력을 향상시켜 유아로 하여금 즐거운 언어생활을 할 수 있도록 하기 위한 영역이다. 언어생활 영역은 유아가 자신을 능력있는 언어 학습자로 인식하도록 돕는데 중점을 둔다. 현재의 유아의 언어 능력은 언어 교육의 출발점이 된다. 언어는 말하기, 듣기, 읽기, 쓰기의 4영역으로 나누어지나 사실이 4가지 영역은 같은 근원으로 역동적인 관계에서 같이 발달한다. 말하기와 쓰기는 표현 언어로, 듣기와 읽기는 이해언어로서 출발한다. 따라서 유아가 생활에서 언어를 통하여 즐거움을 느끼고 흥미를 가지게 하는 데 초점을 둔다. 언어학습은 결과보다 과정을 중시한다. 언어사용 상황에서 유아는 자신이 알고 있는 말소리 언어나 글자 언어를 적용해 보고 스스로 조정하고 발전시킨다.

언어교육은 어떤 특정한 목표와 방법에 의한 교육보다 신체, 언어, 인지, 사회, 정서 등의 생활영역이 상호 관련되어 효과적으로 긴밀하게 상호작용이 이루어질 수 있는 방법으로 언어교육의 내용이 되는 듣기, 말하기, 읽기, 쓰기가 분절되기보다는 통합된 전체로서 경험하고 학습할 수 있는 총체적 방법 지향을 의미한다.

2) 영유아 언어교육의 중요성

우리생활에서 가장 기초가 되는 언어는 유아기에 습득이 되며, 사회생활에서 언어는 의사소통의 수단으로 가장 중요하다. 유아기의 언어는 유아가 여러 영역을 고루 발달시키는 기초가 되며 유아의 욕구를 해결하는 기본 요소이기도 하다. 따라서 언어장애는 영유아기에 빨리 발견하여 더 이상 심화되지 않도록 그 장애의 정도에 알맞은 치료를 계획하여 이루어져야 한다.

우리는 언어를 통하여 생각과 감정을 전달하고 언어를 통하여 우리 사회나 개인에게 중요한 이해, 태도, 가치 등을 배운다. 많은 학자들이 언어를 모두 의사소통의 도구와 음성적 상징체계라는 두 요소를 언어의 본질로 규정하고 있다(이차숙 · 노명환, 2000).

언어발달의 결정적 시기는 유아기이다. 레니버그에 의하면 언어발달의 결정적 시기를 두 살에서 사춘기 사이라고 주장한다(Lenneberg, 1967). 그 이유는, 두 살 전의 아이들은 성숙 요인 때문에 언어획득이 불가능하고, 사춘기 이후 아동은 언어기능의 측면화(lateralization) 현상으로 인한 뇌의 유연성의 상실 때문에 자연스런 언어획득은 불가능하다는 것이다. 즉, 언어기능의 측면화 현상은 두 살에서 서서히 일어나기 시작하여 사춘기가 되면 끝이 난다는 것이다. 그래서 이 시기가 언어획득의 결정적 시기로 보는 것이다. 그러므로 유아기의 언어발달은 매우 중요하며 이 시기에 언어발달이 정상적으로 이루어지지 않으면 언어발달이 어려워진다. 아동기나 성인기까지 언어가 획득되어지지 못했다면 언어획득은 매우 힘들다는 보고가 있다. 그러므로 유아기의 언어발달은 매우 중요하며 언어획득은 유아기에 꼭 이루어져야 한다.

언어교육의 중요성을 살펴보면 다음과 같다(이숙재 · 박인숙, 1992; 이연섭 · 강문희, 1995; 조명한, 1982; 이차숙; 2005 ; 교육과학기술부, 2008).

첫째, 언어자체가 인간생활에서 개체 간 소통과 개체 내 소통으로 언어는 개인적으로나 사회적으로 중요한 기능을 하기 때문에 영유아기 교육에서 중요하게 다루어져야 한다.

- 개체 간 소통(Inter individual communication); 언어의 사회적 속성으로 타인과의

의사소통을 의미한다.

- 개체 내 소통(intra individual communication); 인간이 언어를 통해 생각, 감정, 경험 등을 표현하는 것을 뜻한다.

둘째, 많은 학자들은 언어발달의 결정적 시기를 3~5세경까지의 영유아기로 언어발달의 결정적 시기로서 영유아기 동안 가장 빠른 속도로 듣기, 말하기, 읽기, 쓰기 발달이 이루어진다.

셋째, 언어와 인지발달의 밀접한 관계는 학자들 간에 견해가 서로 다른 점은 있으나 언어발달이 인지발달에 결정적 요소라는 것은 모두 인정하는 사실이며, 이런 점에서 언어교육의 중요성이 강조된다.

넷째, 영유아가 언어를 기능적으로 사용하기 위해서는 언어에 대한 기본적인 지식을 갖추어야 하는 것이다. 영유아의 언어능력 신장을 위해서는 음성언어와 문자언어에 대한 체계적인 지도가 절대적으로 필요하다.

다섯째, 언어는 모든 학습의 수단이다. 영유아는 학습을 하기 위해 교사의 설명이나 지시를 듣고 바르게 이해하여야 하며 자신의 생각, 느낌을 말로 정확하게 표현할 수 있어야 한다. 또한 문자를 읽고 쓸 수 있어야 학습이 가능하다. 또한 유아기의 언어학습이 초등학교에서의 문자 학습에 영향을 주고, 다른 교과목의 학습에 영향을 준다.

여섯째, 영유아기의 언어교육을 통하여 모국어의 아름다움을 느끼고 민족적 정체감을 갖도록 강조하는데 언어교육이 중요하다.

마지막으로 언어발달이 유아의 전반적인 발달을 이해하는 중요한 발달 지표가 된다는 점이다.

2. 영유아를 위한 국가수준의 언어교육

1) 3-5세 연령별 누리과정 의사소통 영역

만 3-5세 연령별 누리과정 의사소통 영역은 2007년 개정 유치원 교육과정의 언어생활 영역과 표준보육과정의 의사소통 영역이 의사소통 영역으로 통합, 일원화되었다(고문숙 외, 2013). 언어와 의사소통의 의미적 개념의 차이를 살펴보면 먼저, 언어는 사회 구성원들의 의사소통이 가능하도록 합의된 부호로 의사를 전달하는 기호들의 체계이다. 의사소통은 화자와 청자 사이의 정보를 전달하는 과정에서 나타나는 글자, 그림, 표정 동작 등의 소통 수단을 사용해 나타나는 유기적 현상들을 의미한다. 따라서 의사소통 영역에서는 언어의 기호체계를 더욱 유동적으로 연결해 사용하는 기회를 제공하고, 여러 가지 소통 수단을 다양하게 해석해 의사소통의 의미를 이해하는 필요성이 강조된다. 특히 환경 인쇄물, 그림책과 같은 친숙한 매개를 통해 일상생활에서 자연스럽게 말하고 듣는 기회를 얻고 즐겁게 언어를 사용하고 다른 사람이 전달한 구어나 문어의 내용을 이해하는데 중점을 둔다(교육부, 보건복지부, 2013b).

(1) 의사소통 영역

가. 성격

의사소통 영역은 언어의 기본 형태인 구어와 문어를 활용하여 나와 다른 사람의 느낌이나, 생각, 경험을 상황과 상대방에 알맞게 소통할 수 있는 능력을 기르는 영역이다. 또한 말과 글의 관계를 알고 읽기와 쓰기에 흥미를 가져 언어 사용을 즐기도록 하는 영역이다(교육부, 보건복지부, 2013b).

'듣기', '말하기', '읽기', '쓰기'의 네 가지 내용 범주로 구성되어 있으며, 교육부와 보건복지부(2013b)에서 제시한 세부 내용은 다음과 같다.

'듣기'는 일상생활에서 낱말과 문장을 듣고 이해하기, 좀 더 긴 구조를 지닌 이야기를 듣고 이해하기, 이야기 중에서 형식을 지니고 있는 동요 · 동시 · 동화를 듣고 이해하기, 그리고 다른 사람의 이야기를 주의 깊게 듣는 바른 태도를 형성할 수 있는 데에 중점을 둔다.

'말하기'는 일상생활에서 다양한 낱말과 문장으로 말하고, 자신의 느낌과 생각, 경험을 말하거나 이야기를 지어서 말하며, 듣는 사람의 느낌과 생각을 고려하여 상황에 맞게 바르게 말하는 태도를 기르는 데 중점을 둔다.

'읽기'는 주변에서 자주 접하게 되는 친숙한 글자를 찾아보고 자주 보았던 글의 내용에 관심을 가지며 책 읽기를 즐기도록 하는데 중점을 둔다.

'쓰기'는 자기 이름을 쓰는 데 관심을 보이고, 말이나 생각이 글로 나타낼 수 있음을 알아 글자와 비슷한 형태 등으로 표현해 보는 데 중점을 둔다. 또한 만 4, 5세는 쓰기 도구를 사용해 보는 경험을 하도록 한다.

나. 목표

일상생활에 필요한 의사소통 능력과 바른 언어 사용 습관을 기른다.

① 다른 사람의 말을 주의 깊게 듣는 태도와 이해하는 능력을 기른다.

② 자신의 생각과 느낌을 말하는 능력을 기른다.

③ 글자와 책에 친숙해지는 경험을 통하여 글자 모양을 인식하고 읽기에 흥미를 가진다.

④ 말과 글의 관계를 알고 자신의 생각, 느낌, 경험을 글로 표현하는데 관심을 가진다.

다. 내용

〈표 6-1〉 의사소통 영역 내용체계

내용	하위 내용
듣기	낱말과 문장 듣고 이해하기 이야기 듣고 이해하기 문학 작품 즐겨 듣기 바른 태도로 듣기
말하기	낱말과 문장으로 말하기 생각과 느낌 말하기 이야기 지어 말하기 바른 태도로 말하기
읽기	읽기에 관심 가지기 책에 관심 가지기
쓰기	쓰기에 관심 가지기 쓰기 도구 사용하기

〈표 6-2〉 의사소통 영역 내용에 따른 연령별 내용

① 듣기

<table>
<tr><th rowspan="2">하위 내용</th><th colspan="3">연령별 내용</th></tr>
<tr><th>3세</th><th>4세</th><th>5세</th></tr>
<tr><td rowspan="2">낱말과 문장 듣고 이해하기</td><td colspan="2">낱말의 발음에 관심을 가지고 듣는다.</td><td>낱말의 발음에 관심을 가지고 비슷한 발음을 듣고 구별한다.</td></tr>
<tr><td colspan="2">일상생활과 관련된 낱말과 문장을 듣고 뜻을 이해한다.</td><td>다양한 낱말과 문장을 듣고 뜻을 이해한다.</td></tr>
<tr><td rowspan="2">이야기 듣고 이해하기</td><td>다른 사람의 이야기를 관심 있게 듣는다.</td><td colspan="2">다른 사람의 이야기를 듣고 이해한다.</td></tr>
<tr><td></td><td colspan="2">이야기를 듣고 궁금한 것에 대해 질문한다.</td></tr>
<tr><td rowspan="2">동요, 동시, 동화 듣고 이해하기</td><td colspan="2">동요, 동시, 동화를 다양한 방법으로 듣고 즐긴다.</td><td>동요, 동시, 동화를 다양한 방법으로 듣고 이해한다.</td></tr>
<tr><td></td><td colspan="2">전래 동요, 동시, 동화를 듣고 우리말의 재미를 느낀다.</td></tr>
<tr><td>바른 태도로 듣기</td><td>말하는 사람을 바라보며 듣는다.</td><td>다른 사람의 이야기를 주의 깊게 듣는다.</td><td>다른 사람의 이야기를 끝까지 주의 깊게 듣는다.</td></tr>
</table>

② 말하기

<table>
<tr><th rowspan="2">하위 내용</th><th colspan="3">연령별 내용</th></tr>
<tr><th>3세</th><th>4세</th><th>5세</th></tr>
<tr><td rowspan="3">낱말과 문장으로 말하기</td><td>친숙한 낱말을 발음해 본다.</td><td>친숙한 낱말을 정확하게 발음해 본다.</td><td>정확한 발음으로 말한다.</td></tr>
<tr><td>새로운 낱말에 관심을 가진다.</td><td>다양한 낱말을 사용하여 말한다.</td><td>다양한 낱말을 사용하여 상황에 맞게 말한다.</td></tr>
<tr><td colspan="2">일상생활에서 일어나는 일들을 간단한 문장으로 말한다.</td><td>일상생활에서 일어나는 일들을 다양한 문장으로 말한다.</td></tr>
</table>

하위 내용	연령별 내용		
	3세	4세	5세
느낌, 생각, 경험 말하기	자신의 느낌, 생각, 경험을 말해본다.	자신의 느낌, 생각, 경험을 말한다.	자신의 느낌, 생각, 경험을 적절한 낱말과 문장으로 말한다.
		주제를 정하여 함께 이야기를 나눈다.	
		이야기를 지어 말한다.	이야기 지어 말하기를 즐긴다.
상황에 맞게 바른 태도로 말하기		듣는 사람의 생각과 느낌을 고려하여 말한다.	
	상대방을 바라보며 말한다.	차례를 지켜 말한다.	때와 장소, 대상에 알맞게 말한다.
	바르고 고운 말을 사용한다.		

③ 읽기

하위 내용	연령별 내용		
	3세	4세	5세
읽기에 흥미 가지기	주변에서 친숙한 글자를 찾아본다.		주변에서 친숙한 글자를 찾아 읽어 본다.
	읽어 주는 글의 내용에 관심을 가진다.		읽어 주는 글의 내용에 관심을 가지고 읽어 본다.
책 읽기에 관심 가지기	책에 흥미를 가진다.	책 보는 것을 즐기고 소중하게 다룬다.	
	책의 그림을 단서로 내용을 추측해 본다.	책의 그림을 단서로 내용을 이해한다.	
		궁금한 것을 책에서 찾아본다.	

④ 쓰기

하위 내용	연령별 내용		
	3세	4세	5세
쓰기에 관심 가지기	말을 글로 나타내는 것에 관심을 보인다.	말이나 생각을 글로 나타낼 수 있음을 안다.	
	자기 이름의 글자에 관심을 가진다.	자기 이름을 써 본다.	자신의 이름과 주변의 친숙한 글자를 써 본다.
		자신의 느낌, 생각, 경험을 글자와 비슷한 형태로 표현한다.	자신의 느낌, 생각, 경험을 글자와 비슷한 형태나 글자로 표현한다.
쓰기 도구 사용하기		쓰기 도구에 관심을 가지고 사용해 본다.	쓰기 도구의 바른 사용법을 알고 사용한다.

라. 지도상의 유의점

교사는 다음 사항에 유의하여 지도하도록 한다.

첫째, 문자언어 발달의 기초인 음성언어 발달의 중요성을 인식하고 이를 위한 다양한 활동을 계획하고 실시한다. 유아에게 익숙한 음성언어를 통하여, 언어의 다양한 기능을 익히고 즐기는 성향을 갖게 함으로써, 유아가 호기심과 흥미를 가지고 문자언어를 익히고자 하는 동기를 갖도록 지도한다.

둘째, 유아의 문자언어 발달에 있어, 환경 및 자료의 중요성을 인식하고 이를 언어활동에 적극적으로 반영하도록 한다. 특히 쓰기 영역뿐 아니라, 학급의 곳곳에 쓰기 도구를 비치하여 둠으로써, 유아들이 쓰기의 필요성을 느낄 때 언제라도 쉽게 그림이나 긁적거리기로 자신의 생각을 표현할 수 있도록 한다.

셋째, 교사는 유아가 적극적으로 언어 사용에 대한 원리를 구성해 나가도록 의미 있고 실제적인 활동을 제공한다. 이를 위해 기능적이고 실제적인 맥락 속에서 언어 사용의 효과를 경험할 수 있는 다양한 활동이 제시되도록 한다.

2) 표준보육과정 의사소통 영역

(1) 의사소통

가. 성격

의사소통 영역은 출생 후 첫 울음, 옹알이 등의 소리나 몸짓, 표정과 같은 비언어적 행동을 통해 자신의 감정이나 요구를 타인에게 전달하다가 점차 한 단어와 짧은 문장으로 다른 사람과 소통할 수 있는 기초를 이루는 영역이다(보건복지부, 2013b).

'듣기', '말하기', '읽기', '쓰기'의 네 가지 내용범주로 구성되어 있으며 세부 내용은 다음과 같다.

'듣기'는 말하는 상대방을 보면서 주변의 소리나 말소리, 경험과 관련된 말, 운율이 있는 말을 듣고 그 의미를 알아가는 경험을 포함한다.

'말하기'는 상대방을 바라보며 자신이 말할 순서를 구별하여 자신의 욕구를 발성과 발음, 표정, 몸짓뿐 아니라 말소리로도 표현하는 경험을 갖도록 한다.

'읽기'는 짧고 간단하며 흥미로운 그림책이나 자주 접하는 친근한 환경 인쇄물에 대해 관심을 갖는 경험을 한다.

'쓰기'는 손에 쥘 수 있는 자료를 활용하여 끼적이기를 시도하는 경험을 포함한다.

위 네 가지 내용범주의 경험이 친숙한 환경에서 신뢰감이 형성된 사람과 이루어질 수 있도록 하는 것이 중요하다(보건복지부, 2013b).

나. 목표

말소리를 구분하고 의사소통의 기초를 마련한다.

① 주변의 소리와 말소리 듣기에 관심을 보인다.

② 표정, 소리, 몸짓으로 자신의 생각과 느낌을 표현한다.

③ 짧은 그림책이나 친숙한 환경 인쇄물에 관심을 가진다.

④ 끼적이기에 관심을 가진다.

다. 내용

〈표 6-3〉 의사소통 영역 내용체계

내용	하위 내용
듣기	주변의 소리와 말소리 구분하여 듣기 경험과 관련된 말 듣고 알기 운율이 있는 말 듣기 말하는 사람을 보기
말하기	발성과 발음으로 소리내기 표정, 몸짓, 말소리로 말하기 말할 순서 구별하기
읽기	그림책과 환경 인쇄물에 관심 가지기
쓰기	끼적이기

〈표 6-4〉 의사소통 영역 내용에 따른 수준별 내용

① 듣기

<table>
<tr><th>내용</th><th>1수준</th><th>2수준</th><th>3수준</th><th>4수준</th></tr>
<tr><td rowspan="3">주변의 소리와 말소리 구분하여 듣기</td><td colspan="3">여러 가지 소리와 말소리 듣기에 흥미를 보인다.</td><td>친숙한 낱말의 발음에 흥미를 보인다.</td></tr>
<tr><td colspan="4">익숙한 목소리를 듣고 그것에 반응한다.</td></tr>
<tr><td colspan="2"></td><td colspan="2">높낮이와 세기 등 말소리의 차이에 반응한다.</td></tr>
<tr><td rowspan="2">경험과 관련된 말 듣고 알기</td><td colspan="4">눈 앞에 보이는 경험과 관련된 말에 반응한다.</td></tr>
<tr><td></td><td colspan="3">자신의 이름이 불리면 듣고 반응한다.</td></tr>
<tr><td>운율이 있는 말 듣기</td><td colspan="4">운율이 있는 짧은 말소리를 관심 있게 듣는다.</td></tr>
<tr><td>말하는 사람을 보기</td><td colspan="2">말하는 사람의 눈을 마주 바라본다.</td><td colspan="2">말하는 사람의 표정, 몸짓을 관심 있게 본다.</td></tr>
</table>

② 말하기

<table>
<tr><th>내용</th><th>1수준</th><th>2수준</th><th>3수준</th><th>4수준</th></tr>
<tr><td rowspan="3">발성과 발음으로 소리내기</td><td colspan="2" rowspan="2">여러 가지 소리를 내고 옹알이를 한다.</td><td colspan="2">여러 말소리를 즐겁게 내 본다.</td></tr>
<tr><td colspan="2">의미 있는 음절을 내 본다.</td></tr>
<tr><td colspan="2">옹알이와 말소리에 대해 말로 반응해 주면 모방하여 소리 낸다.</td><td colspan="2">교사의 말을 모방하여 발음한다.</td></tr>
<tr><td>표정, 몸짓, 말소리로 말하기</td><td>표정과 소리로 의사표현을 한다.</td><td>표정, 몸짓, 소리로 의사표현을 한다.</td><td colspan="2">표정, 몸짓, 말소리로 의사표현을 한다.</td></tr>
<tr><td>말할 순서 구별하기</td><td colspan="4">말할 순서에 따라 표정, 몸짓, 말소리로 반응한다.</td></tr>
</table>

③ 읽기

<table>
<tr><th>내용</th><th>1수준</th><th>2수준</th><th>3수준</th><th>4수준</th></tr>
<tr><td rowspan="3">그림책과 환경 인쇄물에 관심 가지기</td><td colspan="4">다양한 감각 책을 탐색해 본다.</td></tr>
<tr><td colspan="2"></td><td colspan="2">사물과 주변의 친숙한 환경 인쇄물에 관심을 가진다.</td></tr>
<tr><td colspan="4">읽어주는 짧은 그림책에 관심을 가진다.</td></tr>
</table>

④ 쓰기

<table>
<tr><th>내용</th><th>1수준</th><th>2수준</th><th>3수준</th><th>4수준</th></tr>
<tr><td>끼적이기</td><td></td><td colspan="3">끼적이기에 관심을 가진다.</td></tr>
</table>

라. 내용 범주별 지도 원리

보건복지부(2013a)가 제시한 교사의 지도 원리는 다음과 같다.

① 듣기

- 일상생활에서 영아가 익숙한 성인의 말소리에 집중하여 귀를 기울이고, 주변소리와 말소리를 구분하여 말소리에 호기심을 느끼고 능동적으로 반응하는데 중점을 둔다.
- 영아의 눈앞에서 직접적으로 일어나는 반복적인 경험과 그와 관련된 말소리의

의미를 연결하여 들려주는 것에 중점을 둔다.
- 운율이 있는 짧은 말이나 리듬감 있는 이야기를 들려주어 다른 사람과의 의사소통이 즐겁다는 경험을 주는데 중점을 둔다.
- 영아가 말소리를 듣기 위해 몸을 돌려 성인을 응시하고 반응하는데 주안점을 둔다.

② 말하기

여러 가지 소리내기와 말소리 즐겁게 내기를 바탕으로, 소리에 대한 반응을 모방하며 교사의 말을 모방하여 발음하기에 중점을 둔다.

표정과 몸짓 나아가 말소리로 의사 표현하는 것에 중점을 둔다.

말할 순서에 따라 표정, 몸짓, 말소리로 반응하는 것에 중점을 둔다.

③ 읽기

그림책과 환경 인쇄물에 관심을 갖도록 다양한 감각 책과 주변의 친숙한 환경 인쇄물을 제공하여 이를 탐색하는데 중점을 둔다.

책을 읽어 주는 교사의 목소리에 귀 기울이고, 책 보는 것에 재미를 느낄 수 있도록 친숙한 그림책을 반복적으로 보려는 영아의 시도를 격려하는데 주안점을 둔다.

④ 쓰기

마음대로 끼적이는 자체를 즐기며, 자신이 끼적거린 결과에 관심을 보이는 환경을 마련하는데 초점을 둔다.

3. 언어교육을 위한 환경구성

1) 영아를 위한 환경구성

일반적으로 환경이라 함은 물리적 환경, 인적 환경, 시간적 환경 등을 모두 포함하는 개념이지만 이곳에서는 물리적 환경에 초점을 맞추도록 한다. 물론 물리적 환경이라 해서 단순히 공간과 공간 내부에 있는 교재 · 교구만을 의미하는 것은 아니며 영아들이 생활하면서 의미를 부여하는 모든 환경을 포함하는 것이다. 즉 교육시설 공간 및 활동영역의 조직과 효과적인 활용뿐 아니라 영아의 교육경험에 포함되는 모든 자료의 적합한 배치를 의미한다. 시설이라 함은 유아교육의 기능을 구체적으로 실현하기 위해 활용되는 물리적 조건으로서 건물, 실외놀이터, 동물사육장, 정원과 복도, 교육실, 교사실, 취사실, 화장실, 교재 · 교구실, 유희실, 상담실, 식당 등 외형적 구조와 관련된 것을 말한다. 설비는 시설에 부속된 모든 부분으로서 교육실 내의 낮은 책상 가구, 화장실 내의 변기나 세면대 등 유아교육의 기능을 수행하기 위한 물적 요소의 총체를 말한다. 이외에 교재 · 교구와 자료란 영아의 교육경험이나 활동의 목적으로 구비 또는 제시한 것으로서 교육실 내의 모든 교육 활동 자료와 책, 비디오와 오디오 자료들과 화장실 내의 수건, 화장지 등의 소모품, 식당 내의 수저, 식판 등을 모두 포함한다.

영아기는 교사와의 언어적 상호작용을 통해 인지적, 사회적, 정서적인 경험을 갖게 되므로 교사는 언어자극을 풍부하게 제공하여야 한다. 교사가 되도록 언어를 많이 사용하고 영아의 표현에 반응해 줌으로써 영아의 반응을 유도해 낸다. 영아는 교사와의 책보기나 이야기 듣기를 통해 책에 대한 관심이 처음으로 나타나게 된다. 이야기를 읽지 못해도 책장을 넘기는 것 자체를 보고 즐기는 때이므로 매일 책을 보고 놀 기회를 마련한다. 이 영역에는 언어적인 경험을 할 수 있는 인형이나 그림, 사진 같은 다양한 자료를 구비하여 언어적 상호작용이 많이 발생할 수 있도록 한다. 또한 이 영역에서 책을 읽거나 놀이를 하며 교사와 영아가 편안한 관계를 맺을 수 있도록 아늑하고 편안한 분위기로 꾸며 준다. 교사는 영아 몇 명을 데리고 함께 책을 읽으며 영아 또래끼리의 관심을 유도할 수도 있다.

- **기본자료** : 낮은 소파나 쿠션 성인이 읽어 주는 리듬이 있는 단순한 그림책 플라스틱이나 비닐로 만든 소리를 내거나 빨 수 있는 그림책, 스펀지책, 헝겊책, 그림이나 사진 손 인형 촉감책, 긁적거리기 도구 등이 있다.

2) 영유아를 위한 환경구성

유아교육의 환경 전체가 영유아에게 다양하고 풍부한 언어경험을 제공할 수 있도록 구성되어야 한다. 특히 영유아가 유치원이나 어린이집 교실에는 문식성 자료가 풍부하게 제공되어야 하며, 이러한 자료를 영유아가 편리하게 사용할 수 있을 뿐 아니라 교실에서 진행되는 모든 교육활동과 긴밀하게 관련되어 있어야 한다. 또한 영유아의 흥미를 끌 수 있도록 배치가 되어야 하고, 어린이의 상호작용을 격려하도록 조성되어야 한다(김정화 · 이문정, 2007).

언어영역은 언어적 능력, 즉 듣기, 말하기, 읽기, 쓰기를 보다 더 잘하게 하는 것을 목적으로 활용할 수 있는 공간의 크기에 따라 다르게 구성할 수 있다. 공간이 넓을 때에는 언어영역을 세분화하여 책보기, 듣기, 그룹게임, 쓰기 영역 등으로 나눌 수 있으며, 공간이 좁을 경우 언어영역 한 곳에 각 활동을 자주 변화를 주어 융통성 있게 운영할 수 있을 것이다. 책보기 영역은 듣기, 말하기, 읽기, 쓰기의 활동들이 통합되어질 수 있는 중요한 곳일 뿐만 아니라 글자를 익히고 독서습관을 기르기 위해서도 책보기 영역은 꼭 필요하다.

교사는 이 모든 활동을 위한 자료를 동시에 내어 줄 수도 있고 책 이외의 활동을 주기적으로 교체해 줄 수도 있다. 언어영역은 조용하고 밝고 안정된 곳에 배치하여야 한다. 언어영역에는 부드러운 느낌의 카펫을 깔아주고 낮은 탁자와 등을 기댈 수 있는 쿠션을 준비해 준다. 유아를 위한 언어영역은 듣기, 말하기 활동에서 나아가 읽고 쓰는 활동이 적절히 이루어지도록 구성하는 것이 바람직하다. 언어영역은 독서를 위한 영역과 읽고, 쓰기를 할 수 있는 영역으로 분리하여 구성할 수도 있다. 초기에는 듣기와 책보기를 위주로 영역을 구성하고 후기에는 읽고 쓰기를 위한 영역을 중점적으로 계획하여 준다.

언어 영역에 비치할 수 있는 교재 · 교구는 다음과 같다.

- **듣기자료** : 여러 종류악기, 소리 나는 물건(시계, 호루라기, 메트로놈 등), CD 플레이어와 CD-ROM 동화, 헤드폰, 카세트 레코더와 테이프 슬라이드 다양한 책 등이다.
- **말하기자료** : 이야기꾸미기 자료와 융판, 이야기꾸미기 그림순서 카드, 자석

판과 자석자료, 손 인형 등 각종 인형과 인형극 틀, 그림으로 읽는 동화, 녹음기와 공 테이프, 마이크 동화책 , 전화기 등 다양한 역할놀이용 소품, 디오라마 등이다.

- **읽기자료** : 다양한 책과 책꽂이, 그림책, 주제에 따른 화보 모음책, 잡지류, 사전, 만져서 알 수 있는 글자나무, 모래종이, 모루 플라스틱 하드보드지 등으로 된 글자, 친구이름카드, 글자카드, 주사위를 이용한 게임용 글자, 자석판과 글자, 동요, 동시집 등이다.
- **쓰기자료** : 다양한 종류의 필기구, 풀, 가위, 소형칠판, 색분필, 글자상자, 단어카드, 타자기, 컴퓨터와 프린터, 작은책, 궁금한 낱말카드, 자 · 모음카드, 한글 · 알파벳, 고무글자판과 스탬프, 잉크, 다양한 색과 크기의 종이, 독서카드 용지, 하드보드지, 연필깎이, 소형 화이트보드와 마커펜, 자석판과 자석글자, 각종 스탬프와 편지지, 우편엽서, 봉투 등이다.

4. 영유아 언어교육 평가

영유아의 언어발달을 평가하려면 영유아의 언어 이해와 언어 기술을 판단하기 위한 정보들을 수집하여 현재의 언어 이해와 기술수준과 이전의 언어 이해와 기술수준이 비교되어져야 할 것이다. 유아의 언어발달에 대한 평가를 위하여 유치원에서 이용할 수 있는 정보 수집방법으로는 관찰, 활동작품 샘플 분석, 유아인터뷰, 녹음 또는 녹화, 언어검사도구 사용 등이 있다. 교사는 여러 가능한 수집방법을 사용하여 정기적으로 연 3~4회 이상 개별 유아의 언어발달 평가를 하도록 계획하여야 할 것이다(이영자, 2009).

1) 관찰법

관찰법은 영유아의 언어발달을 평가하는데 있어서 매우 유용한 수단으로 활용되고 있다. 영유아의 언어발달을 체계적으로 관찰하기 위해서는 먼저 관찰 목적을 설정하고 목적에 따라서 누가, 무엇을, 언제, 어디서 관찰할 것인지를 계획해야 한다. 또한 관찰 내용을 어떤 방법으로 기록할 것인가를 미리 결정해야 한다. 어린이의 언어행동을 관찰한 결과를 기록하는 방법으로 일화기록법, 행동목록법, 평정척도법 등이 있다(이숙재 · 이봉선, 2009).

(1) 일화기록법(anecdotal record)

영유아의 언어행동을 관찰하여 사실적이고 상세하게 기록하는 방법을 말한다. 일화기록은 유아가 소리 내어 책을 읽거나 조용히 혼자서 책읽기할 때 이야기를 듣는 동안의 행동, 쓰기와 같이 어느 특정한 한 가지 행동에 초점을 맞추어 객관적인 사실에 근거하여 자세히 기록한다. 일화기록은 신문기사 쓰듯이 사실적으로 무슨 상황이 언제, 어디서 일어났으며 유아가 그 상황에서 무슨 말을 하고 행동했는지를 적은 것이다. 일화기록은 관찰된 직후에 적는 것이 좋지만 가능하지 않을 때에는 환기할 수 있도록 간단히 잊어버리기 쉬운 사항을 메모하여 두었다가 후에 구체적으로 기록한다. 매일의 자유선택활동의 계획 및 진행, 간식 등에 활동시간의 유아의 언어적 행동과 표현을 기록함으로써 구어적 표현, 어휘사용, 다른 사람의 말의 이해, 읽기 발달수준, 쓰기 발달수준 등을 파악할 수 있다.

일화기록은 특별한 기록양식 없이 노트나 접착 메모지에 간단하게 기술할 수 있다. 그러나 이때 행동에 대한 기술과 함께 영아의 이름 관찰일시, 관찰 장면 등과 같은 기본정보를 반드시 기록해야 한다.

일화기록을 작성할 때 유의할 점을 보다 구체적으로 살펴보면 다음과 같다(서영숙 · 김경혜, 2006).

- 시건이 생긴 후 곧 기록한다.
- 대상 인물의 행동과 말을 구별해서 기록한다.
- 장면, 진행 중인 활동 등 상황적인 자료를 반드시 기록에 포함시킨다.
- 대상 인물의 행동과 언어를 기록함과 동시에 그 상황에 있는 다른 사람들의 반응도 기록한다.
- 대화의 정확한 의미를 파악하기 위해서는 대상 인물이 사용한 말을 그대로 인용한다.

- 일어난 순서대로 사건을 기록한다.
- 객관적이고 사실적이며 완전한 기록이어야 한다.

(2) 행동목록법(checklist)

영유아의 언어능력을 평가하기 위하여 말하기, 듣기, 읽기, 쓰기 행동의 목록을 만들어서 각 행동의 출현여부를 '예' 또는 '아니오'로 표시하는 방법이다. 관찰할 언어 행동을 명확히 규정하는 평가도구로서 관찰하려는 언어 행동의 유무를 판단할 때 사용하며, 언어의 특정 측면에 대한 체계적인 평가가 가능하고 관찰 정보를 기록하기가 빠른 장점이 있다. 행동목록표를 작성하여 사용할 때는 문항은 관찰 가능한 구체적 행동을 나타내는 것이어야 하며 문항 간 서로 중복이 없어야 하고 가능한 논리적으로 구성하여야 한다. 다음은 관찰자가 행동목록법을 사용하는데 있어 유의할 점이다.

- 행동목록은 관찰 전에 준비되어 있어야 한다.
- 행동목록에 포함된 문항은 관찰 가능한 구체적인 행동을 나타내는 것이어야 한다.
- 행동목록의 문항은 포괄적이고 대표적인 목록으로 구성되어야 하며 문항 간에 서로 중복 없이 일정한 체계에 맞게 논리적으로 조직되어야 한다.
- 관찰행동의 출현 유무 표기와 함께 처음 그 행동이 나타난 날짜를 기록하도록 만드는 것이 좋다.

(3) 평정척도법(rating scale)

언어발달의 질적인 특성을 여러 수준으로 구분해서 척도상에 기록하는 방법이다. 행동목록법과 마찬가지로 관찰하려는 행동에 대해 미리 기록양식을 준비하여 사용한다. 그러나 행동목록법에서는 특정 행동의 출현 여부만을 파악할 수 있으나 평정척도법은 유아의 특성에 대하여 상 · 중 · 하의 3단계 1, 2, 3, 4, 5의 5단계 또는 7단계 등과 같이 질적 특성을 구별할 수 있는 준거가 제시되어 3~7점 척으로 평가하는 방법이다. 이 방법은 사용하기 쉽고 평가자들이 개별 유아의 장기적인 관찰을 통해 정확한 평가를 할 수 있는 장점이 있으나 체크리스트보다 신뢰도가 덜하고 오류가 더 크다는 단점이 있다.

2) 유아면담

면담은 영유아를 대상으로 하는 관찰에서는 얻을 수 없는 영유아의 이면적인 감정이나 사고에 대해 풍부한 정보를 얻을 수 있는 방법이다. 또한 체크리스트나 평정척도를 사용할 경우 영유아의 문식성의 한계로 인해 부모나 교사가 대리하여 답변하는 경우가 많은데 면담은 영유아와 일대일로 영유아가 알아듣기 쉽게 설명하며 진행함으로써 영유아 자신의 응답을 들을 수 있어 보다 신빙성 있는 자료를 얻을 수 있다.

면담은 영유아 관찰 후 추가로 수집해야 할 정보가 있을 경우나 또는 관찰에 너무 많은 시간이 소요될 것으로 예상되는 경우에 사용되는 방법이다. 특히 관찰로 드러나지 않는 영유아의 감정이나 사고에 관한 정보를 얻고자 할 때에는 면담을 하게 된다.

3) 녹음 또는 녹화법

유아의 언어능력 샘플을 구하기 위해 녹음하는 방법은 오랫동안 사용되어 온 방법이다. 최근에는 비디오 녹화 기구를 구비하여 실내 여러 활동 영역에서의 유아의 언어 행동을 녹화하여 사용하기도 한다. 이렇게 녹음 또는 녹화한 자료는 여가시간에 여러 번 재생하여 청취 또는 시청함으로써 보통 관찰로는 힘든 언어발달 측면의 평가가 가능하다. 유아의 언어적 제안과 반응의 유형, 언어사용 기능, 문장의 길이, 문장 형태, 어미사용, 읽기 또는 쓰기활동 시의 상호작용 유형 등 다양한 사항을 녹음 또는 녹화하여 평가할 수 있다(이영자, 2009).

4) 유아 언어검사법

영유아의 언어발달을 평가하기 위해서는 심리검사 도구를 활용할 수 있다. 검사

도구는 표준화 여부에 따라서 표준화된 검사도구와 표준화 과정을 거치지 않은 검사도구로 나눌 수 있다. 표준화검사란 누가, 언제, 어디서 사용하더라도 검사의 실시와 채점 및 결과의 해석이 동일하도록 모든 절차와 방법을 일정하게 만들어 놓은 검사로서 신뢰도와 타당도가 검증된 것을 의미한다.

우리나라에서 표준화된 영유아용 언어발달 검사는 매우 부족한 상황이며, 음성언어 위주로 평가도구가 개발되어 있다. 표준화 검사도구를 소개하면 다음과 같다(이숙재 · 이봉선, 2009).

〈표 6-5〉 영유아용 표준화 언어발달 검사도구

검사명	저자 · 제작연도	대상	내용	출판사
영유아 언어발달 검사	김영태 · 김경희 · 윤혜련 · 김화수 2003년	생후 5~36개월	수용언어와 표현언어 측정	도서출판 특수교육
그림 어휘력 검사	김영태 · 장혜성 · 임선숙 · 백현정 1995년	2~8세 11개월	수용어휘력 평가	서울장애인 종합복지관
취학전 아동의 수용언어 및 표현언어 발달 척도	김영태 · 성태제 · 이윤경 2003년	2~6세	수용언어와 표현언어 평가	서울장애인 종합복지관
우리말 조음 · 음운평가	김영태 · 신문자 2004년	조음문제가 있는 2~12세, 성인	조음장애 유무평가	학지사 심리검사 연구소
아동용 한국판 보스톤 이름대기 검사	김향희 · 나덕렬 2007년	3~14세	대면이름 능력 및 표현언어 장애 선별	학지사 심리검사 연구소
구문의미 이해력 검사	배소영 · 임선숙 · 이지희 · 장혜성 2000년	4~9세	이해언어 평가	서울장애인 종합복지관
언어문제 해결력 검사	배소영 · 임선숙 · 이지희 2000년	5~12세	언어장애 유무 및 정도판별	서울장애인 종합복지관

* 자료출처 : 이숙재 · 이봉선(2009).

5) 포트폴리오 평가

포트폴리오(portfolio) 평가는 교육계의 새로운 동향으로 나타난 대안적 평가의 대표적인 전통적인 평가 방식의 한계점을 보완하고 총제적인 평가를 하기 위해 유아들의 작품을 분석해 보는 방법이다. 즉, 포트폴리오 평가는 장기간에 걸쳐 유아의 활동과정 및 결과를 증명해 줄 작품들을 수집하여 시간의 흐름에 따라 유아의 변화를 살펴보는 평가법이다.

포트폴리오에 포함되는 다양한 자료로는 유아가 그린 그림, 낙서, 읽기, 쓰기 결과물, 저널 쓰기나 자발적 쓰기 표본, 표준화된 검사결과, 행동에 대해 일화기록한 것, 소리 내어 책 읽은 내용을 녹음한 테이프, 관찰한 체크리스트, 동극, 유아가 지은 동시, 이야기 등 유아가 가장 잘한 작품이나 흥미 있어 하는 것, 학습 과정을 보여주는 것, 다양성을 나타내는 것, 쉬운 작품, 어려운 작품, 실패한 작품이 포함된다.

포트폴리오를 통한 객관적인 평가를 하기 위해서 고려해야 할 사항은 다음과 같다(여성가족부 고시 제 2007-1호, 2007).

- 그림 공동작업, 개별작업 구성활동, 비디오 녹음, 신체표현을 한 사진자료 등 각종 사진자료 쓰기자료 등 유아의 다양한 작품을 수집한다.
- 수집된 자료가 평가 자료로서 가치가 있으려면 지속적이면서도 체계적으로 자료를 수집하는 것이 필요하다. 따라서 내용에 따라 한 달 또는 1분 1기 한 학기 등과 같이 일정한 간격을 두고 유아가 만들어 낸 자료를 체계적으로 수집해야 한다.
- 수집된 작품에는 그날의 날짜와 그 작품에 대한 유아의 설명, 태도, 활동맥락 특정 행동의 동기, 다른 유아들과의 관계 등을 기록한다. 예를 들면 유아들이 표현한 자료 밑에 이렇게 표현하게 된 배경, 유아의 설명 · 느낌, 특정 행동 함께한 친구들의 이름 등을 간단히 적어 두면 그 작품을 이해하는데 많은 도움을 받을 수 있다.
- 자기반영 활동 및 그 결과를 수집해야 한다. 유아가 자신이 만든 작품에 대해 되돌아보고 반성한 결과들을 포트폴리오에 포함한다. 자신의 활동이 목표한

대로 적절히 이루어졌는지에 대해 자기 판단을 해 보거나 느낀 점, 새로 알게 된 것, 다음 활동 목표 등을 유아입장에서 정리하는 것이 포토폴리오 평가의 주요 내용이 되어야 한다.

- 유아작품에 대한 교사, 부모 또래의 의견이나 조언, 기타 작품의 특이한 사항에 대한 기록이 필요하다.

포트폴리오 평가 시 유의사항은 다음과 같다(이순형 외, 2010).

- 영유아의 언어에 대한 지식이 아닌 실제 수행능력을 평가해야 한다. 언어에 대해 아는 정도, 실제 상황 속에서가 아니라 맥락에 맞게 사용할 수 있는가를 평가한다.
- 평가는 지속적으로 이루어져야 한다. 자료 수집을 모두 마친 후 한 번에 평가하는 것이 아니라 자료수집과 동시에 매번 평가하고 이것이 지속되어야 한다.
- 평가방법 및 주체가 다양하게 포함되어야 한다. 성과물의 평가로는 획득할 수 없는 부분에 대한 정보를 얻고 평가하기 위해 체크리스트나 평정척도, 영유아의 자기평가나 부모평가 등을 포함하여 평가한다.
- 객관적 평가를 위해 평가기준을 채택한다.

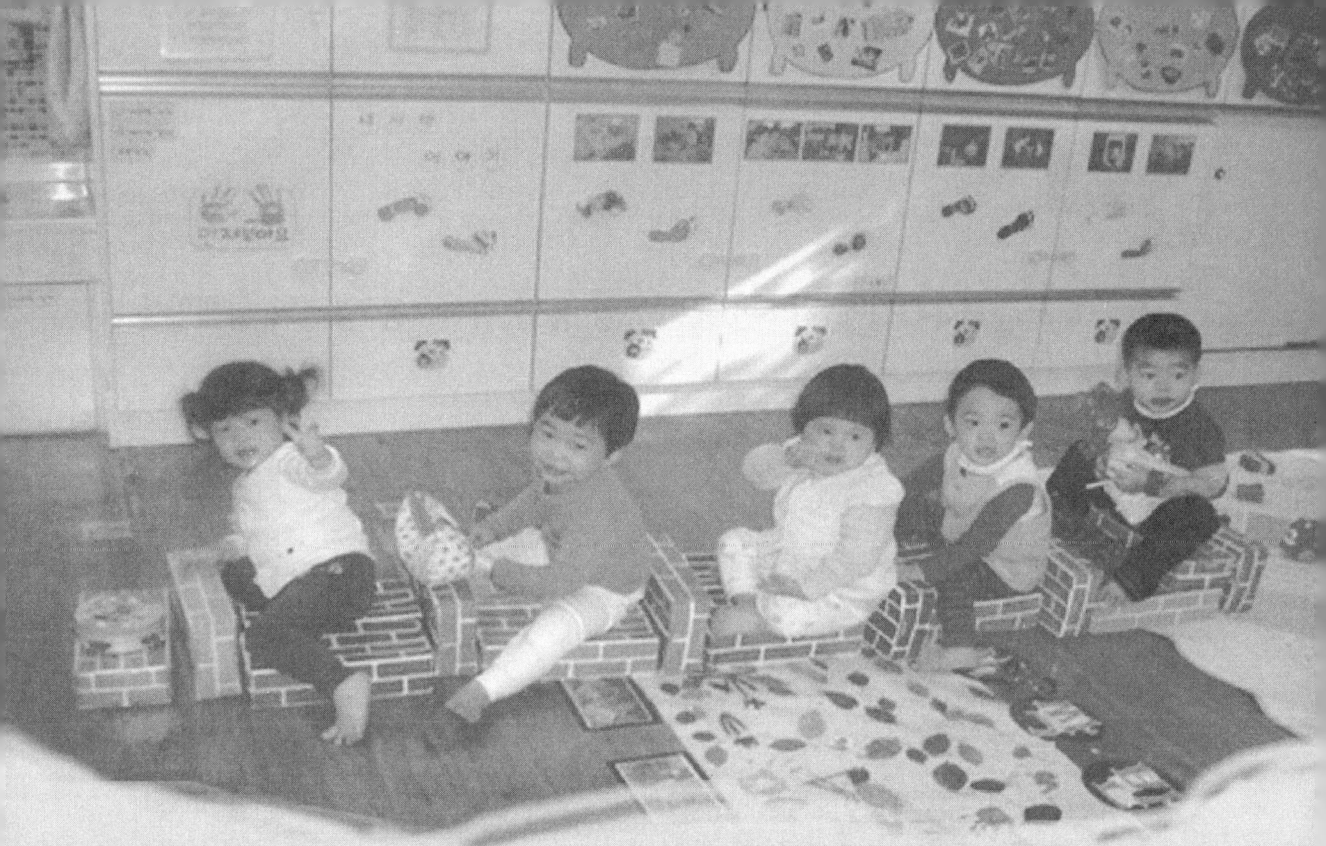

제 7장

주제중심 통합 언어활동의 실제

1. 표준보육과정에 기초한 주제중심 통합 언어소통 영역의 실제활동
2. 누리과정에 기초한 언어생활 영역의 실제활동

1. 표준보육과정에 기초한 주제중심 통합 의사소통 영역의 실제활동

1) 만 1세의 의사소통 영역 활동

(1) 주제 : 재미있는 놀잇감

① 주제 선정 이유

이 시기의 영아는 또래 관계보다는 주변 환경과 놀잇감에 대해 더 많은 흥미와 관심을 느끼고 탐색한다.

여럿이 함께 하는 활동보다는 놀잇감을 가지고 혼자 놀이하는 데 더 익숙하다. 따라서 「놀잇감」주제는 영아들에게 다양한 감각을 경험해 볼 수 있는 주변의 사물이나 놀잇감을 제공해 주어 충분히 탐색하고 놀이할 수 있는 기회를 주고, 놀잇감의 사용방법과 놀잇감을 통한 또래와의 관계 형성을 돕기 위해 선정하였다.

보육실 내의 놀잇감을 청결하게 하고, 잘 정리 정돈하여 제자리를 알 수 있도록 하며, 교사는 놀잇감을 활용하여 반응적이고 민감한 상호작용으로 충분히 놀아 준다. 또한 영아는 놀잇감의 바른 사용법을 알고 정리하는 습관도 기를 수 있다.

② 주제망

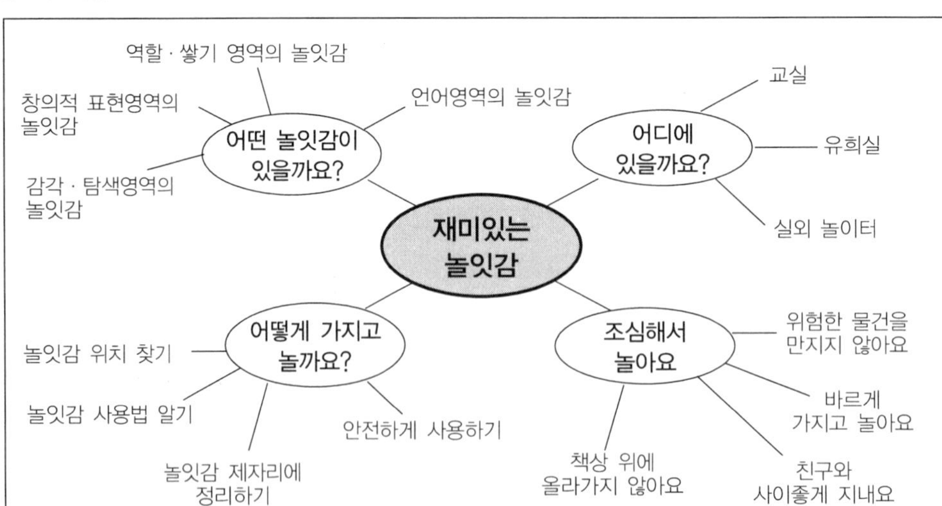

③ 교육계획안

교 육 계 획 안

만 1세

생활주제	재미있는 놀잇감
목　　표	· 여러 가지 놀잇감에 호기심을 가지고 탐색해 본다. · 어린이집에서 놀잇감을 가지고 즐겁게 놀 수 있다.

재미있는 놀잇감

신체 · 움직임
- 타는 놀잇감이 있어요
- 머리, 어깨, 무릎, 발
- 공 굴리기
- 인형을 집에 데려다 주어요
- 벽돌블록을 건너요
- 바구니 위에 공 나르기
- 주전자 물 따르기
- 음악에 맞춰 움직이기
- 훌라후프 통과하기

언어생활
- **누르면 소리가 나요**
- **'여보세요' 전화로 따라해 보기**
- **마음대로 그려요**
- 놀잇감 이름 따라해 보기
- 여기 있어요
- 나는 무엇을 하고 있을까?
- 그림책을 제자리에
- 지시하는 친구에게 놀잇감 건네주기
- 그림책- 다양한 형태의 그림책 (모빌북, 촉감책, 사운드북), 「모두 제자리에」, 「미안해 미안해」

감각 · 탐색
- 막대로 두드려 봐요
- 비밀상자 열어 보기
- 동물 먹이주기
- 모두 제자리에 정리해요
- 휴지 뜯기/ 버리기
- 놀잇감 담고 쏟기
- 꽃잎 불어 움직이기
- 비눗방울 잡아보기

실외활동
- 모래 놀이기구로 놀이하기
- 꽃 보고 물주어 보기
- 공을 쫓아가요
- 선생님한테 걸어가기
- 부르는 친구에게 걸어가기
- 미끄럼틀을 타요
- 산책하기
- 통속 통과하기
- 손가락으로 모래 비 내리기

창의적 표현
- 자동차 바퀴 찍어 보기
- 리듬악기를 흔들어 보아요
- 리본춤을 추어요
- 밀가루 반죽으로 팔찌를 만들어 보아요
- 수수깡 부러뜨려 꾸미기
- 천천히 걸어 보아요
- 북 두드리기
- 딸랑이 흔들기

역할 · 쌓기
- 딩동~ 블록영역에 놀러 오세요
- 가방 속에 무엇이 있을까?
- 세워 보아요
- 십자블록으로 기차 만들기
- 말랑말랑 송공
- 냠냠 맛이 있어요
- 그릇 설거지하기
- 연결고리를 끼워 긴 줄 만들기

기본생활습관
- 위험한 물건을 만지지 않아요
- 바르게 가지고 놀아요
- 놀잇감 치우기를 도와요
- 친구와 싸우지 않아요
- 책상 위에 올라가지 않아요

나들이
- 싹을 찾아봐요
- 나무야 사랑해

④ 언어교육 목표

- 다양한 놀잇감의 소리와 말소리 듣기에 흥미를 보인다.
- 놀잇감마다 소리가 서로 다름을 알고 구분하여 들을 수 있다.
- 보육실 내의 놀잇감 이름을 교사를 따라 발음해 볼 수 있다.
- 교사의 한 음절 말을 따라해 볼 수 있다.
- 다양한 놀잇감의 소리를 듣고 모방할 수 있다.
- 그림책 속에 있는 친숙한 그림이나 사진을 본다.
- 이야기를 들을 때 그림을 알아본다.
- 종이와 쓰기 도구를 반복하여 탐색해 본다.
- 팔 전체를 사용하여 마음대로 긁적거린다.
- 자신의 긁적거리기에 관심을 갖는다.

⑤ 관련 어휘

- 상황에 따른 인사말

"안녕", "잘자", "나도~하고 싶어, ○○야, 나랑 바꿔 놀자", "미안해", "고마워"

- 감정 표현하는 어휘

기쁘다, 신난다, 시원하다, 맛있다, 즐겁다, 졸립다, 미안하다, 화나다, 재미있다, 행복하다, 귀엽다 등

- 영아가 사용하는 놀잇감의 이름

그림책, 비밀상자, 밀가루 반죽, 종이, 크레파스, 붓, 사인펜, 자동차, 기차, 인형, 전화기, 가방, 공, 바구니, 스펀지 블록, 벽돌블록, 십자블록, 리본막대, 주전자, 미끄럼틀, 붕붕카, 흔들말 등

- 모양이나 소리를 표현하는 어휘

동글동글, 통통 / 퉁퉁, 떼구르르, 삑삑, 꾹꾹, 딩동댕, 따르릉, 찰찰찰, 빠르게 / 느리게, 말랑말랑, 촉촉하게, 차갑다, 길쭉하다, 납작하다, 칙칙폭폭, 울퉁불퉁하다, 조심조심, 뚜벅뚜벅, 냠냠 등

⑥ 언어활동 계획

활동 유형 \ 시기	1주	2주	3주	4주
	어떤 놀잇감이 있을까요?	어디에 있을까요?	어떻게 가지고 놀까요?	조심해서 놀아요
듣기	· 놀잇감의 이름 알아보기 · 놀잇감의 다양한 소리에 흥미 갖기	· 놀잇감마다 소리가 다름을 알고 구분하여 듣기 (삑삑, 꼭꼭, 딩동댕, 따르릉 등)	· 익숙한 놀잇감 이름 알아듣기 · 교사가 지시한 사물 집어 보기	· 지시하는 친구에게 놀잇감 건네주기 · 선생님이 들려주는 동화「미안해 미안해」듣기
말하기	· 보육실 내의 놀잇감 이름 따라 발음해 보기 · 놀잇감 관련 교사의 한 단어 말 따라 해 보기	· 자신이 놀이하는 모습이 담긴 사진 보며 말소리, 몸짓으로 간단한 의사 표현하기 · 친숙한 놀잇감 사진 짚어 보며 단어 반복하여 따라 말하기	· 몸짓으로 간단한 의사표현하기	· 또래와 다툼이 있는 상황에서 '미안해'라고 말해 보기
읽기	· 그림책 속에 있는 놀잇감 그림이나 사진들 보기 · 다양한 형태의 책보기(모빌북, 촉감책, 사운드북 등)	· 교실, 유희실, 실외 놀이관련 그림책, 사진보며 손으로 책의 그림 지적해 보기	· 놀잇감 정리와 관련된 그림책 보면서 책장 넘기기	· 교사가 읽어 주는 장난감 관련 짧은 단어 보기
쓰기	· 종이와 쓰기 도구 탐색해 보기	· 전지에 색연필로 긁적이기	· 팔 전체를 사용하여 모양종이에 긁적거리기 · 자신의 긁적거리기에 관심 갖기	· 쉐이빙 크림으로 손가락 그림 그리기
교구	· 영역에 비치된 다양한 놀잇감 · 놀잇감 사진, 그림 · 종이와 다양한 쓰기 도구 · 다양한 형태의 그림책	· 영아의 놀이하는 모습을 찍은 사진자료 · 누르면 소리가 나는 놀잇감 (인형, 피아노, 전화기 등)	· 영아의 놀이하는 모습을 찍은 사진자료 · 그림책-「모두 제자리에」	· 그림자료(친구와 싸우는 그림, 친구에게 장난감을 나누어 주는 그림) · 그림 동화-「미안해 미안해」 · 손인형 · 쉐이빙 크림

⑦-1 언어활동 실제

생활주제	재미있는 놀잇감	소주제	어떤 놀잇감이 있을까요?
활 동 명	누르면 소리가 나요		
활동목표	・놀잇감의 다양한 소리에 흥미를 갖는다. ・놀잇감마다 소리가 서로 다름을 알 수 있다. ・소리가 나는 놀잇감을 탐색해 본다.		
보육과정 관련요소	・듣기- 소리 구분하여 듣기 ・탐구적 태도- 주변의 사물과 자연현상에 관심 가지기		
활동자료	누르면 소리가 나는 놀잇감 (인형, 놀이용 피아노, 전화기 등)		
활동방법	1) 영아에게 여러 가지 소리 나는 놀잇감을 제시한다. - 와~ 재미있는 놀잇감이 많이 있네. - 어떻게 가지고 노는 걸까? - 손가락으로 한번 눌러 볼까? 2) 놀잇감을 눌러 보고 놀잇감에서 나는 소리를 들어 본다. - 어머, 작은 인형에서 삑삑 소리가 나네. - 어떻게 소리가 나는 걸까? ○○가 인형의 배를 꾹꾹 눌러 보자. - 정말 인형에서 소리가 나는구나. 3) 누르면 소리가 나는 여러 가지 놀잇감을 탐색해 보고, 서로 다른 소리를 들어 본다. - 이번에는 피아노 소리를 들어 보자. - ○○가 손가락으로 꾹 누르니까 신나는 음악 소리가 나네. - 피아노를 누를 때는 딩동댕~ 전화기 버튼을 누를 때는 따르릉~ 4) 반대로 놀잇감의 소리만 듣고 어떤 놀잇감인지 찾아본다.		

<찰찰찰~ 삑삑! 놀잇감의 다양한 소리를 들어 보아요>

⑦-2 언어활동 실제

생활주제	재미있는 놀잇감	소주제	어떻게 가지고 놀까요?
활 동 명	'여보세요' 전화로 따라해 보기		
활동목표	· 전화놀이를 통해 다양한 말소리를 들어 보고 교사의 말을 모방하여 발음해 볼 수 있다. · 말로 의사표현을 할 수 있다.		
보육과정 관련요소	· 듣기- 경험과 관련된 말의 의미 알기 · 말하기- 발성과 발음으로 소리내기, 말소리와 몸짓으로 의사표현하기		
활동자료	장난감 전화기		
활동방법	1) 장난감 전화기 두 대를 준비하여 영아와 교사가 나누어 갖는다. - 야! 전화기가 두 대 있네. 전화기에서는 무슨 소리가 들릴까? 2) 교사가 '따르릉' 신호를 보내면서 영아가 전화를 받을 수 있도록 유도한다. - 따르릉 따르릉! 무슨 소리지? ○○이에게 전화가 왔구나. 3) 영아와 마주 앉아 전화기로 이야기 나눈다. - 여보세요? ○○이 있어요? ○○야, 선생님이야~ 안녕! ○○이는 지금 무엇을 하고 있니? 4) 영아의 다양한 반응을 이끌어 낼 수 있도록 다양한 상황을 만들며 전화놀이한다. - ○○이를 엄마도 무척 보고 싶어하고 있단다. ○○이 엄마에게도 전화해 볼까? - (교사가 목소리를 달리하며) ○○아, 엄마야! 우리 아기 잘 놀고 있니? - 무슨 놀이를 하고 있니? 씩씩하게 잘 지내고 조금 있다 만나자, 안녕~		

<따르릉 따르릉~ 여보세요! 전화 놀이해요>

⑦-3 언어활동 실제

생활주제	재미있는 놀잇감	소주제	어떻게 가지고 놀까요?
활동명	마음대로 그려요		
활동목표	・다양한 도구를 이용하여 창의적으로 자유롭게 표현해 본다. ・팔 전체를 사용하여 마음대로 긁적거리며, 자신의 긁적거리기에 관심을 갖는다.		
교육과정 관련요소	・쓰기- 쓰기 도구에 흥미 가지기, 긁적거리기 시도하기 ・예술적 표현- 단순한 미술 경험 시도하기		
활동자료	크레파스, 색연필, 네임펜, 다양한 재료와 크기의 종이		
활동방법	1) 창의적 표현 영역에 비치되어 있는 자료들을 영아와 함께 둘러본다. - 여기 도화지, 크레파스, 색연필, 네임펜이 있어요. ○○는 어디에 그림을 그려 볼까요? - 그림그리기를 해 볼까요? 어떤 색깔을 골라 볼까요? 노란색이네요. 노란색으로 무엇을 그려 볼까요? 2) 영아가 긁적거리기를 할 때 교사는 영아의 그림에 관심을 보이면서 격려해 준다. - (긴 선을 그리면) 이건 무엇일까요? 비가 오는 건가…… ○○는 빨강색 네임펜으로 그림을 그리는구나! 3) 종이와 다양한 그리기 도구를 정리한다.		

<쓱싹 쓱싹! 다양한 도구로 마음대로 그림을 그려요>

(2) 주제 : 첨벙첨벙 물놀이

① 주제 선정 이유

'첨벙첨벙 물놀이' 주제에서는 더운 날씨 속에서 물의 특성을 이용한 다양한 물놀이 활동을 제시하고 있다. 물놀이 시에는 안전하고 다양한 자료를 이용하여 영아가 물의 속성을 이해함과 동시에 물을 친근하게 느낄 수 있도록 한다. 영아가 더운 날씨를 경험함과 동시에 시원하게 지낼 수 있는 다양한 활동들을 제공하여 건강하게 여름을 지낼 수 있도록 돕는다.

② 주제망

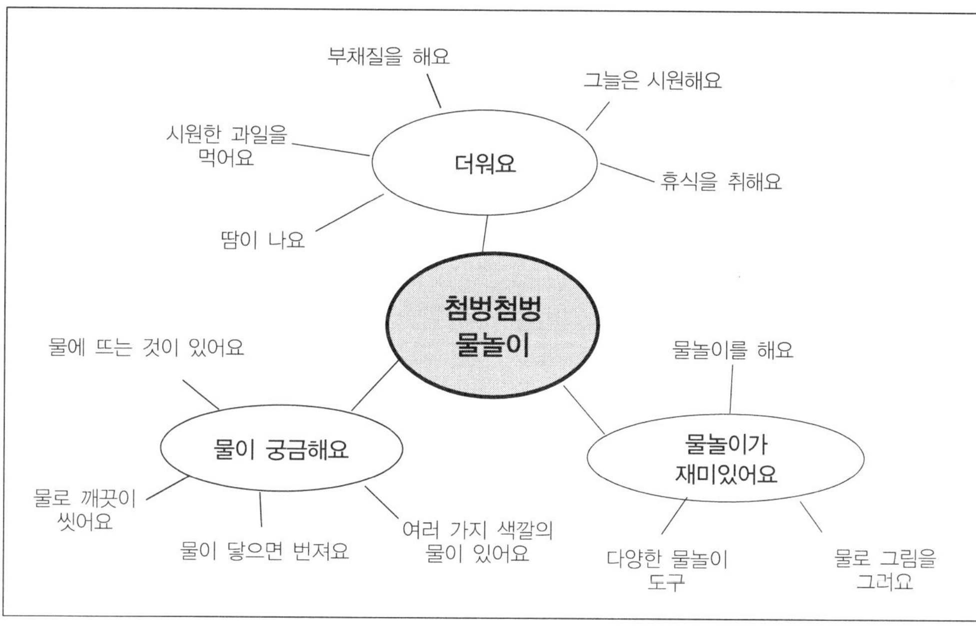

③ 교육계획안

교 육 계 획 안

만 1세

생활주제	첨벙첨벙 물놀이
목 표	· 더운 날씨를 경험하면서 덥고 시원함을 느껴 보고 표현한다. · 물과 관련된 활동을 경험하며 물의 움직임을 탐색하고 물의 여러 특성을 경험한다. · 실내외에서 물을 이용해서 할 수 있는 다양한 활동을 경험하며 물놀이를 안전하고 즐겁게 한다.

신체 · 움직임

- 딸랑이 부채 흔들며 움직이기
- 선생님과 스펀지 공 던지고 받기 놀이
- 모기장 놀이
- 미숫가루 쉐이크
- 물이 춤을 춰요
- 물장구치기
- 물 풍선 던지기
- 물 속에서 걸어 보기
- 첨벙첨벙 물놀이

언어생활

- **생활 속 물소리 (변기, 비, 찌개 등)를 듣고 어떤 소리인지 맞히기**
- **아기인형 목욕시키며 이야기하기**
- **우리를 시원하게 해 주는 물건 이름을 말해요**
- 여름과일, 채소이름 듣기
- 여름에 들을 수 있는 소리
- 더울 때 "더워요."하고 말해요
- 여름 날씨와 관련된 그림책 보기
- 선생님이 이야기하는 물고기 이름을 따라 말해요
- 물놀이를 하며 느낌을 말로 표현해요
- 물놀이와 관련된 그림책 보기
- 물놀이에 필요한 물놀이 도구 사진과 글씨 보기
- 선생님이 들려주는 동화 <뽀드득뽀드득 목욕은 즐거워> 듣기
- 물놀이용 손 인형 손에 끼우고 말하기
- 물고기 사진과 이름을 보며 물고기 이름 말하기

감각 · 탐색

- 송글송글 땀방울
- 앗! 차가워!
- 물이 움직여요
- 물 위의 꽃잎
- 물 모양 만들기
- PET병 분수놀이
- 물을 넣은 투명 비치볼 놀이
- 물로 붙여요

실외활동

- 물 속에서 걸어요
- 전지에 분무기로 색깔 물 뿌리기
- 물 그림 그리기
- 비 오는 날 풍경 감상하기
- 물총놀이 해요
- 물에 뜨는 공, 가라앉는 공
- 비눗방울 놀이
- 비닐봉지에 물 담아보기
- 풀장 안에서 색깔 공 씻어 주기

첨벙첨벙 물놀이

창의적 표현

- 부채모양 종이에 도장찍기
- 물에 번지는 사인펜 그림
- 어항에 물고기 스티커 붙이기
- 물고기 사진이 들어있는 물병 흔들기
- 색깔 물풀 그림 그리기
- 초록 풍선으로 수박 만들기
- 색깔얼음 굴려 그림 그리기
- 스펀지 물 벽화
- 물티슈에 사인펜으로 그림그리기

역할 · 쌓기

- 우산으로 그늘 만들기
- 꼬마 생수병 세우기 놀이
- 목욕탕 놀이
- 낚시놀이
- 여름 슬리퍼 신고 걸어 보기
- 물고기처럼 입을 뻐끔뻐끔
- 시장바구니에 물고기 담아보기
- 밀짚모자 써 보기
- 여름 원피스 입고 거울 보기

기본생활습관

- 손을 깨끗하게 씻어요
- 몸을 깨끗하게 씻어요
- 휴지로 닦을 수 있어요
- 물을 아껴써요
- 친구에게 물을 뿌리지 않아요
- 물은 먹을 만큼만 따라서 마셔요
- 화장실에서 물장난을 하지 않아요

나들이

- 주룩주룩 비가 내려요
- 빗물 웅덩이에서 첨벙첨벙

④ 언어교육 목표

- 여름 날씨와 관련하여 '더워요', '비가 와요', '시원해요'라고 말할 수 있다.
- 물과 관련된 소리와 말소리에 흥미를 보인다.
- 물과 관련된 의성어 · 의태어 (첨벙첨벙, 졸졸졸, 주룩주룩, 쪼르르 등)를 말할 수 있다.
- 안과 밖의 개념을 알고 말한다.
- 일상적인 행동과 말소리를 연결하여 들을 수 있다.
- 리듬감 있게 읽어 주는 말소리를 즐겨 듣는다.
- 필요에 따라 소리와 몸짓을 사용할 수 있다.

⑤ 관련 어휘

- 여름 날씨와 관련된 어휘 : 더워요, 땀, 그늘, 해
- 여름 과일, 채소 : 수박, 참외, 포도, 자두, 가지, 토마토, 고추
- 물과 관련된 의성어 · 의태어 : 졸졸졸, 주룩주룩, 콸콸콸, 똑똑똑, 첨벙첨벙, 찰랑찰랑, 보글보글
- 물과 관련된 어휘 : 물, 물방울, 비눗방울, 시원하다, 차갑다, 축축하다, 깨끗하다, 더럽다, 뜬다, 떨어진다.

⑥ 언어활동 계획

시기 활동 유형	1주	2주	3주	4주
	더워요	물이 궁금해요	물놀이가 재미있어요(Ⅰ)	물놀이가 재미있어요(Ⅱ)
듣기	· 여름과일, 채소이름 듣기 · 여름에 들을 수 있는 소리	· 생활 속 물소리를 듣고 어떤 소리인지 알아맞히기	· 선생님과 이야기 나누며 물 담고 붓기	· 선생님이 들려주는 동화 <뽀드득 뽀드득 목욕은 즐거워> 듣기
말하기	· 더울 때 "더워요." 하고 말해요 · 우리를 시원하게 해주는 물건 이름을 말해요	· 선생님이 이야기하는 물고기 이름을 따라 말해요	· 물놀이를 하며 느낌을 말로 표현해요 · 아기인형 목욕시키며 이야기하기	· 물놀이용 손 인형 손에 끼우고 말하기 · 물고기 사진과 이름을 보며 물고기 이름 말하기
읽기	· 여름 날씨와 관련된 그림책 보기	· 물에 뜨는 그림책보기	· 물놀이와 관련된 그림책 보기 · 물놀이에 필요한 물놀이 도구 사진과 글씨 보기	· 교사가 읽어 주는 물놀이 관련 짧은 단어 보기
쓰기	· 전지에 색연필로 긁적거리기	· 물고기 그림에 크레용으로 긁적거리기	· 손가락에 물감을 묻혀 종이에 그림 그리기	· 다양한 소재의 종이에 긁적거리기
교구	· 우리를 시원하게 해주는 물건 실물자료(부채, 선풍기) · 여름에 들을 수 있는 소리 자료 · 여름과일, 채소 사진과 글씨자료	· 생활 속 물소리 (변기, 비, 찌개, 수돗물 등) 자료 · 물에 뜨는 소재의 책	· 다양한 크기와 모양의 그릇 · 아기 인형 · 물놀이 도구 사진 자료	· 물놀이용 손 인형 · 물고기 사진과 이름 카드 · 물놀이 관련 짧은 단어카드

⑦-1 언어활동 실제

생활주제	첨벙첨벙 물놀이	소주제	물이 궁금해요
활 동 명	생활 속 물소리 듣고 어떤 소리인지 맞히기		
활동목표	· 생활 속 물소리를 들으며 여러 가지 소리와 말소리 듣기에 흥미를 보인다. · 친숙한 소리를 들으며 말하려 한다. · 교사의 말을 듣고 따라 말한다.		
보육과정 관련요소	· 듣기- 소리 구분하여 듣기 · 듣기- 운율이 있는 말 듣기		
활동자료	생활 속 물소리 사진자료(변기, 비, 찌개, 수돗물 등), 소리자료, CD플레이어		
활동방법	1) 생활 속 물소리 중 한 가지를 재생하여 영아의 관심을 끈다. - 어떤 소리인지 귀 기울여 들어 보자. - 어떤 소리가 들리는 것 같니? 따라해 보자. 2) 어디에서 들었던 소리인지 이야기하거나 행동으로 표현해 본다. - 언제 들어 봤던 소리니? 3) 어떤 물소리인지 사진에서 찾아보도록 한다. - 어떤 소리인지 사진 중에서 찾아보자.		

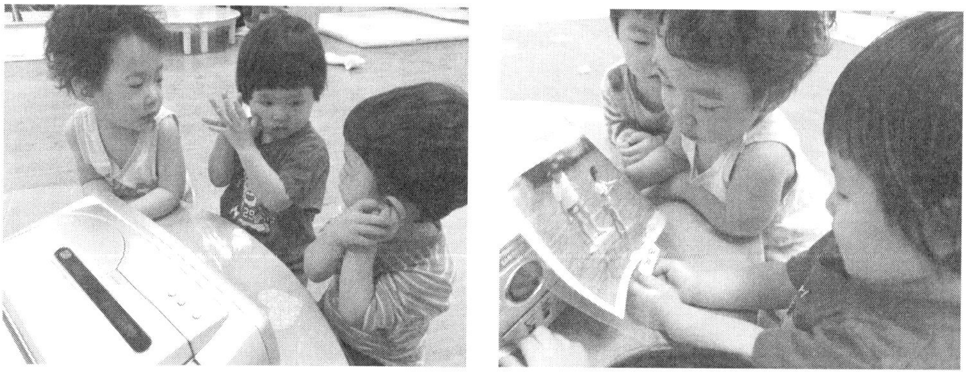

<소리를 듣고 어떤 물소리인지 사진에서 찾아봐요>

⑦-2 언어활동 실제

생활주제	첨벙첨벙 물놀이	소주제	물놀이가 재미있어요
활 동 명	아기인형 목욕시키며 이야기하기		
활동목표	· 아기인형을 목욕시키며 여러 가지 소리를 낸다. · 영아가 내는 소리에 말로 반응해 주면 모방하여 소리를 낸다.		
보육과정 관련요소	· 말하기- 발성과 발음으로 소리내기		
활동자료	아기인형, 고무대야, 물, 의자		
활동방법	1) 아기인형을 보여주며 이야기를 나눈다. - 우리 반에 있는 아기들이 많이 더러워졌구나. 어떻게 하면 좋을까? 2) 스펀지와 물을 탐색한다. - 여기 스펀지와 물이 있네. 스펀지를 만져 볼래? 느낌이 어떻니? - 스펀지를 물에 적셔 보자. - 스펀지를 꾹 누르니까 어떤 소리가 나니? 3) 스펀지를 사용하여 아기인형을 목욕시켜 본다. - 아기를 살살 물에 담아보자. - 머리를 감겨 줄까? 아기가 어떤 소리를 내니? - 몸을 깨끗이 닦아 주자. 쓱싹쓱싹. 아이 깨끗하다. 4) 아기인형을 수건으로 닦아 준다. -아기인형을 수건으로 닦아 주자. 5) 인형을 수건 위에 올려 말린다.		

<아기인형을 목욕시켜요>

⑦-3 언어활동 실제

생활주제	첨벙첨벙 물놀이	소주제	물놀이가 재미있어요
활 동 명	우리를 시원하게 해 주는 물건 이름을 말해요.		
활동목표	· 우리를 시원하게 해 주는 물건을 가리켜 말하려 한다. · 필요에 따라 소리와 몸짓을 사용한다.		
보육과정 관련요소	· 말하기- 말소리와 몸짓으로 의사표현하기 · 말하기- 친숙한 사물의 이름 말하기		
활동자료	우리를 시원하게 해 주는 물건 그림카드 (선풍기, 부채, 에어컨, 냉장고 등)		
활동방법	1) 그림카드를 보며 영아들의 관심을 끈다. -여기 그림카드가 있구나. 어떤 그림들이 있니? 2) 우리를 시원하게 해 주는 물건의 이름을 알아본다. -이 물건의 이름을 뭘까? -이건 '선풍기'라고 해. -'선풍기'라고 말해 보자. 3) 우리를 시원하게 해 주는 물건의 실물자료를 교실에서 찾아본다. -우리 교실에 선풍기는 어디 있을까? 찾아볼 수 있겠니? -선풍기를 잘 찾았구나. 4) 그림카드에 있는 다양한 물건들의 이름을 함께 알아보고 따라 말해 본다.		

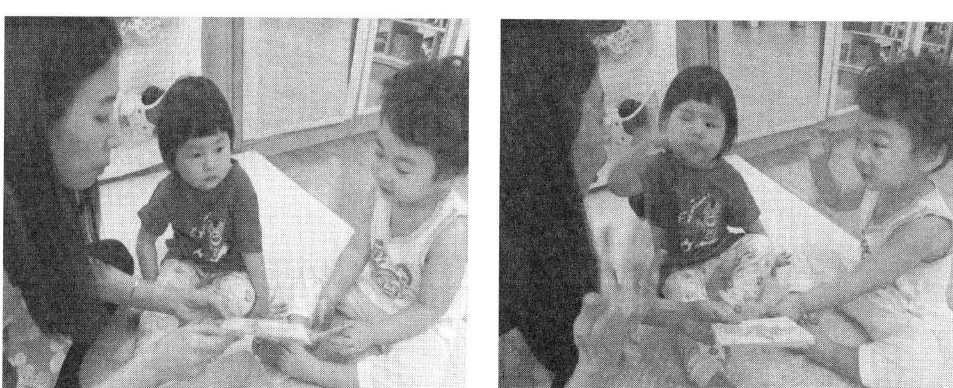

<그림카드를 보며 따라 말해요>

(3) 주제 : 그림책

① 주제 선정 이유

'그림책' 주제에서 영아는 실제 경험과 상상의 즐거움이 담겨있는 그림책을 활용한 다양한 활동을 통해서 책과 친근해질 수 있다. 교사는 영아와 그림책을 함께 읽고, 사진찍기놀이를 하면서 단어와 이미지를 영아의 경험과 연결되도록 돕는다. 영아는 재미있는 이야기들이 그림과 글로 표상됨을 배우며 문식성을 키우게 될 것이다.

② 주제망

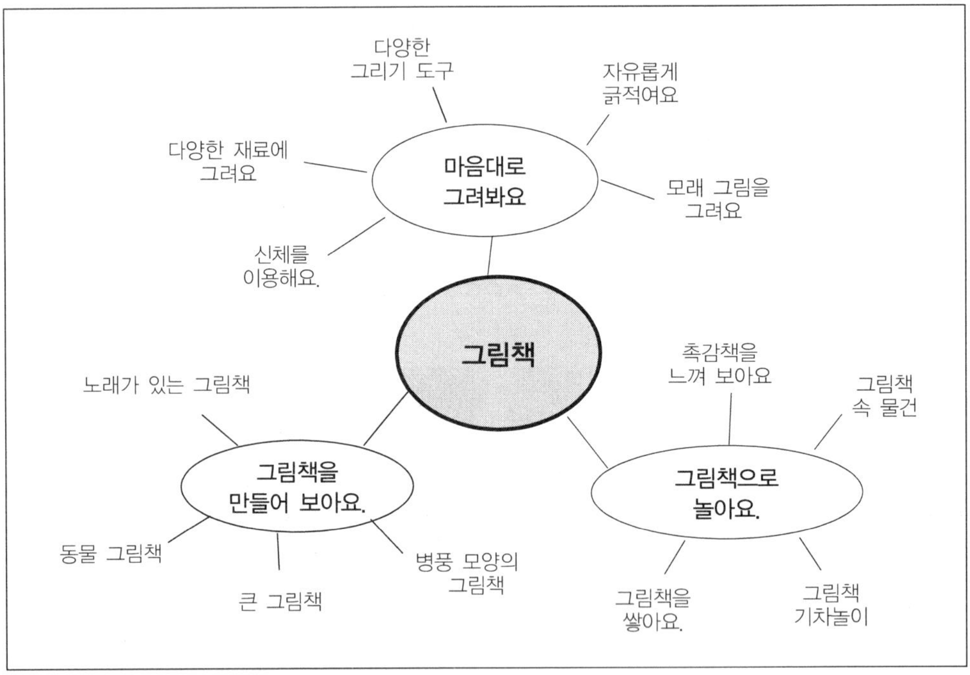

③ 교육계획안

교 육 계 획 안

만 1세

생활주제	그림책
목 표	· 다양한 자료의 형태, 질감, 소리 등을 탐색하며 다양한 방법의 그리기와 쓰기를 경험한다. · 다양한 활동을 통해 영아가 그림책과 친근해지도록 한다. · 그림책을 여러 가지 방법으로 읽어 보고 그림책을 만들어 본다.

신체 · 움직임

· 나뭇가지를 흔들어요.
· 나뭇잎 길을 따라서
· 사진 속의 사람처럼 움직여 보기
· 나는야, 멋쟁이 사진사
· 그림책 도미노 놀이
· 그림책 탑 쌓기
· 길 따라 듣는 이야기
· 토끼처럼 깡총깡총

언어생활

· **엄마가 들려주는 그림책**
· **그림책 속 물건을 찾아봐요.**
· **우리 반 그림책**
· 꾹~꾹 도장놀이
· 나의 성장 그림책
· 잡지 사진으로 만든 책보기
· 소리 나는 그림책
· 똑똑~누구세요?

감각 · 탐색

· 모래 그림 그리기
· 빛에 비춰 보아요.
· 색깔 창문 책으로 교실 둘러보기
· 사진과 실물 짝짓기
· 자석글자놀이
· 촉감책을 느껴 보아요.
· 덮개 있는 동물 그림책
· 만져만 보아도 알 수 있어요.

실외활동

· 낙엽 밟아보기
· 낙엽 비 맞기
· 돗자리 위에서 그림책 보기
· 슈퍼맨처럼 날아요.

그 림 책

창의적 표현

· 까끌까끌 미끌미끌
· 색종이 구겨서 공 만들기
· 데칼코마니
· 사진기 속에 친구가 있어요.
· 그림책 기차놀이
· 골판지에 그려 보기
· 노래가 있는 그림책
· 큰 그림책 만들기
· 마음대로 긁적거려요.
· 콩콩, 쿵쿵 찍어 보아요.

역할 · 쌓기

· 기차놀이
· 터널 만들기
· 웃는 얼굴, 찡그린 얼굴
· 그림책 속 주인공이 되어요.
· 그림책으로 만들어요.
· 병풍모양의 그림책을 세워보아요
· 큰 그림책으로 만든 집

기본생활습관

· "고마워~ 미안해"라고 말해요.
· 친구에게 줄 수 있어요.
· 나눠 먹어요.
· 친구 말을 들어주어요.
· 그림책을 소중하게 다루어요.
· 그림책을 제자리에 가져다 놓아요.

나들이

· 낙엽 길을 걸어요.
· 나뭇가지를 흔들어요.

④ 언어교육 목표

- 반복을 나타내는 이어문(유아어를 포함)을 말할 수 있다.
- 의문사가 있는 이어 의문문(유아어를 포함)을 말할 수 있다.
- 물체의 이름을 말하면 낯익은 그림책에서 10가지 정도의 물체를 지적할 수 있다.
- 위치를 나타내는 어휘를 이해한다.
- 동작어휘를 이해할 수 있으며 지시에 따라 움직일 수 있다.
- 그림책을 보며 '책', 또는 '그림책'이라고 표현할 수 있다.
- 그림책에 나왔던 소리와 말소리에 흥미를 보인다.
- 그림책에 나오는 의성어 · 의태어(칙칙폭폭, 딸랑딸랑, 푸드득 등)를 말할 수 있다.

⑤ 관련 어휘

- 그림책과 관련된 어휘 : 그림, 책, 동화, 네모, 세모, 동그라미, 모양, 소리, 부드럽다, 푹신푹신, 딱딱하다, 보다, 듣다, 그리다
- 그림책 속 나오는 의성어 · 의태어 : 훨훨, 똑똑, 따르릉, 쌔끈쌔끈, 쪼르르
- 그림책에 나오는 어휘 : 토끼, 개구리, 호랑이, 사과, 빗방울, 우산, 나무, 꽃

⑥ 언어활동 계획

시기 \ 활동 유형	1주	2주	3주	4주
	마음대로 그려봐요	사진 찍기 놀이해요	그림책으로 놀아요	그림책을 만들어 보아요
말하기	· 그리고 싶을 때 "색연필"하고 말해요 · 그리기 도구 말하기 (색연필, 종이, 크레용, 도장)	· 사진 찍을 친구 이름, 교실 안의 사물이름 말하기 · 사진을 찍으며 말하기(하나, 둘, 찰칵, 여기 봐)	· 그림책 놀이를 하며 느낌을 말로 표현해요 · 그림책을 보며 아는 단어들을 말하기	· 긁적이면서 그림과 관련된 단어 말하기 · 책을 넘기면서 아는 그림 보고 이름 말하기
듣기	· 그리기 재료 이름 듣기 · 그림 그려진 사람, 사물 이름 듣기	· 활동 관련 어휘 (카메라, 찰칵, 치즈, 사랑해요, 웃어요) 듣기	· 여러 가지 그림책으로 놀이하면서 이야기 나누기	· 선생님이 들려주는 동화 (미피가 태어났어요.) 듣기
읽기	· 여러 가지 선과 그림이 있는 그림책 보기	· 사진 속 사람, 사물을 보고 이름을 말하기	· 관심 있는 그림책 보기 · 그림책 제목 따라 읽기	· 교사가 읽어 주는 그림책 관련 짧은 단어 듣기
쓰기	· 전지에 색연필로 긁적거리기 · 색 밀가루 풀로 손가락 그림그리기	· 액자 그림 속에 크레용으로 긁적거리기	· 그림책의 그림 손가락으로 따라 그리기 · 다양한 소재의 종이에 긁적거리기	· 만드는 책 속에 그림 그리기
교구	다양한 그리기 도구, 전지, 색 밀가루 풀, 선과 그림이 있는 책	어린이 카메라, 친구와 교실 내의 물건 사진자료, 액자틀 그려진 종이	다양한 소재의 종이, 다양한 그림책들	<미피가 태어났어요.> 그림책, 펠트지로 만든 책, 영아 활동 사진자료

⑦-1 언어활동 실제

생활주제	그림책	소주제	그림책을 만들어 보아요.
활 동 명	엄마가 들려주는 그림책		
활동목표	· 소리와 그림책의 내용을 관련지어 읽어 본다. · 녹음된 엄마의 목소리를 들으며 엄마의 사랑을 느낀다.		
보육과정 관련요소	· 읽기- 리듬감 있게 읽어 주는 말소리를 즐겨 듣는다. · 듣기- 익숙한 목소리를 듣고 반응한다.		
활동자료	카세트, 그림책 읽어 주시는 어머니 목소리가 녹음된 테이프, 그림책		
활동방법	1) 사전에 영아가 좋아하는 그림책을 영아의 어머니가 읽어 주는 목소리로 녹음해 놓는다. 2) 언어영역에 카세트, 녹음된 테이프, 그림책을 비치해 두고, 관심을 보이는 영아와 함께 가지고 온다. "○○야, 이것이 무엇일까?" "(버튼을 가리키며) 선생님이 한번 눌러 볼게. 어~소리가 나네?" "어떤 소리가 나는지 들어 볼까?" 3) 카세트에서 나오는 엄마의 목소리를 들으며 그림책을 본다. "누구의 목소리지? ○○는 누구의 목소리인지 알겠니? "그래~ ○○의 엄마가 그림책을 읽어 주고 계시는구나." "우리 ○○의 엄마가 들려주시는 그림책을 함께 들어 보도록 하자."		

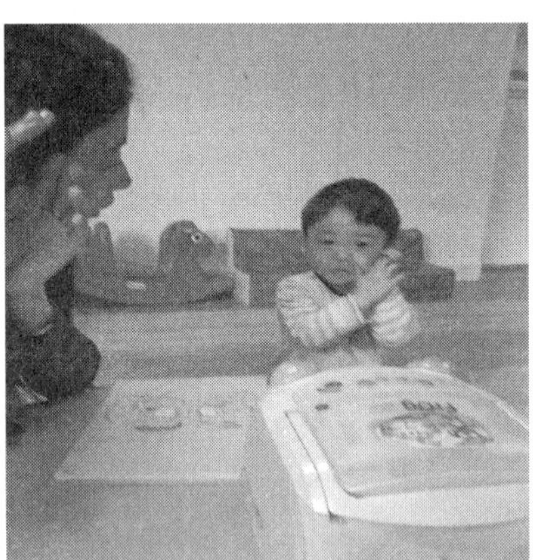

<엄마의 목소리를 들으며 그림책을 보는 모습>

⑦-2 언어활동 실제

생활주제	그림책	소주제	그림책으로 놀아요.
활 동 명	그림책 속 물건을 찾아봐요.		
활동목표	· 그림책 속의 물건의 이름과 특징을 알고 손으로 가리킨다. · 그림책 속 물건과 같은 실제 물건을 찾아본다.		
보육과정 관련요소	· 말하기- 친숙한 사물의 이름을 말한다. · 듣기- 익숙한 사물의 명칭과 자신의 이름을 알아듣는다.		
활동자료	[보송보송 나 예쁘지? - 삼성출판사] 그림책 그림책 속 실제 물건 (칫솔, 플라스틱 컵, 수건)		
활동방법	1) 영아와 함께 그림책을 보면서 이야기를 나눈다. (그림책 속의 칫솔을 가리키며) "오리가 치카치카하고 있네." 2) 책을 다 본 후 그림책 속 물건을 찾아보고, 영아가 잘 찾아오면 안아 주며 격려해 준다. "비누도 있고, 컵도 있네. 오리가 치카치카할 때 무엇을 사용했을까?" "그래, 칫솔이었지? 잘 찾았네." "○○도 오리처럼 치카치카 놀이 해 볼까?" 3) 그림이 그려진 덮개를 부착한 까꿍 그림판 안쪽에 물건의 사진을 붙여 놓고, 영아가 덮개를 열어서 나온 사진 속 실제 물건을 찾아오는 게임을 한다.		

<칫솔로 이닦는 흉내를 내 보는 모습>

⑦-3 언어활동 실제

생활주제	그림책	소주제	그림책을 만들어 보아요.
활 동 명	우리 반 그림책		
활동목표	· 또래들의 놀이 모습이 담긴 그림책을 만들어 본다. · 그림책 속의 친구에게 친밀감을 가질 수 있다.		
보육과정 관련요소	· 말하기- 친숙한 사물의 이름을 말한다. · 읽기- 이야기를 들을 때 그림을 알아본다.		
활동자료	펠트지로 만든 책, 같은 반 영아들의 투명시트지를 씌운 사진		
활동방법	1) 같은 반 친구들의 모습이 담신 사진을 보며 이야기를 나눈다. "○○야, 이 사진 속에 누가 있니?" "△△는 토끼 머리띠를 하고 있네?" "□□는 무엇을 하고 있니? 2) 펠트지로 만든 책에 친구의 사진을 붙여 본다. "우리 반 친구들의 사진을 담은 그림책을 만들어 보자." " □□의 사진을 책에 붙여 보자. 또 누구를 붙여 볼까? 3) 사진을 다 붙인 후 그림책을 다시 한 번 본다. "○○이 만든 책 속의 친구들을 다시 한 번 찾아볼까?		

<친구 사진을 그림책에 붙이는 모습>

2) 만 2세의 의사소통 영역 활동

(1) 주제 : 놀잇감 탐색과 신나는 바깥놀이

① 주제 선정 이유

'놀잇감 탐색과 신나는 바깥놀이' 주제는 어린이집에 있는 다양한 놀잇감을 영아 스스로 탐색하고 흥미있는 놀잇감을 선택하여 놀이가 지속되도록 도움을 줄 수 있다. 또한 놀이활동 후 영아가 지속적으로 정리 정돈 습관을 형성할 수 있도록 환경을 구성해 주고 이에 관련된 활동을 진행한다. 바깥놀이 활동은 대・소근육 활동이 활발히 일어날 수 있는 공간이므로 영아의 운동능력 증진과 더불어 환경을 스스로 탐색하고 새로운 것을 찾고 발견할 수 있도록 한다.

② 주제망

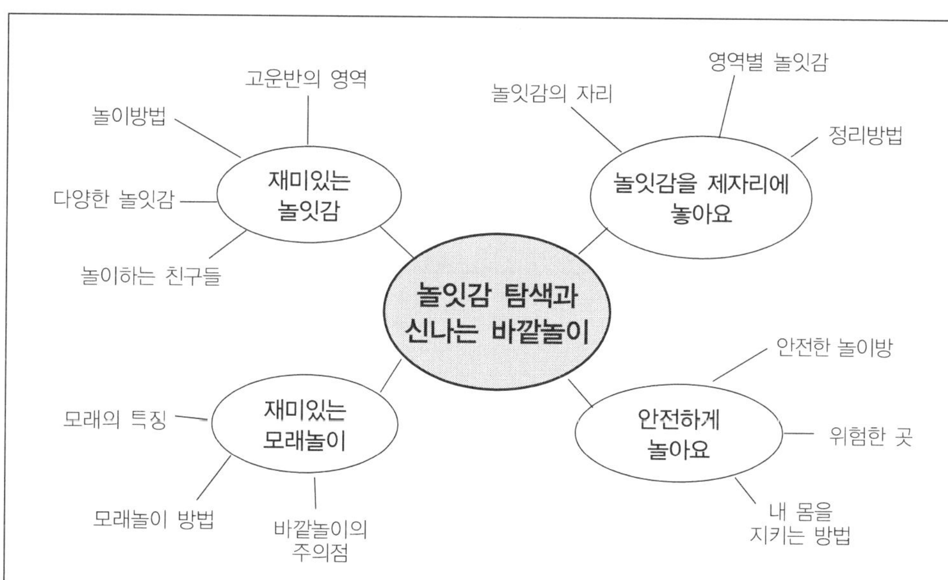

③ 교육계획안

교 육 계 획 안

만 2세

생활주제	놀잇감 탐색과 신나는 바깥놀이
목　　표	· 어린이집에 있는 다양한 놀잇감을 탐색하고 놀잇감을 선택하여 놀이한 뒤 정리한다. · 바깥놀이를 통해 즐거움을 가질 수 있다.

놀잇감 탐색과 신나는 바깥놀이

언어활동
- 놀잇감 이름말하기
- 말놀이-내자리는 어디?(영역)
- 내 이름 가위로 오리기
- 모래위에 긁적거리기
- 내 이름, 친구이름 풍선치기
- 놀이터카드 놓아보기
- 동화-누가 놓고 갔을까? 내 엄마인가요?, 모양 찾기 나가 놀아요, 그건 내 조끼야

전이활동
- 내가 좋아하는 놀잇감
- 손유희-아빠별, 엄마별
- 놀잇감을 자리에 정리해요
- 내가 정리한 놀잇감 이야기하기
- 모래로 놀아요, 모래놀이 약속
- 위험한 곳 이야기하기
- 안전한 놀이방법

역할 · 쌓기활동
- 벽돌블록으로 병원구성하기
- 병원놀이(진찰하기, 주사맞기)
- 와플블록으로 정리상자 만들기
- 가방 안에 음식 담아보기
- 모래놀이터 구성하기
- 거울보며 표정짓기
- 동물 집 구성하기
- 다양한 옷입기

탐색 · 조작활동
- 가위 바르게 잡기
- 퍼즐 맞추기
- 다중지능 프로그램-다목적 블록놀이(입체도형, 크기, 서열, 수, 높이탐색)
- 다중지능 프로그램-촉각 공놀이(색의 변별, 1~5까지 수 세기, 리듬감 있는 언어경험)

신체활동
- 고무줄 건너기
- 한 줄 따라 걷기
- 계단 오르락, 내리락
- 두발 모아 점프하기
- 굴러가는 공 손으로 잡기

실외활동
- 새싹 관찰하기
- 모래를 담아요
- 팬지꽃 물주기
- 어린이집 주변 산책하기
- 모래 속에 손 집어 넣기 (두껍아 두껍아)
- 모래 위에 손바닥 발바닥 찍기
- 자전거 타기
- 딸기에 물주기

창의적 표현(음률)
- 새 노래-미소
  그냥 두고 나갔더니
  두껍아 두껍아
  기린 미끄럼
- 리본 들고 흔들흔들
- 노래 부르며 정리하기
- 찰찰찰 모래악기

창의적 표현(조형)
- 가위놀이-마음대로 종이 자르기
- 색종이 접기-세모네모
- 큰 붓 들고 그리기
- 풍선 커튼 사이로
- 알록달록 모래 그림
- 색종이 길게 붙이기
- 직선그리기

· 교실의 역영의 이름을 말할 수 있다.
· 교실영역의 위치를 말놀이를 통해 알 수 있다.
· 놀잇감의 이름과 놀이방법을 이야기할 수 있다.
· 자신의 이름과 친구들의 이름을 변별할 수 있다.
· 교사가 들려주는 그림책을 들을 수 있다.
· 동화를 반복해서 듣고 친구에게 발할 수 있다.
· 교사와 또래의 이야기를 바른 태도로 들을 수 있다.
· 다양한 재료 위에 긁적거리기를 할 수 있다.
· 안전한 곳과 위험한 곳을 말할 수 있다.

④ 관련 어휘

· 교실의 영역이름 : 기영역, 역할영역, 언어영역, 탐색조작영역, 조형영역, 음률영역, 관찰영역 등
· 놀잇감의 이름 : 퍼즐, 벽돌블록, 가위, 색종이, 리본 막대, 고무줄, 다목적 블록놀이, 풍선, 와플블록, 크레파스, 사인펜, 색연필 등
· 놀이의 감정을 표현하는 어휘 : 재밌다, 기쁘다, 신난다, 화나다, 짜증나다, 미안하다, 속상하다, 졸립다, 행복하다, 즐겁다 등
· 바깥놀이의 도구이름 : 모래, 삽, 트럭, 의자, 책상, 끌차, 찍기 틀, 미끄럼, 계단, 오르기 등

⑤ 언어활동 계획

활동 유형 \ 시기	1주	2주	3주	4주
	재미있는 놀잇감	놀잇감을 제자리에 놓아요	재미있는 모래놀이	안전하게 놀아요
듣기	· 내가 좋아하는 놀잇감 말하기, 듣기 · 놀잇감의 위치를 알게 하기 위한 동화듣기	· 책 속의 모양을 놀잇감에서 찾아보며 동화 듣기	· 모래악기 소리 듣기 · 누가 놓고 갔을까? 동화 듣기	· 어린이집에서 위험한 곳, 안전한 놀이방법 듣고 생각하기 · 그건 내 조끼야 동화 듣기
말하기	· 말놀이-제자리는 어디?(영역 말하기) · 놀잇감 이름 말하기 · 내 이름 가위로 오리고 말하기	· 놀잇감의 놀이 방법과 위치를 인식하고 놀이 후 정리하며 놀잇감의 위치 말하기	· 모래로 할 수 있는 다양한 방법을 알고 놀이하며 말하기 · 촉각공놀이하며 언어 경험하기	· 손유희-아빠별, 엄마별 · 병원놀이하면서 역할에 맞는 대사로 말하고 동작하기
읽기	· 영역판 교사 따라 읽기 · 내 이름 읽기	· 내 이름과 같은 글자를 가진 풍선치기 · 모양 찾기 동화책 속의 모양 읽기	· 바깥놀이의 즐거움과 다양한 활동을 경험하며 동화 듣기	· 놀이터의 놀이기구 이름 따라 읽기
쓰기	· 마음대로 종이 자르기	· 크레파스로 직선 그리기(마음대로 그려 보기)	· 모래 위에 나뭇가지를 사용하여 긁적거리기	· 큰 붓으로 그리기
교구	· 교실의 물리적 환경을 소개하는 카드 · 놀잇감을 소개하는 그림책 · 영역의 다양한 교구	· 정리를 돕는 그림책 · 내 이름, 친구 이름 풍선 · 영역의 다양한 교구	· 리듬감 있는 언어 경험을 위한 촉각공 · 바깥놀이를 소개하는 그림책	· 위험한 행동그림 카드 · 병원놀이 세트

⑥-1 언어활동 실제

생활주제	놀잇감 탐색과 신나는 바깥놀이	소주제	재미있는 놀잇감
활동명	내 이름 가위로 오리기		
활동목표	· 내 이름을 알고 말한다. · 가위 사용방법을 알고 안전하게 오린다.		
교육과정 관련요소	· 의사소통 : 말하기-바르게 발음 말하기 · 사회관계 : 자기 존중하기-다른 사람과 구별하기		
활동자료	영아들의 이름 프린트, 가위, 영아들의 사진이 붙은 5cm 지끈, 테이프		
활동방법	1) 영아들의 이름을 소개한다. -고운반에는 어떤 친구들이 있을까? -내 이름을 무엇일까? 2) 영아들의 이름 프린트 중 자신의 이름을 찾아본다. -이름을 찾아보자. 읽어 보자. 3) 가위 사용방법을 설명한 뒤 이름 오리기를 한다. 4) 오린 이름을 영아들의 사진이 붙은 5cm 리본 끈에 붙여 교실에 전시한다.		

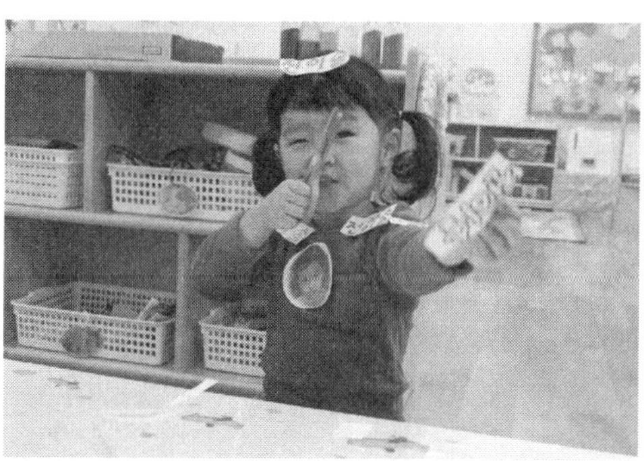

<내 이름 오리기>

<이름을 몸에 붙이고 책을 읽어요>

⑥-2 언어활동 실제

생활주제	놀잇감 탐색과 신나는 바깥놀이	소주제	놀잇감을 제자리 놓아요
활동명	내 이름, 친구이름 풍선치기		
활동목표	· 문자에 관심을 갖는다. · 자신의 이름과 친구의 이름을 변별한다.		
교육과정 관련요소	· 의사소통 : 말하기-바르게 발음 말하기 · 의사소통 : 읽기-글자의 흥미 가지기		
활동자료	이름 프린트, 다양한 색의 풍선, 리본 끈, 테이프, 신문지 막대		
활동방법	1) 다양한 색의 풍선을 탐색한다. - 어떤 색의 풍선이 있을까? 색을 말해 보자. 2) 풍선에는 무엇이 있는지 탐색한다. - 내 이름을 어디에 있을지 찾아보자. - 풍선에 붙은 친구의 이름을 이야기해 보자. 3) 자신의 이름이 붙은 풍선을 쳐 본다. 4) 친구들의 이름이 붙은 풍선을 쳐 본다. 5) 신문지 막대를 사용하여 풍선치기를 해 본다.		

<내 이름 풍선 신문지 막대로 치기>

<내 이름 풍선 잡기>

⑥-3 언어활동 실제

생활주제	놀잇감 탐색과 신나는 바깥놀이	소주제	재미있는 모래놀이
활동명	모래 위에 긁적거리기		
활동목표	모래를 이용하여 자유롭게 긁적거리기를 한다.		
교육과정 관련요소	· 의사소통 : 쓰기-쓰기에 관심 가지기 · 의사소통 : 쓰기-긁적거리기		
활동자료	모래, 나뭇가지		
활동방법	1) 영아가 자유롭게 모래를 탐색할 수 있도록 한다. 2) 모래를 탐색하는 영아의 놀이에 개입하여 상호작용을 한다. - ○○가 모래놀이를 하고 있구나 - 만져 보니 어떤 느낌이 나니? - 이번에는 모래를 손바닥으로 쓱쓱~ 비벼 보자 느낌이 어떠니? 3) 손가락을 이용하여 긁적거려 보도록 한다. - 손가락으로 쭉쭉 ~ 비벼 볼까? 어떤 느낌이 나니? - 그럼 ○○가 손가락으로 그리고 싶은 것을 마음대로 그려 보자 - ○○아 모래 위에 무엇을 그린거니? - 다시 손으로 그림을 쓱쓱~ 지우고 또 그려 볼까? - 여기 나뭇가지가 있는데 이것으로 긁적거려 보자. - 나뭇가지로 하니 느낌이 어떠니? 4) 놀이터에서 다양한 쓰기도구를 찾아 긁적거리기를 한다.		

<손가락으로 긁적거리기>

<곰 그리고 곰 모양 찍기>

⑥-4 언어활동 실제

<table>
<tr><td>생활주제</td><td>놀잇감 탐색과 신나는 바깥놀이</td><td>소주제</td><td>안전하게 놀아요</td></tr>
<tr><td>활동명</td><td colspan="3">그건 내 조끼야</td></tr>
<tr><td>활동목표</td><td colspan="3">· 그림책에 관심을 갖는다.
· 그림책을 듣고, 생쥐의 감정을 이해한다.</td></tr>
<tr><td>교육과정
관련요소</td><td colspan="3">· 의사소통 : 듣기-운율이 있는 말 듣고 즐기기
· 의사소통 : 말하기-생각과 느낌 말하기
· 의사소통 : 읽기-글자의 관심 가지기</td></tr>
<tr><td>활동자료</td><td colspan="3">'그건 내 조끼야' 그림책, 머리띠, 고무장갑으로 만든 빨간색 조끼</td></tr>
<tr><td>활동방법</td><td colspan="3">1) '그건 내 조끼야' 동화를 듣는다.
2) 그림책의 내용 중 재미있었던 장면이나 행동, 대사를 이야기한다.
- 어떤 장면이 재미있었니?
- 왜 그 장면이 재미있다고 생각이 들었니?
- 생쥐는 코끼리가 조끼를 입은 것을 보고 어떤 생각이 들었을까?
- 슬퍼하는 생쥐에게 코끼리는 어떻게 해 주었니?
3) 동물들의 표정을 표현해 본다.
- 가장 재미있는 표정은 누구의 표정일까?
- 우리도 표정을 따라해 볼까?
4) 다양한 방법으로 반복해서 그림책을 듣는다.
5) 활동을 마친 후 '책보기 영역'에 그림책을 비치하여 자유롭게 읽도록 한다.</td></tr>
</table>

<동화 듣고 표정지어 보기>

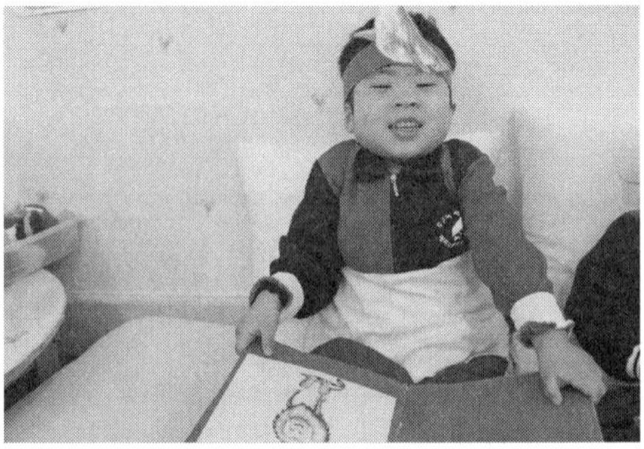

<그건 내 조끼야 그림책 읽기>

(2) 주제 : 나

① 주제 선정 이유

'나' 주제는 자기 자신에 대해 많은 관심과 호기심을 가지고 있는 영아에게 신체 각 기관의 명칭과 역할에 대해 탐색하고 알아봄으로써 영아가 신체에 대해 바르게 이해하고 스스로 할 수 있는 것을 찾아 경험함으로써 자기 자신에 대한 이해력을 넓힐 수 있고 나아가 자존감을 높이는 경험을 제공할 수 있다. 영아들이 자기 자신에 대해 가지고 있는 많은 호기심과 관심은 '나'에 대한 이해를 높이는 데 기초가 된다. 따라서 6월에는 다양한 탐색활동을 통해 영아들이 자신의 신체 구조와 기능을 이해하고 이를 토대로 스스로 할 수 있는 일을 발견하여 실천함으로써 자신이 독립적인 존재이며, 긍정적인 자야개념을 형성하는 시간을 가져 보고자 한다.

② 주제망

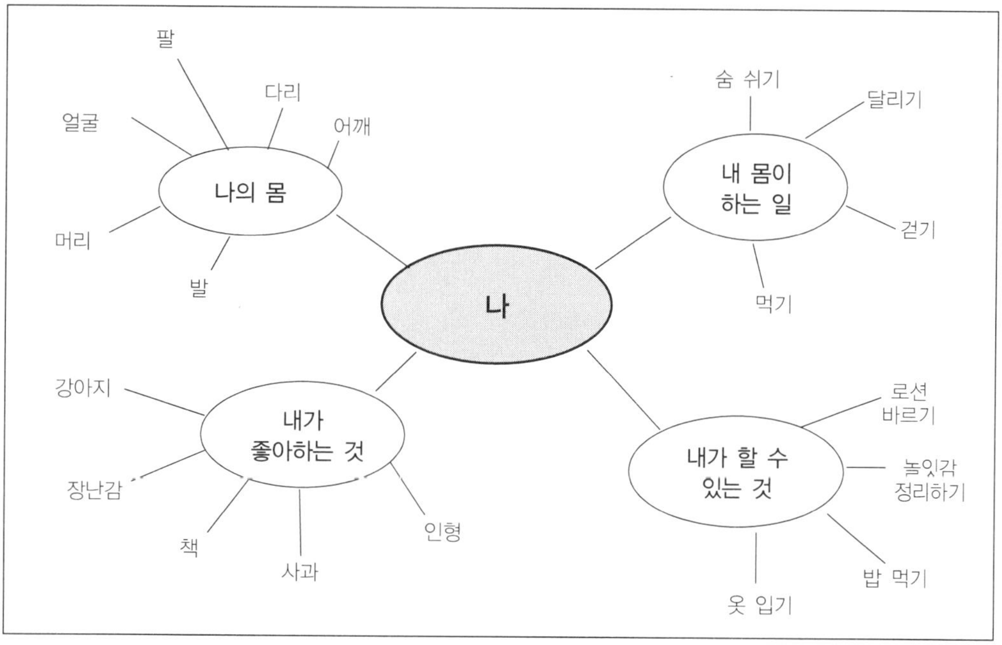

③ 교육계획안

교 육 계 획 안

만 2세

생활주제	나
목 표	· 자신의 신체에 관심을 갖고, 자유롭게 움직이며 신체를 탐색하고 구조와 기능을 이해한다. · 자신이 할 수 있는 일을 찾아 경험하고 자신감을 형성한다.

전이활동

-이야기 나누기
· 내 몸이 있어요.
· 난 할 수 있어요.
· 도움받을 때
-손유희
· 코코코놀이
· 물고기 세 마리

언어활동

-동화
· 우리 몸의 구멍
· 내 그림자
· 혼자 할 수 있어요.
-언어표현
· 내 몸을 살펴보아요.
· 누구일까요
· 나는 ○○할 수 있어요.

역할 · 쌓기활동

-쌓기
· 내 키랑 똑같이 쌓기
· 몸 테두리 구성하기
· 와플블록으로 아기 인형집 구성
-역할
· 거울 보며 로션 바르기
· 예쁘게 화장해요
· 쓱쓱! 싹싹!

탐색 · 조작활동

· 거울 속의 나
· 얼굴 퍼즐 맞추기
· 키 재보기
· 아기 인형 옷 입히기

나

신체활동

· 머리 어깨 무릎 발 스티커 붙이기
· 춤추는 방울
· 음악 들으며 내가 할 수 있는 일을 표현해요
· 작은 동물원 노래에 맞춰 율동하기

실외활동

· 한 발로 오래오래
· 자전거 타기
· 느리고 빠르게 달려 보기
· 맨발로 사뿐사뿐
· 구르는 공을 잡자
· 쓱쓱 싹싹(청소놀이)
· 토마토에 물주기
· 모래놀이-놀이터 청소하기

창의적 표현(음률)

-새노래
· 머리 어깨 무릎 발
· 우리 모두 다같이
· 요기, 여기
· 작은 동물원
-신체표현
· 머리 어깨 무릎 발 율동
· 내 몸으로 연주해요

창의적 표현(조형)

-그리기
· 내 손이랑 똑같아요.
· 내 얼굴
· 나의 몸
-만들기
· 색종이 머리카락 인형
-종이접기
· 네모 접어 내 몸 꾸미기

④ 언어교육 목표

- 나에 대해 말할 수 있다.
- 신체 각 부분의 명칭에 대해 말할 수 있다.
- 상황에 따라 신체 각 부분의 명칭을 넣어 말할 수 있다.
- 나의 움직임을 말할 수 있다.
- 신체부분에 따른 일을 말할 수 있다.
- 나의 신체명칭을 익히고 말할 수 있다.
- 신체명칭 또는 하는 일에 대해 듣고 행동할 수 있다.
- 내가 할 수 있는 일에 대해 말할 수 있다.
- 내가 한 일을 말할 수 있다.
- 도움이 필요한 부분을 설명하여 도움을 청할 수 있다.
- 나의 감정을 말할 수 있다.
- 나의 특징에 대해 말할 수 있다.
- 내가 한 행동을 말할 수 있다.
- 내가 좋아하는 것에 대해 말할 수 있다.

⑤ 관련 어휘

- 나의 몸 명칭 : 머리, 얼굴, 어깨, 팔, 다리, 등, 엉덩이, 손가락, 입술, 귀, 발가락, 무릎, 팔꿈치 등
- 신체 각 부분이 하는 일 : 씹는다, 삼킨다, 구부린다, 핀다, 집는다, 본다, 숨을 쉰다, 달린다 등
- 내가 혼자 할 수 있는 일 : 잠을 잔다. 밥을 먹는다, 인사를 한다, 놀잇감을 정리한다, 옷을 입는다, 양치질을 한다 등
- 혼자 하기 힘든 상황 : 무거운 물건 들기, 작은 단추 끼우기, 지퍼 올리기, 머리감기, 높은 곳에 있는 물건 내리기, 동화책 읽기 등
- 내가 좋아하는 것 : 장난감, 인형, 강아지, 고양이, 이불, 옷, 사과, 동화책, 비행기, 자동차, 동생 등
- 상황에 따른 인사말 : 안녕하세요, 안녕히 계세요, 다녀오겠습니다, 다녀왔습니다, 미안해, 고마워, 잘 먹었습니다, 도와주세요, 내가 도와줄게, 혼자 할 수 있어요 등

⑥ 언어활동 계획

시기 / 활동유형	1주	2주	3주	4주
	내 얼굴 내 몸을 탐색해요	**몸을 움직이고 느껴봐요**	**내가 좋아하는 것이 있어요**	**난 할 수 있어요**
듣기	· 지시어 듣고 신체 부분 찾기 · 우리 몸의 구멍 동화 듣기	· 행동지시어 듣고 몸으로 표현하기 · 내 그림자 동화 듣기	· 친구들의 발표 듣기 · 손유희(물고기 세 마리) 듣기	· 난 혼자 할 수 있어요 동화책 듣기
말하기	· 우리 몸의 구멍 말하기 · 내 얼굴의 명칭말하기(코코코놀이)		· 친구가 좋아하는 것 듣고 이야기하기 · 손유희 바르게 발음하기	· 내가 혼자 할 수 있는 일 소개하기 · 자신이 할 수 있는 일을 도움이 필요한 친구를 위해 돕는 동극활동하기
읽기	· 우리 몸이 하는 일에 대한 동화 듣기	· 움직임을 관찰할 수 있고, 변화하는 것에 대해 알 수 있는 그림자에 대한 동화 읽기	· 교사가 들려주는 동화 흉내 내기	· 신체의 부분명칭 글자의 흥미 가지기
쓰기	· 내 몸을 친근하게 느낄 수 있도록 내 몸을 탐색하고 내 몸에 색칠하기 · 거울을 이용하여 자신의 얼굴을 탐색하며 그리기	· 나의 몸 그리고 내 이름 쓰기 · 내 몸이 하는 일 이야기로 지어 친구에게 수수께끼 내어 답 그리기(나는 누구일까요?)	· 내가 좋아하는 것에게 이야기로 편지하기 · 내가 좋아하는 것에 내 이름 쓰기(풀 그림)	· 친구를 도울 수 있는 상황 이야기 긁적거리기 · 도움을 받았을 때 감사의 마음 글 또는 그림으로 편지 쓰기
교구	· 신체명칭 카드 · 신체 각 부분에 관심을 가질 수 있는 신체그림과 명칭 대응교구 · 신체를 탐색할 수 있는 거울	· 행동그림이 함께 있는 동사카드 · 그림이나 글로 자유롭게 표현할 수 있는 화이트 보드판	· 여러 가지 사물 그림단어 카드 · 이름을 적을 수 있는 여러 가지 종이와 쓰기도구 · 영아들이 좋아하는 물건	· 긁적이기와 그리기 표현을 위한 종이와 쓰기도구 · 스스로 할 수 있는 일을 격려하는 책

⑦-1 언어활동 실제

생활주제	나	소주제	내 얼굴 내 몸을 탐색해요
활동명	코코코놀이		
활동목표	· 신체 각 부분의 명칭에 대해 안다. · 다른 사람의 이야기를 관심을 가지고 듣는다. · 신체 각 부분의 이름에 대해 관심을 갖는다. · 자신의 언어와 행동을 일치시킨다.		
교육과정 관련요소	· 의사소통 : 말하기-생각과 신체 각 부분의 명칭 말하기 · 의사소통 : 읽기-신체명칭 카드에 관심 가지기		
활동자료	신체 각 부분의 명칭 카드		
활동방법	1) 우리 몸과 각 부분의 명칭을 소개한다. -우리 몸은 어디에 있을까? -이 부분의 이름은 무엇일까? 2) 신체명칭 카드를 소개하고 우리 몸에 대응시켜 본다. -이 카드에는 코라고 적혀 있네. 코는 어디에 있는지 찾아서 대어 볼까? 3) 코코코놀이를 소개한다. -지금부터 잘 듣고 선생님이 말하는 곳을 찾아보자. -코코코 눈? 4) 순서대로 돌아가며 게임을 진행한다.		

<신체명칭 찾아 붙여 보기>

<코코코놀이>

⑦-2 언어활동 실제

생활주제	나	소주제	몸을 움직이고 느껴 봐요
활동명	나는 누구일까요?		
활동목표	· 몸의 다양한 움직임에 대해 관심을 가지고 표현한다. · 움직임과 느낌에 대하여 표현할 수 있다.		
교육과정 관련요소	· 의사소통 : 말하기-다양한 느낌 표현하기 · 의사소통 : 말하기-자신의 행동 말로 이야기하기 · 사회관계 : 차례를 지켜 기다리고 다른 사람의 이야기, 행동 주위깊게 듣기		
활동자료	움직임을 그림으로 표현할 수 있는 화이트 보드, 보드마카, 지우개, 그림과 문장이 함께 있는 행동문장 카드		
활동방법	1) 선생님이 영아들에게 수수께끼를 낸다. -나는 너희들 몸에 있고, 가위를 집을 수도, 친구를 간지럽게도 할 수 있어. 나는 누구일까? 2) 내 몸을 움직일 수 있는 곳을 찾아보고 이야기 나눈다. -손처럼 움직일 수 있는 곳은 우리 몸에 또 무엇이 있을까? -어떻게 움직일 수 있지? 3) 화이트 보드판에 그림으로 그려 설명하여 본다. 4) 그림과 문장이 함께 있는 행동문장 카드를 이용하여 교사가 수수께끼를 내고 영아들이 맞춘 후 함께 카드를 본다. 4) 자유선택활동 평가시간에 자유롭게 보드판에 표현하고 설명한다.		

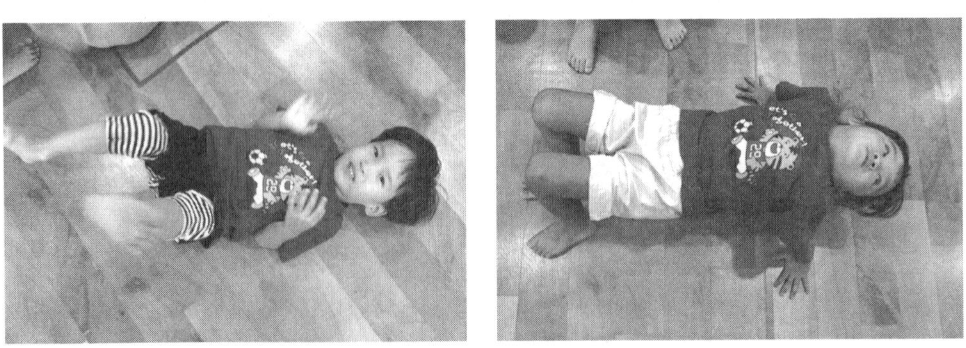

<행동카드 보고 그림따라 움직임 흉내내기>

⑦-3 언어활동 실제

생활주제	나	소주제	내가 좋아하는 것이 있어요
활동명	나는 ○○을 좋아해요.		
활동목표	· 자신이 좋아하는 것에 관심을 갖는다. · 자신의 의사와 감정을 언어로 표현한다. · 좋아하는 색을 선택하여 그림을 그리는 경험을 한다.		
교육과정 관련요소	· 의사소통 : 듣기-상대방의 이야기 주의깊게 듣기 · 의사소통 : 말하기-내가 좋아하는 것과 좋아하는 이유와 감정 말하기 느낌에 대해 표현하기 · 의사소통 : 읽기-좋아하는 물건의 이름 읽기 · 예술경험 : 예술적 표현 즐기기-좋아하는 색을 선택하여 그림 그리기		
활동자료	영아 개인이 좋아하는 개인물건, 이름카드, 도화지, 물감, 녹말풀		
활동방법	1) 영아들이 좋아하는 것에 대해 이야기 나눈다. - 너희들은 어떤 장난감을 좋아하니? - 내가 가지고 있는 것 들 중에 어떤 것을 가장 좋아하니? 2) 영아들이 각자 가지고 온 물건에 대해 이야기 나눈다. - ○○가 가장 좋아하는 것을 친구들에게도 보여줘 볼까? - 이름이 뭐야? 왜 이것이 좋으니? 3) 영아들이 가지고 온 물건의 이름을 이름카드에 적어 붙여 주고 읽어 준다. 4) 표현생활 활동자료를 소개하고 영아들이 좋아하는 색을 선택하여 자유롭게 그림을 그려 표현한다. - 너희들은 어떤 색을 좋아하니? - 여기에 있는 풀에 내가 좋아하는 색을 넣어 너희가 좋아하는 색으로 만들어 보자. - 풀의 느낌이 어땠니? 손가락으로 풀 그림을 그려 보자.		

<자신이 좋아하는 물건 소개하기>

<좋아하는 색으로 풀 그림 그리기>

⑦-4 언어활동 실제

생활주제	나	소주제	난 할 수 있어요
활동명	난 할 수 있어요.		
활동목표	· 동화책에 관심을 갖는다. · 동화를 듣고, 스스로 할 수 있는 것을 찾아 이야기 나누어 본다. · 역할활동을 통해 스스로 할 수 있는 것을 경험하고 자신감을 형성한다.		
교육과정 관련요소	· 의사소통 : 듣기-동화 즐겨 듣기 · 의사소통 : 말하기-생각과 느낌 말하기 · 의사소통 : 읽기-책에 관심 가지기 · 예술경험 : 예술적 표현 즐기기-역할영역에서 극놀이로 표현하기		
활동자료	'혼자 할 수 있어요' 동화책, 동극 소품		
활동방법	1) '혼자 할 수 있어요' 동화를 듣는다. 2) 동화를 들은 후에 내가 혼자 할 수 있는 일은 무엇이 있는지, 혼자 해냈을 때의 느낌은 어떠했는지 이야기 나눈다. 3) 친구의 도움이 필요한 상황을 이야기하고 서로 도왔을 때에 어떻게 되는지 이야기 나눈다. - 친구가 커다란 바구니를 혼자 옮길 수 없을 때 내가 같이 들어 주면 어떨까? - 친구가 블록쌓기를 힘들어 할 때 내가 어떻게 할 수 있을까? 4) 친구에게 도움을 줄 때 할 수 있는 표현을 이야기 나눈다. - 친구를 도와줄 때 "내가 도와줄께"라고 이야기해 보자. - 친구가 도와줬을 때 뭐라고 말할 수 있을까? 5) 활동을 마친 후 '언어영역'에 자유롭게 책을 볼 수 있도록 배치하여 두고 함께 역할을 나누어 활동해 본다.		

<동화 듣기>

<올바른 표현하며 역할활동하기>

(3) 주제 : 가을

① 주제 선정 이유

'가을' 주제는 날씨 변화에 따른 자연과 사람들의 생활 변화 모습을 통해 영아가 가을의 변화에 관심을 가져 주의 깊게 관찰하고 이해하도록 하며, 주변 산책을 통해 나뭇잎 · 나무의 변화에도 관심을 갖도록 구성하였다.

또 가을에는 곡식과 열매가 익어 영아들이 실제로 느끼고 경험하며 체험해 볼 수 있는 다양한 기회를 제공하여 오감으로 가을을 경험할 수 있도록 하였다.

② 주제망

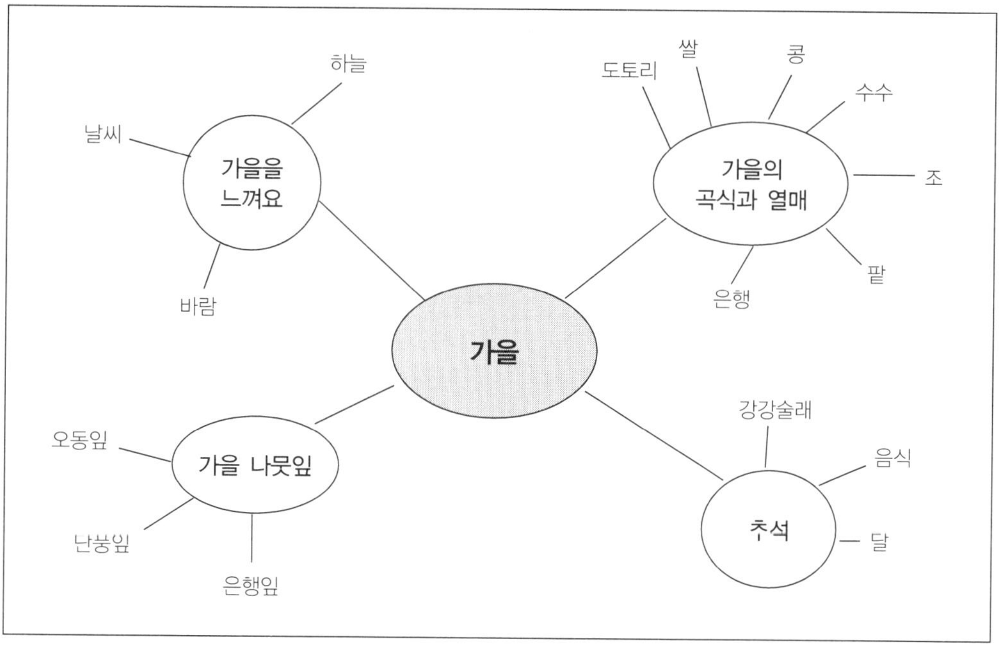

③ 교육계획안

교 육 계 획 안

만 2세

생활주제	가을
목　　표	다양한 방법으로 가을의 날씨 변화와 가을의 특징에 대해 알아본다.

언어활동
- 곡식과 열매 그림카드
- 나뭇잎 짝짓고 말하기
- 동화-가을이 왔어요
  단풍잎의 가을밤
  커다란 순무
- 동시-고추잠자리
  다람쥐 다람쥐
  작은 잎들
- 동극놀이-커다란 순무

전이활동
- 가을이 왔어요
- 가을, 곡식, 열매 알아보기
- 다양한 나뭇잎
- 나뭇잎 말리기
- 추석이예요
- 그림책에 나오는 동물들
- 동극의 역할 정하기

사회활동
- 벽돌블록으로 나무 만들기
- 종이블록으로 가게 만들기
- 가을 논, 밭 꾸미기
- 나무블록으로 가을 동산 구성하기
- 숲길 만들기
- 순 무밭 구성하기
- 스카프로 멋내기
- 곡식과 열매로 상차리기
- 나뭇잎 가족
- 은행잎, 나뭇잎 되어 보기
- 순무로 요리하기

가을

탐구 · 조작활동
- 조작-나뭇잎, 감 끈끼우기
  계절에 맞는 옷 입히기
  가을 같은 그림찾기
  무 썰어 보기
- 탐색-여러 가지 곡식 비교하기
- 산책에서 주워온 열매관찰하기
- 나뭇잎이 달라요
- 무 탐색하기

신체활동
- 고추잠자리 되어 보기
- 떨어지는 나뭇잎 되어 보기
- 나는 콩
- 몸으로 나뭇잎 표현하기
- 누워서 발로 나뭇잎 차기

실외활동
- 나뭇잎 줍기
- 누워서 가을하늘 보기
- 나뭇잎, 열매 소꿉놀이
- 분필로 땅바닥에 그림 그리기
- 가을동산 돌아보기
- 나뭇잎 방석 만들어 앉아보기

음률활동
- 새노래 - 가을
  도토리
  나뭇잎
  주먹쥐고
  (개사해서 커다란 순무)
- 음악에 맞춰 스카프 흔들기

조형활동
- 가을나무 손바닥 찍기
- 나뭇잎 판화
- 선따라 곡식 붙이기
- 솔방울 목걸이 만들기
- 나뭇잎에 그리기
- 나뭇잎 탁본
- 무도장 찍기
- 무목걸이 만들기

④ 언어교육 목표
· 가을의 날씨에 대한 느낌을 이야기할 수 있다.
· 가을에는 나뭇잎의 색깔의 변화에 대해 알 수 있고 이야기할 수 있다.
· 가을 과일의 종류에 대해 알고 이야기할 수 있다.
· 가을 곡식의 종류에 대해 알고 이야기할 수 있다.
· 가을에 볼 수 있는 대표적인 꽃의 종류에 대해 알고 이야기할 수 있다.
· 가을에 볼 수 있는 곤충의 종류에 대해 알고 이야기할 수 있다.
· 단풍은 날씨의 변화로 나무의 잎이 녹색에서 빨간색, 노란색, 갈색으로 변하는 현상에 대해 말할 수 있다.
· 추석에 대해 알고 이야기할 수 있다.
· 민속놀이에 대해 관심을 갖고 민속놀이 종류에 대해 이야기할 수 있다.

⑤ 관련 어휘
· 가을 과일의 종류 : 사과, 배, 감, 밤, 대추, 호두, 모과, 유자, 머루 등
가을 곡식의 종류 : 쌀, 콩, 수수, 조, 팥, 율무, 깨 등
· 가을 꽃의 종류 : 코스모스, 국화 등
· 가을에 볼 수 있는 곤충 : 잠자리, 메뚜기, 귀뚜라미, 방아깨비, 베짱이 등
· 가을에 얻을 수 있는 채소 : 배추, 감자, 토란, 무, 고구마 등
· 가을의 낙엽의 이름 : 단풍잎, 은행잎, 오동잎 등
· 가을에 어울리는 색 : 갈색, 빨강, 노랑, 주황 등
· 나뭇잎을 이용한 놀이 : 모자 만들기, 낙엽밟기, 나뭇잎 날리기, 나뭇잎 배, 나뭇잎 베끼기 등
· 추석하면 떠오르는 단어 : 송편, 강강술래, 보름달 등
· 커다란 순무 등장인물 : 할아버지, 할머니, 손녀, 강아지, 고양이, 생쥐

⑥ 언어활동 계획

시기 / 활동유형	1주	2주	3주	4주
	가을을 느껴요	가을의 곡식과 열매	가을 나뭇잎	추석
듣기	· 가을의 바람소리, 낙엽소리 등 가을소리 듣기	· 가을의 곡식과 열매로 만든 마라카스 이용하여 듣기	· 선생님이 들려주는 나뭇잎의 이름 듣기	· 선생님이 들려주는 "커다란 무" 듣기
말하기	· 가을에 볼 수 있는 것 말하기 · 가을의 색깔 말하기	· 가을곡식, 열매 이름 말하기 · 내가 좋아하는 곡식, 열매이름 말하기	· 그림카드 보며 나뭇잎의 이름 말하기 · 나뭇잎 짝짓고 말하기	· 추석에 먹는 음식에 대해 말하기 · 할아버지, 할머니 손 인형으로 말하기 · 커다란 무 동극놀이
읽기	· 가을과 관련된 그림책 보기	· 교사와 함께 곡식, 열매 카드 보며 읽기	· 나뭇잎과 관련된 그림책 보기	· 추석과 관련된 동화책 찾아보기 · "커다란 무"책 친구들과 함께 읽기
쓰기	· 가을소리 들으며 전지에 색연필로 긁적거리기 · 가을색으로 그림그리기	· 곡식 이용하여 그림그리기	· 나뭇잎에 크레파스 이용하여 그림그리기	· 손바닥물감을 묻히고 그림그리기 · 색깔 병풍책
교구	· 가을과 관련된 그림자료 · 가을과 관련된 동화책	· 가을의 곡식실물과 그림카드 · 자유롭게 그림으로 표현할 수 있도록 종이와 색연필	· 나뭇잎 실물과 그림자료, 이름표 · 자유롭게 그림으로 표현할 수 있도록 종이와 색연필	· 추석과 관련된 그림자료 · 커다란 무의 등장인물그림카드 · 커다란 무 동화책 · 동화를 들을 수 있는 CD플레이어

⑦-1 언어활동 실제

생활주제	가을	소주제	가을을 느껴요
활동명	날씨		
활동목표	· 가을의 날씨의 변화를 안다.		
교육과정관련 요소	· 의사소통 : 말하기 - 생각과 느낌 말하기 · 의사소통 : 듣기 - 가을의 소리 듣기 · 예술경험 : 예술적 표현 - 나의 생각 그림으로 표현하기		
활동자료	가을 날씨와 풍경에 대한 그림자료, 도화지, 크레파스		
활동방법	1) 가을이 주는 계절적 변화에 대해 관심을 가져 본다. 2) 가을이 주는 계절적 변화를 느끼고 특징들에 대해 알아본다. - 가을에 자주 볼 수 있는 것은 무엇이 있을까요? - 가을의 날씨는 어떨까? - 가을이 되면 나뭇잎은 어떻게 변화될까요? 3) 가을의 소리를 들어 본다.(바람소리, 낙엽밟는 소리 등) 4) 가을이 주는 느낌을 이야기해 보고 도화지에 그림으로 표현해 본다.		

< 가을이 왔어요 >

⑦-2 언어활동 실제

생활주제	가을	소주제	가을의 곡식과 열매
활동명	곡식과 열매에 대해 알아보아요.		
활동목표	· 가을 곡식에 대해 관심을 갖는다. · 가을 열매에 대해 관심을 갖는다. · 감사하는 마음을 갖는다.		
교육과정관련요소	· 의사소통 : 말하기 - 생각과 느낌 말하기 · 의사소통 : 말하기 - 곡식, 열매 이름 말하기 · 의사소통 : 듣기 - 곡식, 열매 마라카스 흔들어 소리 듣기		
활동자료	가을곡식, 열매 그림카드, 곡식 마라카스		
활동방법	1) 가을 곡식의 종류에 대해 알아본다. - 이 곡식의 이름은 ? 2) 가을 열매의 종류에 대해 알아본다. - 이 열매의 이름은 무엇일까? - 이 열매의 색깔은 어떠니? 3) 가을 곡식, 열매그림과 이름이 있는 마라카스를 제시한 후 곡식의 이름을 이야기해 본다. 4) 곡식, 열매의 마라카스를 흔들어 소리를 들어 본다.		

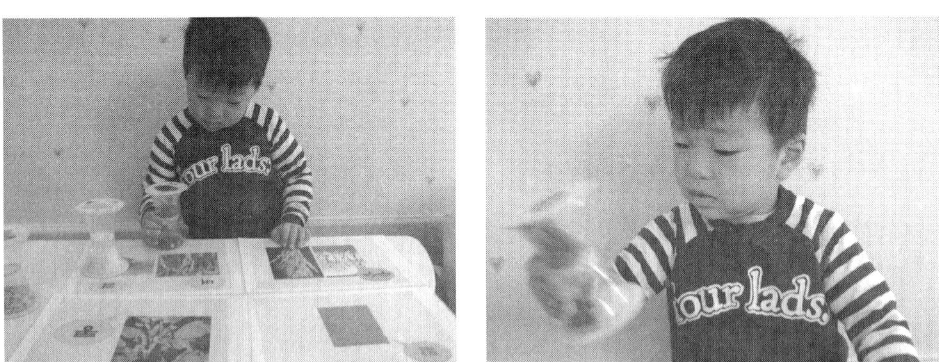

< 곡식, 열매소리 들어 보기>

⑦-3 언어활동 실제

생활주제	가을	소주제	가을 나뭇잎
활동명	나뭇잎 짝짓고 말하기		
활동목표	· 가을 나뭇잎의 특징에 대해 알아본다. · 나뭇잎에 대한 느낌을 그림으로 표현해 본다.		
교육과정관련요소	· 의사소통 : 말하기 - 생각과 느낌 말하기 · 의사소통 : 말하기 - 명칭 말하기		
활동자료	가을 나뭇잎 그림자료, 나뭇잎 그림카드 등		
활동방법	1) 가을 풍경을 보면서, 가을 나무들의 모습에 대해 다양한 언어로 표현해 본다. - 이것은 어떤 사진이니? - 이 나무의 이름을 알고 있니? 나무의 이름은 무엇이니? - 나무의 모습이 어떠니? 무엇이 가장 먼저 눈에 들어 오니? - 나뭇잎이 떨어지는 모습을 보면 어떤 생각이나 느낌이 드니? 2) 나뭇잎들의 색깔을 보고 연상되는 것에 대해 이야기해 본다. - 나뭇잎들이 무슨 색이니? - 노란색 하면 무엇이 가장 먼저 생각나니? - 또 노란색 물건에는 어떤 것들이 있을까? 3) 나뭇잎 그림카드를 제시한 후 카드를 돌려 같은 모양의 나뭇잎카드를 찾아 짝을 맞춰 본다.		

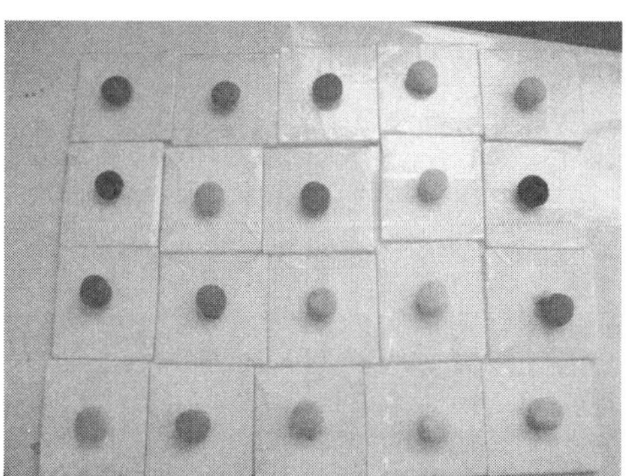
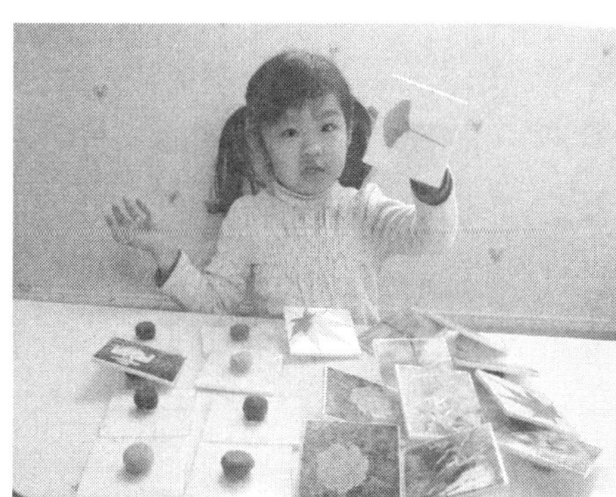

< 그림카드 맞추기 >

⑦-4 언어활동 실제

생활주제	가을	소주제	추석
활동명	"커다란 무" 동화놀이		
활동목표	· 문학작품에 관심을 갖는다. · 동화를 듣고 동화 속 주인공의 감정을 이해한다. · 동화, 동극을 통해 친구들과 협동심을 기른다.		
교육과정관련요소	· 의사소통 : 듣기 - 문학작품 즐겨 듣기 · 의사소통 : 말하기 - 생각과 느낌 말하기 · 의사소통 : 읽기 - 동화책에 관심 갖기 · 예술경험 : 예술적 표현 - 극놀이로 표현하기		
활동자료	"커다란 순무" 동화책, 동극소품 등		
활동방법	1)"커다란 순무" 동화를 듣는다. 2) 동화를 들은 후 커다란 무를 누가 누가 힘을 합쳐서 뽑았는지 그림을 보면서 한번 더 생각해 본다. 3) 할아버지를 도와주지 않았다면 어땠을지 이야기해 본다. 4) 다른 사람을 도와준 경험이 잇는지 이야기해 본다. 5) 동극을 위한 동화내용을 회상하며 대사와 행동을 표현한다. 6) 무대와 소품을 어떻게 꾸밀 것인가에 대해 이야기 나눈다. 7) 동극의 배역을 정한다. 8) 동극을 진행한다. 9) 다른 배역이 되어 동극을 진행한다.		

< 커다란 무 동극하기 >

(4) 주제 : 색과 모양

① 주제 선정 이유

'색과 모양'은 유아들이 주변 환경을 통해 쉽게 접할 수 있으며 친숙하게 느끼고 좋아하는 주제 중의 하나이다. 다양한 색과 모양의 종류를 알아보고 그 속에 담긴 의미들을 알아봄으로써 색과 모양에 대해 이해하게 된다.

② 주제망

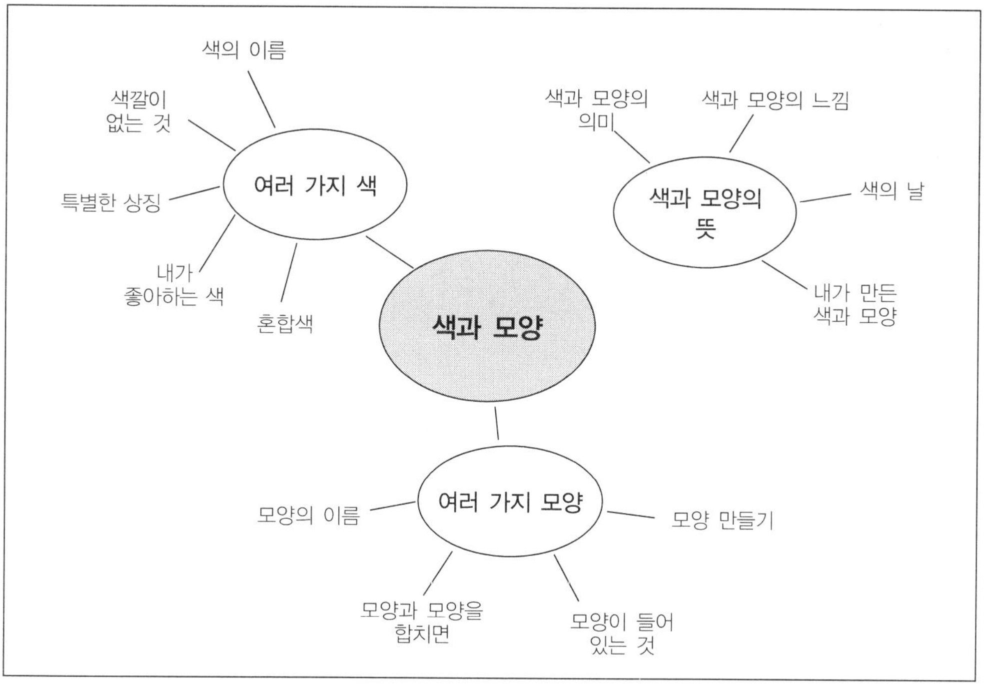

③ 교육계획안

교 육 계 획 안

생활주제	색과 모양
목 표	· 여러 가지 색과 모양의 종류를 알고 관심을 갖는다. · 색과 모양이 나타내는 의미를 안다.

색과 모양

이야기나누기

· 여러 가지 색이 있어요.
· 아름다운 색
· 색깔이 없는 것도 있어요.
· 주변에 모양이 있어요.
· 그림자의 모양으로 알 수 있어요.
· 모양과 모양을 합치면
· 색과 모양에 느낌이 있어요.
· 색과 모양의 뜻
· 색의 날을 만들어요.

언어생활

· 언어게임
-모양 만들기
-같은 모양, 색깔 찾기
· 자유선택활동(언어영역)
-무지개 책 만들기
· 이야기짓기
-망대로 모양 도깨비 뒷이야기
-색, 모양의 이름짓기

동화/동시/동극

· 동화-**까만 크레파스**
색깔 도깨비
무지개 꽃이 피었어요.
망대로 모양 도깨비
구멍 난 놀이터
쥐며느리 동글이
네모에게 이름을 지어 주세요.
· 동시-**뭐가 있을까**
나 여기 있어

사회생활

· 행사 및 견학
-수원미술관(11월 26일)
· 기본생활습관
-질서: 앉았던 의자를 제자리에 넣는다.
-예절: 음식을 손으로 먹지 않는다.
-절제: 말할 때 차례를 지킨다.
· 안전교육
-신변, 성 안전: 이건 비밀이 아니예요.
-흡연예방안전: 금연 표시 이해하기
-교통안전: 자동차를 타요.

전통문화예술교육

· 우리 미술: 색동 저고리
· 우리 놀이: 수건 돌리기
칠교놀이

건강생활

· 게임 및 신체표현
-게임: 색카드 뒤집기
-신체표현: 둥글게 둥글게
· 바깥놀이
-돌 물들이기
-모양 안으로 들어가요.
-풍선 매트 위를 걷기

탐구생활

· 수학적 탐구
-내가 좋아하는 색(그래프)
-지오보드
-반으로 자르기
· 과학적 탐구
-색깔 섞기
-종이를 만들어요.
· 요리
-모양 어묵국

표현생활(조형)

· 그리기
-휴지 염색
· 만들기
-점토로 모양 찍기
-주무르는 대로 변해요.
· 꾸미기
-색깔 병 꾸미기
-색실 디자인

표현생활(음률)

· 새노래
-뽐
-작은 세모
-무슨 그림을 보았나요.
· 음악 감상
-헨델 '왕궁의 불꽃놀이'

④ 언어교육 목표

- 색깔의 이름을 안다.
- 색깔에 대한 자신의 느낌과 생각을 말한다.
- 여러 가지 색에 관심을 갖고 여러 가지 색깔이 쓰이는 곳을 안다.
- 색의 혼합에 관심을 갖고 탐구한다.
- 색깔이 없는 것도 있음에 관심을 갖고, 무채색의 의미를 안다.
- 내가 좋아하는 색깔에 대하여 이야기해 본다.
- 주변에 있는 모양에 관심을 갖고 모양의 이름을 안다.
- 각 모양의 특징을 알고, 몸으로 다양한 모양을 표현해 본다.
- 모양에 대한 자신의 느낌을 이야기해 본다.
- 책의 그림을 단서로 내용을 추측해 본다.
- 책 보는 것을 즐기고 책을 소중하게 다룬다.
- 말할 때 차례를 지켜 말한다.
- 이야기지어 말하기를 즐긴다.

⑤ 관련 어휘

- 색깔의 종류 : 빨강, 노랑, 파랑, 초록, 보라, 검정, 분홍, 주황, 투명색 등
- 색깔의 느낌 : 따뜻하다, 차갑다, 밝다, 어둡다, 누렇다, 깨끗하다 등
- 색깔이 없는 것 : 공기, 물, 유리 등
- 색의 특별한 상징 : 병원차, 경찰차, 불자동차, 신호등, 위험표지판 등
- 모양의 종류 : 네모, 세모, 동그라미, 하트, 별, 다이아몬드 등
- 모양이 들어 있는 것 : 책, 자동차, 옷, 신발, 장난감, 시계 등

⑥ 언어활동 계획

시기 활동 유형	1주	2주	3주
	여러 가지 색	여러 가지 모양	색과 모양의 뜻
이야기 나누기	「아름다운 색」 · 여러 가지 색깔이 어우러져 아름다운 조화를 이루고 있는 모습에 대해 이야기나누기	「주변에 모양이 있어요.」 · 주변에서 볼 수 있는 모양에 대해 이야기나누기	「색과 모양에 느낌이 있어요」 · 내가 좋아하는 색을 소개하고 색에 대한 자신의 느낌 말하기
언어 게임		「모양 만들기」 · 신체를 이용하여 혼자 또는 친구와 협력하여 모양을 만들어 어떤 모양인지 말하기	「같은 모양 같은 색깔 찾기」 · 친구와 협력하여 지시카드에 맞는 같은 모양 같은 색깔을 가져와 그 특징을 말하기
동화/동시	「동화-까만 크레파스」 · 열 가지 색깔의 종류와 검은색의 특징을 동화를 통해 알아보기	「동화-네모에게 이름을 지어 주세요.」 · 주변에 있는 네모 모양에 관심을 갖고 네모 모양의 다양한 이름알기	「동시-뭐가 있을까?」 · 동시를 통해 물체들이 가지고 있는 모양을 생각해 보고 각 모양에 해당하는 물건 찾아보기
자유선택활동 (언어영역)	「무지개 책 만들기」 · 내가 좋아하는 색지에 색깔 이름을 적어 붙이기		
이야기짓기		「'망대로 모양 도깨비' 뒷이야기짓기」 · 동화의 뒷이야기를 창의적으로 짓기	「색, 모양 이름짓기」 · 도화지에 물감으로 색깔을 칠해 자신만의 색을 만든 후 가위로 여러 모양으로 잘라 이름짓기

⑦-1 언어활동 실제

생활주제	색과 모양	소주제	여러 가지 색
활동명	무지개 책 만들기	활동유형	자유선택활동(언어영역)
활동목표	· 색깔의 이름을 안다. · 쓰기에 관심을 갖는다. · 문학작품을 즐겨 듣는다.		
교육과정 관련요소	· 언어생활 : 듣기-문학 작품 즐겨 듣기 · 언어생활 : 쓰기-쓰기에 관심 가지기		
활동자료	'무지개 꽃이 피었습니다.' 동화, 7가지 색 동그라미 모양 색지, 색깔 이름종이, 색연필, 풀		
활동방법	1) 비온 뒤에 하늘에 떠오르는 것이 무엇인지 물어 본다. -비온 뒤에 하늘에 떠오르는 아름다운 것은 무엇일까? -무지개에는 어떤 색들이 있니? 2) '무지개 꽃이 피었습니다.' 동화를 들려준다. 3.동화를 회상하며 이야기를 나눈다. -무지개 꽃은 누구에게 빨간색을 주었니? -만약 무지개 꽃이 빨간색을 주면 어떻게 하고 싶니? 4) 무지개 책 만드는 방법을 소개한다. -자신이 좋아하는 색깔을 색지를 정한다. -색깔의 이름을 풀에 묻혀 색지에 붙인다. -여러 개의 동그란 종이를 겹쳐서 꽃 모양을 만들어 본다. 5) 완성된 책을 언어영역에 전시한다.		

<무지개 책 만들기>

⑦-2 언어활동 실제

생활주제	색과 모양	소주제	여러 가지 모양
활동명	네모에게 이름을 지어 주세요	활동유형	동화
활동목표	· 여러 가지 네모 모양의 이름을 안다. · 여러 가지 특징을 가진 네모의 종류에 대해 관심을 갖는다. · 문학 작품을 듣고 그 내용을 이해한다.		
교육과정 관련요소	· 언어생활 : 듣기-문학작품 즐겨 듣기 · 언어생활 : 말하기-생각과 느낌 말하기 · 언어생활 : 읽기- 읽기에 관심 가지기		
활동자료	'네모에게 이름을 지어 주세요' 동화책		
활동방법	1) 유아들이 이름 지어준 모양의 이름에 대해 이야기 나눈다. -너희들이 만든 모양에 어떤 이름을 지어 주었니? -그 모양의 생김새는 어떠니? 2) '네모에게 이름을 지어 주세요' 동화를 들려준다. 3) 동화 내용에 관해 이야기를 나눈다. -어떤 모양이 나왔니? -여러 가지 네모들이 나왔는데 어떤 이름들이 있었니? -(마름모)는 어떻게 만들었니? -사다리꼴의 모습은 무엇과 비슷해 보였니? 4) 동화책에 나온 여러 종류의 네모 이름을 살펴본다. 5) 동화의 그림만 보며 내용을 회상해 본다. 6) 언어영역에 동화책을 제시하여 유아들이 읽어 볼 수 있도록 한다.		

<동화-'네모에게 이름을 지어 주세요'>

⑦-3 언어활동 실제

생활주제	색과 모양	소주제	색과 모양의 뜻
활동명	색과 모양에 느낌이 있어요.	활동유형	이야기나누기
활동목표	・색과 모양에 대한 자신의 느낌을 이야기해 본다. ・다른 사람의 이야기를 바른 태도로 듣는다.		
교육과정 관련요소	・ 언어생활 : 듣기-바른 태도로 듣기 ・ 언어생활 : 말하기-생각과 느낌 말하기		
활동자료	색깔과 모양 느낌 PPT자료		
활동방법	1) 색깔, 모양 놀이로 주위를 집중시킨다. -파랑색을 보면 무엇이 생각나니? -동그라미를 보면 무엇이 생각나니? 2) 그림 자료를 보면서 이야기를 나눈다. -색과 모양을 보면 어떤 느낌이 드는지 이야기 나눠 보자. -빨간색은 어디에서 많이 볼 수 있니? -빨간색을 보면 어떤 느낌이 드니? 왜 그런 느낌이 들었니? -동그라미는 어디에서 볼 수 있니? -동그라미를 보면 어떤 느낌이 드니? -왜 그런 느낌이 들었니? (위와 같은 방법으로 다른 색깔과 모양에 대한 느낌을 이야기 나눈다.) 3) 자주 쓰이는 색과 모양의 모습을 바꿔서 생각해 본다. -만약 텔레비전에 동그라미라면 어떨까? -만약 소방차가 검은색이라면 어떨까? 4) 활동을 평가한다. -색깔과 모양의 느낌에 대한 이야기를 나눠 보았는데 어땠니? -어떤 점을 알 수 있었니?		

<색과 모양에 느낌이 있어요.>

2. 누리과정에 기초한 언어생활 영역의 실제활동

1) 만 3세 의사소통 영역의 활동

(1) 주제 : 교통기관

① 주제 선정 이유

'교통기관'은 우리 생활을 편리하게 하기 위하여 사람들을 태워 나르기도 하고 무거운 짐을 실어 나른다. 또 서로 소식이나 정보를 교환하게 해 주며, 국가 간에도 유대 관계를 맺고 유지하게 하기 위하여 필요한 역할을 한다. 현대사회에서 교통수단은 우리 생활에 많은 변화를 주었으며, 교통기관의 발달은 전국을 일일 생활권으로 만들었다. 그리고 사람들은 보다 빠르고 편리한 생활을 위해 교통기관에 관한 연구는 물론, 기존의 도로 교통과 철도 교통의 운영 방안을 개선하여 컴퓨터의 신기술을 접목시킨 새로운 운영 제도를 도입하였다. 현재 새로운 교통수단은 자연 친화적인 에너지 절약, 무공해 운송을 목적으로 하고 있으며 자기 부상 열차를 비롯하여 전기 자동차, 모노레일, 전기 버스 등이 개발되고 있다.

특히, 현대의 교통수단의 형태는 지구촌의 중대한 이슈가 되고 있는 환경 문제, 에너지 절약과 맞물려 급격하게 변화하고 있다. 때문에, 시대적 요청에 부응하는 현대 교통수단의 사용 방법을 유아기부터 이해하고, 미래의 교통수단을 탐구하는 태도를 형성시켜 줄 필요가 있다. 교통수단에 관한 이러한 인식과 태도는 교통기관이라는 생활주제 안에서 관련 활동을 통하여 통합적으로 다루어져야 할 뿐만 아니라, 다른 생활주제와 유기적으로 연계되어 전개되어야 할 것이다.

요컨대, '교통기관'이라는 생활주제의 궁극적인 목적은 유아들로 하여금 교통 생활과 관련된 기본적인 지식을 습득하여 스스로 안전한 생활의 필요성을 이해하고 영위할 수 있도록 도와 교통안전 의식을 습관화하는 태도를 형성하는 것이며, 나아가 바람직한 교통문화가 정착되도록 하는 것이다. 따라서 이번 생활주제 '교통기관'에서는 '여러 가지 탈것', '교통기관의 구조', '고마운 교통기관', '교통통신과 교통생활'을 소주제로 다룬다.

② 주제망

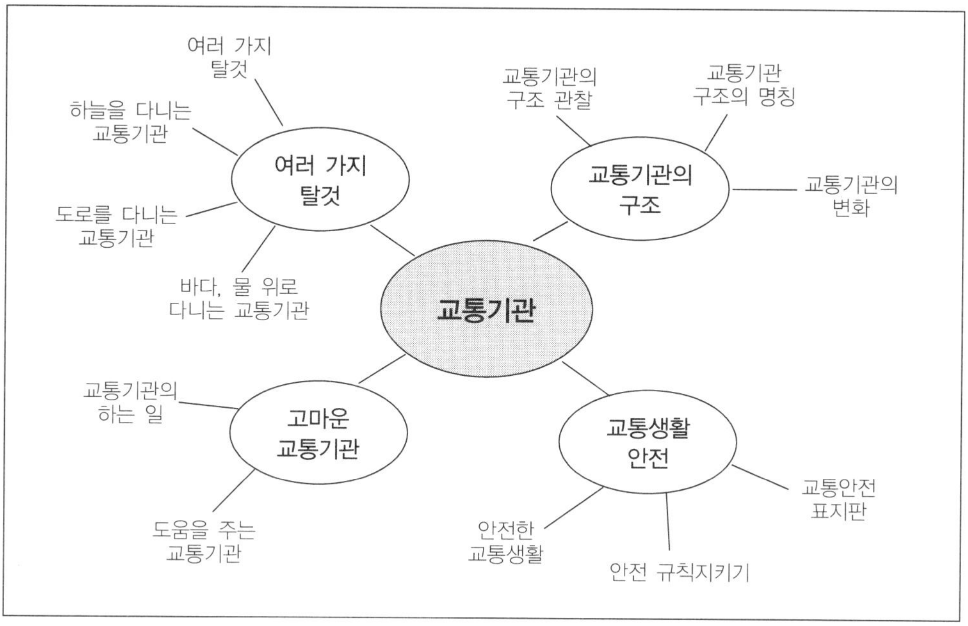
교통기관
여러 가지 탈것
여러 가지 탈것
하늘을 다니는 교통기관
도로를 다니는 교통기관
바다, 물 위로 다니는 교통기관
교통기관의 구조
교통기관의 구조 관찰
교통기관 구조의 명칭
교통기관의 변화
고마운 교통기관
교통기관의 하는 일
도움을 주는 교통기관
교통생활 안전
교통안전 표지판
안전한 교통생활
안전 규칙지키기

③ 교육계획안

교 육 계 획 안

생활주제	교통기관
목　　표	· 교통기관의 종류와 특성에 관심을 갖는다. · 교통기관의 고마움을 알며, 안전한 교통생활에 대해 알아본다.

교통기관

이야기나누기
- **놀이 공원에 무엇을 타고 갈까요?**
- 자동차의 이름을 알아보아요.
- 이렇게 변했어요.
- 떼구르르 굴러요.
- **교통기관의 구조**
- 소리 나는 자동차/누구일까요?
- **도움을 주는 자동차**
- **신호등을 보고 건너요.**
- 횡단보도를 건널 땐 이렇게 해요.
- 정해진 곳에서 타요.

언어생활
- 언어게임-**일하는 자동차**
- 자유선택활동(언어영역)
  - **교통기관 이름**
  - **안전한 어린이는 누구일까요?**
- 이야기짓기
  - **이야기를 꾸며요.**
  - **도움을 주는 자동차와 일하는 사람들**

동화/동시/동극
- 동화-**나도 나도 같이 가**
  - 비행기가 멀리멀리 날아갔어요.
  - **어떻게 건너지?**
  - 하늘을 날고 싶은 아이
  - 왱왱 꼬마 불자동차
  - **힘은 내가 최고**
  - 트럭 삼형제
  - 아기코끼리 쮸쮸
- 동시-돛단배
  - **부릉부릉 자동차가 달려요**

사회생활
- 행사 및 견학
  - 철도박물관(9월 12일)
- 기본생활습관
  - 절제: 집단에서 이탈하지 않는다.
  - 청결: 깨끗하게 화장실을 사용한다.
  - 질서: 의자에 바르게 앉는다.
- 안전교육
  - 화재안전: 화재대피훈련
  - 우리생활안전: 우리를 편리하게 해 주는 공공시설
  - 교통안전: 버스를 탑니다.
  - 자연재해안전: 지진이 났어요.

전통문화예술교육
- 우리 소리: 기차
  - : 무얼 탈까?
- 우리 놀이: 가마타기
  - : 비석치기

건강생활
- 게임 및 신체표현
  - 게임: 알맞은 자동차 찾기
    - : 공굴려 교통기관 핀 넘어 뜨리기
  - 신체표현: 굴러가요.
    - : 북 소리 듣고 횡단보도 건너기
- 바깥놀이
  - 뱃놀이
  - 자동차 운전놀이
  - 운전자와 자동차
  - 줄을 서요.

탐구생활
- 수학적 탐구
  - 내 자리는 어디일까요?
  - 바퀴 수 알아보기
  - 내가 좋아하는 교통기관
- 과학적 탐구
  - 속도를 알아요.
  - 자석 자동차
- 요리
  - 바나나 보트
  - 바퀴 모양 빵 만들기

표현생활(조형)
- 그리기
  - 크레파스 자동차
- 만들기
  - 비행기 모빌
  - 신호등
- 꾸미기
  - 구슬 굴리기
  - 교통기관 도장 찍어 꾸미기

표현생활(음률)
- 새노래
  - 간다간다
  - 똑딱배
  - 병원차와 소방차
- 음악 감상
  - 특별한 자동차 소리 듣기

④ 언어교육 목표

- 교통기관의 종류를 알아보고 각 이름을 안다.
- 교통기관을 이용했던 경험을 이야기할 수 있다.
- 친구들의 경험을 바르게 들을 수 있다.
- 교통기관에서 표현되는 의성어가 있음을 안다.
- 교통기관의 의성어 및 의태어를 자신의 생각으로 바꾸어 표현한다.
- 도움을 주는 교통기관에게 고마움을 전하는 방법을 이야기 나눌 수 있다.
- 고마움을 전하는 방법을 글로 써서 표현할 수 있다.
- 교통생활에서 지켜야 할 안전규칙을 알고 바른 태도로 이야기한다.
- 교통 표지판이 의미하는 의미를 알고 그림과 글자와의 관계를 안다.

⑤ 관련 어휘

- 교통기관의 이름 : 자동차, 트럭, 굴삭기, 구급차, 병원차, 경찰차, 소방차, 환경미화원차, 오토바이, 배, 잠수함, 비행기, 헬리콥터, 제트기, 기차, KTX, 전철
- 교통기관을 나타내는 의성어 : 부릉부릉, 끼익, 떼구르르, 삐뽀삐뽀, 애앵애앵, 빵빵, 달그닥달그닥, 왱왱
- 교통기관의 구조 명칭 : 핸들, 운전석, 조수석, 기어, 변속기, 바퀴 등
- 교통표지판의 의미
- 교통 안전관 관련된 어휘 : 횡단보도, 신호등, 멈춤, 차례차례, 질서 등

⑥ 언어활동 계획

시기 / 활동 유형	1주	2주	3주	4주
	여러 가지 탈것	**교통기관의 구조**	**고마운 교통기관**	**교통 생활 안전**
이야기 나누기	「놀이 공원에는 무엇을 타고 갈까요?」 • 여러 가지 교통기관의 종류에 대해 이야기나누기	「교통기관의 구조」 • 교통기관 내부를 관찰해 봄으로써 교통기관의 구조에 관심 갖기	「도움을 주는 자동차」 • 우리에게 도움을 주는 자동차에 대해 살펴보기	「신호등을 보고 건너요.」 • 이야기나누기를 통해 교통안전 규칙 형성하기
언어 게임		「일하는 자동차」 • 일하는 자동차를 소리로 표현하기		
동화/동시	「동화-나도 나도 같이 가」 • 동화를 통해 교통기관에 대한 관심갖기	「동화-어떻게 건너지?」 • 동화를 통해 교통기관 구조에 대해 알기	「동화-힘은 내가 최고」 • 우리에게 도움을 주는 일하는 자동차에 대해 알기	「동시-부릉부릉 자동차가 달려요.」 • 교통안전습관 향상을 위해 관련 동시 듣기
자유선택활동 (언어영역)	「교통기관 이름」 • 교통기관을 분류한 후, 교통기관과 교통기관 이름 연결하기			「안전한 어린이는 누구일까요?」 • 교구 속 안전한 어린이 찾기
이야기짓기		「이야기를 꾸며요」 • '어떻게 건너지' 동화 속 장면을 살펴보고 상황에 적절한 이야기지어 보기	「도움을 주는 자동차와 일하는 사람들」 • 도움을 주는 자동차와 일하는 사람들께 고마운 마음을 그림으로 표현하기	

⑦-1 언어활동 실제

생활주제	교통기관	소주제	여러 가지 탈것
활동명	나도 나도 같이 가	활동유형	동화
활동목표	· 동화를 즐겨 듣는다. · 동화를 듣고 내용을 이해한다. · 교통기관의 종류에 대해 관심을 갖는다.		
교육과정 관련요소	· 언어생활 : 듣기-낱말과 문장 이해하기 · 언어생활 : 말하기-생각과 느낌 말하기		
활동자료	'나도 나도 같이 가' 동화책		
활동방법	1) 표지를 보며 어떤 내용일지 추측해 본다. -어떤 이야기가 나올 것 같니? 2) 동화를 들려준다. 3) 동화를 듣고 이야기 나눈다. -동화 속에서 어떤 일이 생겼니? -어떤 교통기관들이 나왔었니? -모두 어디로 갔을까? 4) 그림만 보며 동화를 회상해 본다. 5) 녹음된 동화 자료와 동화책을 언어영역에서 제시해 준다.		

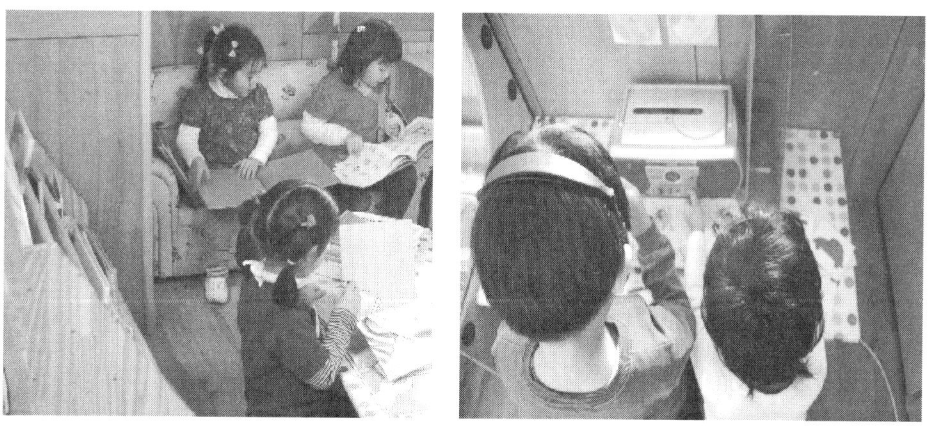

<동화책 읽기 및 듣기>

⑦-2 언어활동 실제

생활주제	교통기관	소주제	교통기관의 구조
활동명	이야기를 꾸며요	활동유형	이야기짓기
활동목표	・그림을 보고 자신의 생각을 이야기로 꾸밀 수 있다. ・동화를 바른 태도로 듣는다. ・동화를 듣고 이야기를 이해한다.		
교육과정 관련요소	・언어생활 : 말하기-생각과 느낌 말하기 ・언어생활 : 말하기-이야기 지어 말하기 ・언어생활 : 듣기-이야기 듣고 이해하기		
활동자료	동화 '어떻게 건너지' 그림카드		
활동방법	1) 동화 속 장면만 보고 이야기 나눈다. -어떤 그림이니? -무슨 일이 생겼을까? 2) 그림카드를 이용해서 동화의 내용을 꾸며 본다. -그림의 순서를 바꾸어 보자. 이야기가 어떻게 될까? -어떻게 이야기를 만들까? 3) 다양한 이야기를 만들어 본다. -교사는 유아의 생각을 글로 기록해 준다. 4) 이야기를 바꾸어 본 소감을 이야기한다. -이야기를 만들어 보았는데 어땠니?		

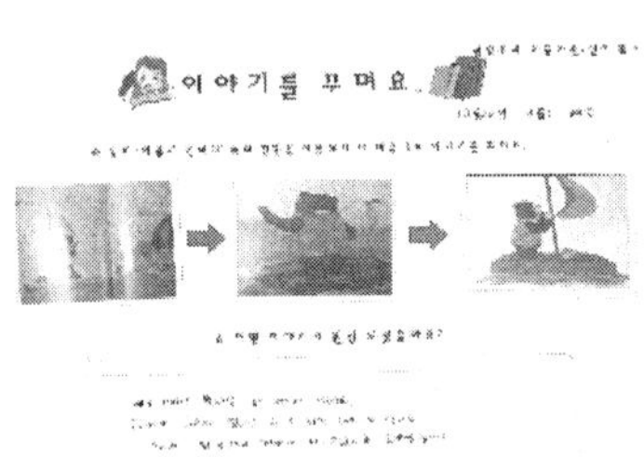

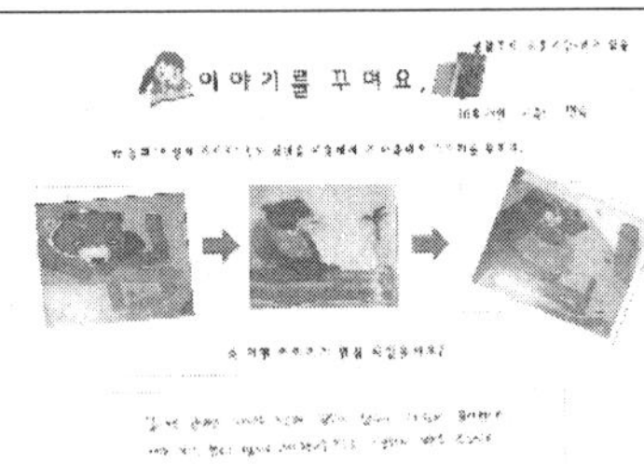

(배가 고파서 물고기를 잡아 먹으러 나왔어요. 근처에 물고기가 없어 먼 곳까지 나가기로 했어요. 그래서 먼 곳까지 가기 위해 바로 갈아탔답니다.)

(물고기를 잡으려고 기다리고 있는데 잡히지가 않아서 새한테 물어 봤어요. 새가 여기는 물고기 없다고 해서 그냥 나무 기둥을 이용해서 낙지를 잡았어요.)

<이야기를 꾸며요.>

⑦-3 언어활동 실제

생활주제	교통기관	소주제	고마운 교통기관
활동명	도움을 주는 자동차와 일하는 사람들	활동유형	이야기짓기
활동목표	· 우리에게 도움을 주는 사람과 교통기관에 고마움을 갖는다. · 고마운 마음을 그림으로 표현해 본다. · 쓰기 도구에 관심을 가진다.		
교육과정 관련요소	· 언어생활 : 말하기-생각과 느낌 말하기 · 언어생활 : 쓰기-쓰기에 관심 가지기 · 언어생활 : 쓰기-쓰기 도구에 관심 가지기		
활동자료	여러 가지 쓰기 도구(연필, 매직, 사인펜 등), 도움을 주는 자동차와 사람 그림카드		
활동방법	1) 그림카드를 보며 사람들의 역할에 대하여 이야기 나눈다. -어떤 일을 하는 사람들일까? 2) 자동차에 대하여 이야기 나눈다. -이 자동차의 이름은 무엇일까? -어떤 일을 할까? 3) 그림카드의 짝을 찾아 자동차와 일하는 사람을 일대일 대응해 본다. 4) 우리에게 도움을 주는 자동차와 사람들의 역할에 대하여 이야기를 나눈다. -소방차와 소방관이 있어서 고마운 점은 무엇이니? 5) 고마운 마음을 그림으로 표현해 본다.		

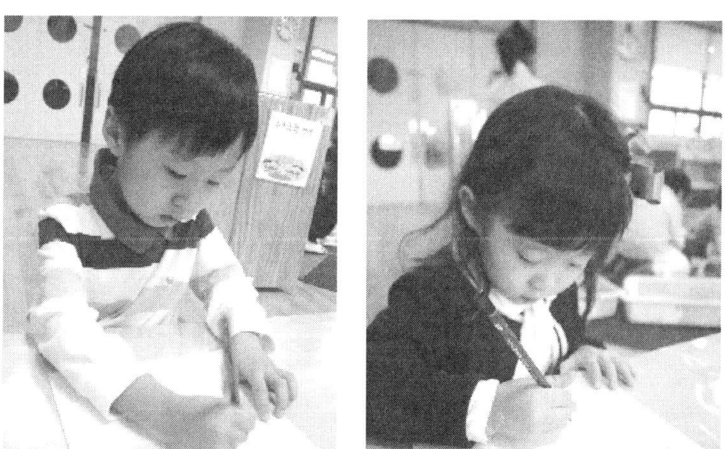

<도움을 주는 자동차와 일하는 사람들에게 편지 쓰기>

(2) 주제 : 동물

① 주제 선정 이유

동물은 어렸을 때부터 유아들이 친숙하게 느끼는 주제 중의 하나이다. 동물들의 움직임, 소리, 생김새 등은 호기심 가득한 유아에게 탐구 대상이 되며, 다양한 놀이의 소재가 되기도 한다. 이렇게 동물에 대한 탐구와 다양한 활동을 통해 동물의 특성을 알게 되고 동물과 인간과의 관계에 따라 이해를 하게 될 것이다.

② 주제망

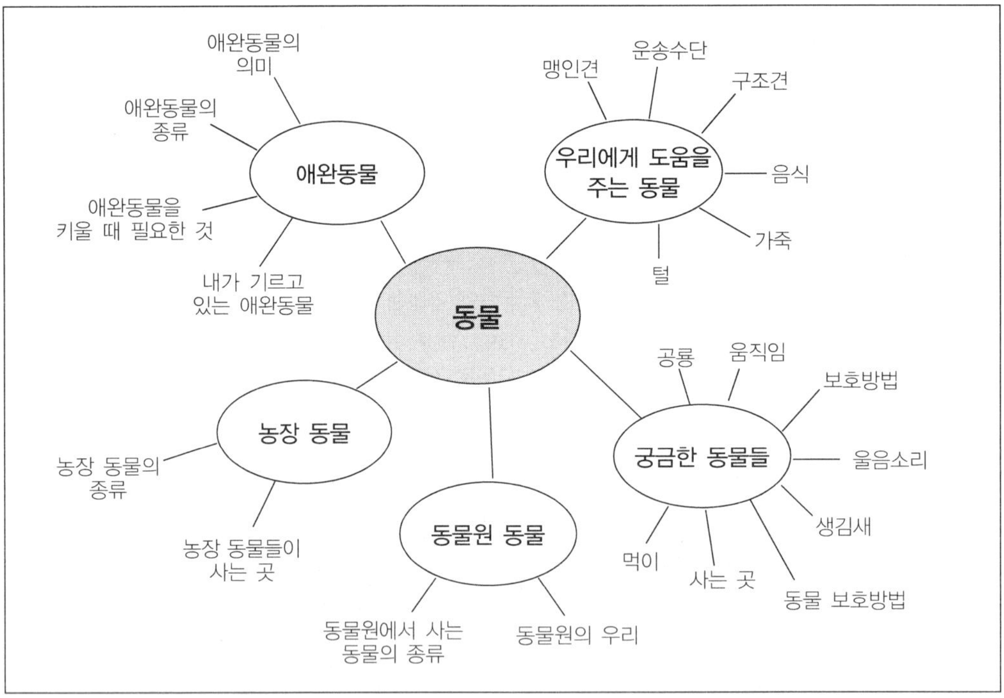

③ 교육계획안

교 육 계 획 안

생활주제	동물
목　　표	· 다양한 활동을 통해 동물의 특성을 안다. · 동물을 존중하며 보호하는 태도를 기른다.

이야기나누기

· **우리가 기를 수 있는 애완동물**
· 우리 집에서 기르고 있는 애완동물
· 애완동물을 키워요.
· 동물 생김새가 달라요.
· 동물의 꼬리
· **농장에 사는 동물들**
· 동물원에서 볼 수 있는 동물
· **누구일까?**
· 궁금한 동물이 있어요.
· **스스로 몸을 보호해요.**
· 동물들이 사라졌어요.
· 사람에게 도움을 주는 동물
· 동물을 보호하려면

언어생활

· 언어게임
-집 찾아 소리 내기
-그림 보고 동화 찾아 듣기
· 이야기짓기
-교실 내 동물 이름 지어 주기
-동물 손 인형으로 이야기 꾸미기

동화/동시/동극

· 동화-동물 가족을 소개합니다.
꽃게와 두꺼비
어디로 가는 걸까
펭귄 피트
삐약이는 흉내쟁이
누가 내 머리에 똥 쌌어.
씩씩한 아기토끼 토비
숲 속의 장갑
· 동극-**무엇을 먹을까?**
· 동시-나는 야, 흉내쟁이
커다란 기린
맹꽁

동물

사회생활

· 행사 및 견학
-과천 어린이 동물원(4월 15일)
· 기본생활습관
-예절: 친구들과 인사를 잘한다.
-절제: 남의 물건에 욕심내지 않는다.
· 안전교육
-교통안전: 횡단보도를 건너요.
-화재안전: 화재대피훈련 II

전통문화예술교육

· 우리 놀이: 두껍아 두껍아
· 우리 소리: 호랑이 장군
· 우리 이야기: 은혜 갚은 까치

건강생활

· 게임 및 신체표현
-게임: 누구의 발자국일까?
-신체표현: 공룡들이 쿵쿵
· 바깥놀이
-낚시하기
-농장 동물집 찾기
-날개가 있는 동물이 되어 보세요

탐구생활

· 수학적 탐구
-돌을 분류해 주세요.
-집에서 기르는 동물 그래프
-숫자 따라 그려요.
-어느 벌레가 더 길까요?
-어미를 찾아 주세요.
-공룡 빙고놀이
· 과학적 탐구
-병 속에 달걀 넣기/동물의 똥
-거북이, 달팽이 기르기
· 요리
-동물 모양 주먹밥

표현생활(조형)

· 그리기
-큰 애완동물 그리기
-공룡 비밀 그림
· 만들기
-배가 불룩해지는 소
· 꾸미기
-농장 동물 종이 판화
-동물 모양 콜라주

표현생활(음률)

· 새노래
-작은 동물원/동물 농장
-기린이랑 사슴이랑
-숲 속 친구들/무엇을 주려
· 악기연주
-동물 모양 악기로 연주하기

④ 언어교육 목표

- 애완동물의 특성에 대한 이전 경험을 이야기한다.
- 애완동물을 관찰하고 생각한 것을 말로 표현할 수 있다.
- 동물을 표현하는 의성어와 의태어에 대해 안다.
- 농장동물의 생김새와 그 밖의 특징을 이야기한다.
- 동물의 특징적인 소리를 알고 표현한다.
- 동물원의 동물의 특성에 대해 관심을 가진다.
- 동물의 신체적 특징에 관심을 갖고 각 특징들을 어울리는 말로 표현해 본다.
- 동물과 관련된 낱말과 문장을 듣고 이해한다.
- 동물에 관련된 다양한 문학 작품 듣기를 즐긴다.
- 동시를 통해 반대말이 되는 단어를 안다.

⑤ 관련 어휘

- 동물이 우리에게 주는 것 : 우유, 달걀, 털옷, 고기, 가죽 등
- 동물들이 먹는 먹이에 따라 분류하는 이름 : 초식동물, 육식동물, 잡식동물
- 동물의 생김새 : 눈, 코, 입, 털, 수염, 꼬리, 발, 뿔 등
- 동물의 사는 곳 : 바다, 하늘, 땅, 연못, 늪, 산 등
- 동물들이 내는 소리를 표현하는 의성어 : 삐약, 꼬꼬댁, 꽥꽥, 짹짹, 음메, 히잉, 매~, 야옹, 멍멍, 꿀꿀, 으르렁, 윙윙 등
- 동물들의 움직임을 표현하는 의태어 : 깡충깡충, 뒤뚱뒤뚱, 엉금엉금, 파닥파닥, 쌩쌩, 살금살금 등

⑥ 언어활동 계획

시기 활동 유형	1주 애완동물	2주 농장동물	3주 동물원 동물	4주 궁금한 동물들
이야기 나누기	「우리가 기를 수 있는 애완동물」 · 우리가 기를 수 있는 애완동물을 알고 그 특성에 대해 말하기/듣기	「농장에 사는 동물들」 · 농장에 사는 동물의 특성에 대해 말하기/듣기	「누구일까?」 · 녹음자료를 듣고그림 자료에서 동물 찾아보기	「스스로 몸을 보호해요」 · 동물들이 스스로 몸을 보호하는 방법에 대하여 문장으로 말하기/듣기
언어 게임		「집 찾아 소리내기」 · 게임의 지시를 주의 깊게 듣고 적절하게 행동하기		「그림 보고 동화 찾아 듣기」 · 여러 가지 동물에 대한 호기심을 동화책에서 찾아보기
동화/동시/동극	「동화/동극-무엇을 먹을까?」 · 동물의 먹잇감에 관한 동화를 듣고 동극 활동으로 표현하기	「동화-삐약이는 흉내쟁이」 · 동화를 통해 농장 동물의 울음 소리에 관심 가지기	「동시 - 커다란 기린」 · 기린의 신체적 특징에 관한 동시를 듣고 그 내용을 이해하기	「동시-맹꽁」 · 동시 속에서 반대말이 되는 단어 찾아보기
이야기짓기	「교실 내 동물 이름 지어 주기」 · 교실 내의 동물에게 우리 반만의 별칭 지어 주기	「농불 손 인형으로 이야기꾸미기」 · 동물 인형을 이용하여 창의적으로 이야기꾸며 말하기		

⑦-1 언어활동 실제

생활주제	동물	소주제	애완동물
활동명	교실 내 동물 이름 지어 주기	활동유형	이야기짓기
활동목표	· 동물에 관심을 갖고 이름을 지어 말할 수 있다. · 말이나 생각을 글로 옮길 수 있음을 안다.		
교육과정 관련요소	· 언어생활 : 말하기-생각과 느낌 말하기 · 언어생활 : 말하기-이야기 지어 말하기 · 탐구생활 : 과학적 기초 능력 기르기-생명체와 자연환경 소중하게 여기기		
활동자료	네임펜, 코팅한 색도화지(20cmX10cm 정도의 크기), 투명 테이프		
활동방법	1) 집에서 어떤 동물을 기르고 있는지 이야기하고, 집에서는 동물을 어떻게 부르는지, 식구들끼리 부르는 이름이 있는지 이야기해 본다. -집에서 동물을 키우고 있는 어린이가 있니? -어떤 동물을 키우고 있니? 2) 우리 교실 안의 동물도 함께 부를 수 있는 이름을 지어 주기로 하고, 어떤 이름이 좋을지 생각을 이야기한다. -우리 교실에 키우고 있는 거북이의 이름을 함께 지어 주자. -어떤 이름이 좋을까? 3) 여러 가지 의견 중에서 한 가지를 결정한다. -어떤 방법으로 하나의 이름을 결정할까? 4) 의견으로 나온 이름 중 유아들이 가장 많이 선택한 이름으로 결정하여 동물이 있는 곳에 붙여 두고 함께 그 이름을 부르기로 한다.		

<동물 이름 지어 주기>

⑦-2 언어활동 실제

생활주제	동물	소주제	농장동물
활동명	집 찾아 소리 내기	활동유형	언어게임
활동목표	· 지시를 주의 깊게 듣고 이해하여 적절하게 행동한다. · 동물의 특징적인 소리를 말로 표현한다.		
교육과정 관련요소	· 언어생활 : 듣기-이야기 듣고 이해하기 · 건강생활 : 나의 몸 움직이기-이동하며 움직이기		
활동자료	농장 동물(소, 닭, 돼지, 오리) 목걸이, 동물집 그림, 융판, 출발신호 악기		
활동방법	1) 농장 동물(소, 닭, 돼지, 오리) 목걸이와 각 동물이 사는 집에 대해 소개한다. -(각 농장 동물 목걸이를 보여주며) 이 동물을 알고 있니? -그 동물들이 어떤 소리를 내는지 알고 있니? -이 동물의 집은 어떻게 생겼을 것 같니? -(동물의 집을 소개한 후 동물과 그에 맞는 집을 융판에 붙여 놓는다.) 2) 유아별로 동물의 목걸이를 목에 걸어 준다. -어떤 동물 목걸이가 있는지 보자. 어떤 동물 목걸이를 걸고 있니? -소 목걸이를 하고 있는 어린이들 소리를 내어 보자. (그림 자료를 하나씩 제시하면서 소리를 내어 보고 교사는 동물들의 집 그림을 각 영역에 일정한 간격을 두고 붙인다.) -이제 우리 반이 농장이라고 생각하고 우리가 동물이 되어 보자. 3.) 게임의 방법에 대해 이야기한다. -너희가 동물이 되어 움직이다가 악기 소리가 나면 자기 집으로 들어가는 거야. -집은 어디일까?(바닥에 동물 그림이 붙여진 곳) -집으로 들어가서 잘 들어갔다는 표시를 하기 위해 소리를 내도록 하자. -닭 목걸이를 한 사람은 어디로 들어갈까? 어떤 소리를 낼까? 4) 게임을 한다. 5) 자기 집으로 잘 돌아갔는지, 동물에 맞게 소리를 내보았는지 이야기해 본다.		

<언어게임-집 찾아 소리 내기 활동>

⑦-3 언어활동 실제

생활주제	동물	소주제	동물원 동물
활동명	누구일까?	활동유형	이야기나누기
활동목표	· 동물원에 살고 있는 동물의 이름을 안다. · 이야기를 듣고 이해한다.		
교육과정 관련요소	· 언어생활 : 말하기-바른 태도로 말하기 · 언어생활 : 듣기-이야기 듣고 이해하기 · 탐구생활 : 수학적 기초 능력 기르기-공간 및 도형에 대해 알아보기		
활동자료	녹음자료, 동물원 그림자료, 동물 울음소리, 융판		
활동방법	1) 동물원에서 본 동물들에 대해 이야기 나눈다. -동물원에 가 본 적이 있니? -동물원에서 어떤 동물들을 보았니? 2) 녹음자료와 그림자료를 소개한다. -이야기를 들려줄게. 잘 들어 보자. 여기는 재미있는 동물원. 동물들은 모두 어디에 있을까? 나무 뒤에 있는 건 누구니? 아하, 기린이구나. 울타리 안에 있는 건 누구지? 아, 말이구나. 그럼 바위 위에 있는 건 누구지? 아하, 호랑이구나. 물을 뿜어 내고 있는 건 누구지? 아, 코끼리구나. 물 속에서 헤엄치고 있는 건 누구지? 아, 돌고래구나. 야~! 동물원의 동물들 다 찾았다! 3) 어떤 내용의 이야기였는지 회상해 본다. -어떤 이야기들이 나왔니? -각 기린(호랑이)은 어디에서 볼 수 있었니? 4) 녹음자료를 들으면서 나오는 동물들을 찾아본다. - 이번에는 이야기를 들으면서 이야기에서 나오는 동물들을 찾아보자. 5) 동물들을 다른 곳에 숨기면서 위치에 대해 이야기 나눈다.		

<누구일까?>

2) 만 4세 의사소통 영역의 활동

(1) 주제 : 나와 가족

① 주제 선정 이유

이번 생활주제는 '나와 가족'이다. 만 4세 유아들에게는 자신의 신체에 대한 기본적인 개념을 바탕으로 하여 자신의 성장과 출생에도 관심을 가질 수 있도록 해야 하며, 위험한 상황에서도 자신을 지킬 수 있도록 해야 한다. 또한, 자신이 느끼는 감정과 다른 사람이 느끼는 감정이 다를 수 있음을 알고 좀 더 자신의 감정에 대하여 조절할 수 있도록 주제를 선정하였다.

② 주제망

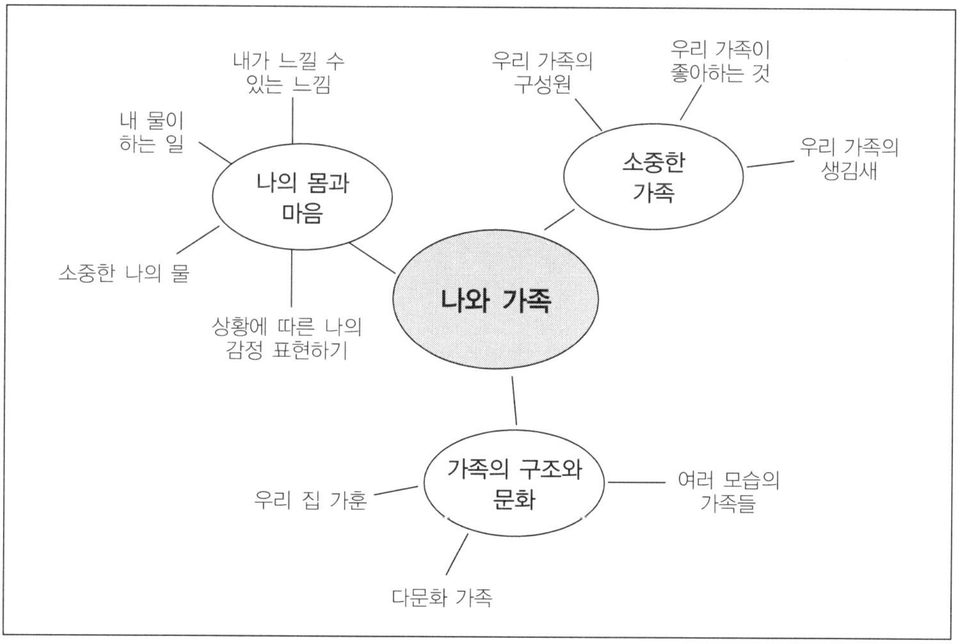

③ 교육계획안

교 육 계 획 안

생활주제	나와 가족
목　표	· 나에 대하여 관심을 가지고, 내가 소중하다는 것을 안다. · 가족에 대한 고마움과 웃어른을 대하는 태도를 안다.

이야기나누기

- **나는 이렇게 느껴요.**
- 내 몸이 하는 일이 있어요.
- 내 몸은 보물이예요.
- 우리 가족은
- **우리 가족이 좋아하는 것**
- 밥상에서의 예절
- 새로 생긴 내 동생
- **우리 집 가훈**
- 엄마의 나라, 아빠의 나라

언어생활

· 이야기짓기 및 쓰기
-**나의 어릴 적 모습**
-**이럴 땐 이런 말을**
· 자유선택활동(언어영역)
-**난 난**(동시 개작)
-스스로 할 수 있어요.
-**배꼽책 만들기**

동화/동시/동극

· 동화-내 몸, 네 몸
　배꼽이 없어요.
　우리 몸의 구멍
· 동시-**난 난**
　봄
· 동극-**우리 집이 최고야**

나와 가족

사회생활

· 행사 및 견학
-교통안전교육(4월 6일)
-홈플러스(4월 8일)
· 기본생활습관
-청결: 손을 씻는다.
-예절: 음식을 손으로 먹지 않는다.
-절제: 말할 때 차례를 지킨다.
· 안전교육
-교통안전: 신호등 아저씨의 외출
-화재 안전: 화재대피훈련
-식품, 질병안전: 불량식품

전통문화예술교육

· 우리 놀이: 말팽이에 대해
　알아보아요.
· 우리 춤: 학연화대합설무
　-학이 되어 보아요.
· 우리 음식: 오곡 밥짓기

건강생활

· 게임
-게임: 몸소리로 알아요.
· 바깥놀이
-돌 물들이기
-모양 안으로 들어가요.
-풍선 매트 위를 걷기
-기초체력 증진: 30m 달리기
-텃밭 가꾸기: 파종 및 관찰
-내 몸으로 풍선치기

탐구생활

· 수학적 탐구
-감정 그래프
-가족 얼굴 패턴 만들기
· 과학적 탐구
-이의 부식
-생김새가 달라요.
-손으로 찾아보세요.
· 요리
-과일 샐러드

표현생활(조형)

· 그리기
-비슷한 모양 찾아 그리기
-우리 가족 그리기
· 만들기
-가족 나무 만들기
-가족 액자 만들기
· 꾸미기/종이접기
-가족 명화 조각 꾸미기

표현생활(음률)

· 새노래
-미소 / 기쁨을 주는 생일
-아빠 힘내세요 / 토닥토닥
· 음악 감상 및 악기 놀이
-도라지타령
-쇼팽 야생곡

④ 언어교육 목표

- 내 몸이 하는 일을 알고, 이야기로 표현할 수 있다.
- 몸을 구성하고 있는 부분의 명칭을 글로 적어 볼 수 있다.
- 자신의 감정을 표현할 수 있다.
- 자신이 스스로 할 수 있는 일을 글로 표현할 수 있다.
- 우리 가족을 다른 사람에게 소개할 수 있다.
- 가족의 이름을 글로 적어 볼 수 있다.
- 가족에 대한 고마운 마음을 표현할 수 있다.
- 우리 집 가훈을 글로 적어 보고, 소개할 수 있다.
- 우리 가족이 좋아하는 것을 글이나 그림으로 표현할 수 있다.
- 친숙한 사람들의 목소리를 듣고 구별할 수 있다.

⑤ 관련 어휘

- 우리 가족의 구성원의 이름 : 할머니, 할아버지, 외할머니, 외할아버지, 외삼촌, 작은아빠, 작은엄마, 엄마, 아빠, 언니, 누나, 형, 오빠, 동생, 나 등
- 몸을 구성하고 있는 부분의 명칭 : 얼굴(눈, 코, 입, 눈썹, 귀), 몸(팔, 다리, 손가락, 손바닥, 손톱, 팔꿈치, 무릎, 발가락, 발톱, 엉덩이, 가슴 등)
- 느낌을 표현하는 어휘 : 행복하다, 즐겁다, 신나다, 화나다, 슬프다, 부끄럽다, 놀라다 등

⑥ 언어활동 계획

시기 / 활동 유형	1주	2주	3주
	나의 몸과 마음	**소중한 나와 가족**	**가족의 구조와 문화**
이야기 나누기	「나는 이렇게 느껴요」 • 내가 느낄 수 있는 여러 가지 감정의 종류와 감정을 표현하는 방법들에 대한 이야기나누기	「우리 가족이 좋아하는 것」 • 미리 조사해 온 우리 가족이 좋아하는 것을 소개하고 궁금한 점 질문하기	「우리 집 가훈」 • 우리 가족만의 문화를 바탕으로 한 가훈을 소개하고 글로 쓰기
동화/동시/동극	「동시-난 난」 • 다양한 감각기관이 할 수 있는 일에 대한 동시 듣기/개작활동	「동화-우리 몸의 구멍」 • 우리 몸에 있는 구멍마다의 역할에 대한 동화 듣기	「동화/동극-우리 집이 최고야」 • 우리 집의 소중함을 일깨워 주는 동화 듣기/동극활동
이야기짓기 및 쓰기	「나의 어릴 적 모습」 • 나의 어릴 적 모습 사진을 게시하고 그에 대한 소개 글 쓰기		「이럴 땐 이런 말을」 • 상황에 따른 말을 적절하게 이야기하고, 문장으로 쓰기
자유선택활동 (언어영역)	「동시-'난 난' 개작하기」 • 감각기관으로 할 수 있는 다양한 활동을 넣어 동시 개작하기	「배꼽책 만들기」 • '배꼽이 없어요' 동화 속 주인공들의 배꼽을 만들어 준 후, 낱말을 이용하여 문장 꾸미기	

⑦-1 언어활동 실제

생활주제	나와 가족	소주제	나의 몸과 마음
활동명	난 난	활동유형	동시 / 자유선택활동(언어영역)
활동목표	· 내가 느낄 수 있는 것들을 말로 표현해 본다. · 내가 느낄 수 있는 것들을 글로 표현해 본다.		
교육과정 관련요소	· 언어생활 : 듣기-문학 작품 즐겨 듣기 · 언어생활 : 말하기-생각과 느낌 말하기 · 언어생활 : 쓰기-쓰기에 관심 가지기		
활동자료	배경음악, 동시 PPT자료, 동시개작 활동지, 필기도구		
활동방법	1) 내 몸에 있는 여러 감각기관에 대해 이야기를 나눈다. 2) 각 감각기관을 통해 할 수 있는 것들에 대해 이야기를 나눈다. -눈으로는 어떤 것들을 볼 수 있을까? -코로는 어떤 냄새를 맡을 수 있을까? -입으로는 어떤 맛을 느낄 수 있을까? 3) 동시를 들려준다. 4) 반복되는 부분을 함께 읊어 본다. 5) 다양한 방법으로 동시를 읊어 본다. 6)동시를 개작해 본다. -'무지개' 대신 '나무'를 넣어 읊어 보도록 하자. -들을 수 있는 것에는 어떤 내용을 넣어 볼까? -맡을 수 있는 것에는 어떤 내용을 넣어 볼까? 7) 마지막으로 함께 바꾼 동시를 읊어본다. 8) 자유선택활동 시간에 동시 개작활동을 할 수 있도록 언어영역에 자료를 제시해 둔다. **난 난** 난 난 볼 수 있어 일곱 색깔 무지개. 난 난 들을 수 있어 우르르 꽝! 천둥소리. 난 난 맛볼 수 있어 사르르 달콤한 케이크. 난 난 맡을 수 있어 킁 킁! 향기로운 꽃향기 난 난 느낄수 있어 까끌까끌 아빠 수염.		

<자유선택활동-'난 난'동시 개작>

⑦-2 언어활동 실제

생활주제	나와 가족	소주제	소중한 나와 가족
활동명	우리 가족이 좋아하는 것	활동유형	이야기나누기
활동목표	· 우리 가족과 다른 가족의 다양한 생활 모습에 관심을 가진다. · 우리 가족이 좋아하는 것을 언어로 표현할 수 있다.		
교육과정 관련요소	· 언어생활 : 듣기-낱말과 문장 듣고 이해하기 · 언어생활 : 말하기-바른 태도로 말하기 · 사회생활 : 가족과 함께 생활하기-가족과 협력하기		
활동자료	'우리 가족이 좋아하는 것'에 대해 알아본 활동지		
활동방법	1) 유아들이 조사해 온 '우리 가족이 좋아하는 것'에 대해 이야기한다. -우리 친구들이 무엇을 알아 왔니? -누구와 함께 이 활동을 하였니? -가족들과 함께 활동을 하면서 어떤 점이 좋았니? 2) '우리 가족이 좋아하는 것'에 대해 이야기를 나눈다. -누구의 가족이니? -○○의 가족은 어떤 음식을 즐겨 먹니? -가족의 취미는 무엇이니? -자주 가는 곳은 어떤 곳이니? -가족들과 함께 어떤 운동을 즐겨하니? 3) 우리 가족과 다른 친구들의 가족이 좋아하는 것을 비교해 본다. -다른 가족들이 좋아하는 것을 알아보고 새롭게 알게 된 점은 무엇이니? -친구들의 가족이 좋아하는 것을 알아보니 우리 가족과 어떤 점이 다르니?		

<이야기 나누기-우리 가족이 좋아하는 것>

⑦-3 언어활동 실제

생활주제	나와 가족	소주제	가족의 구조와 문화
활동명	우리 집이 최고야	활동유형	동극
활동목표	· 극놀이에 즐겁게 참여한다. · 가족이 함께 지내는 집의 소중함을 안다.		
교육과정 관련요소	· 언어생활 : 듣기-문학 작품 즐겨 듣기 · 언어생활 : 말하기-생각과 느낌 말하기 · 언어생활 : 읽기-책에 관심 가지기 · 표현생활 : 예술적 표현 즐기기-극놀이로 표현하기		
활동자료	동극소품, 핸드벨, 동화책		
활동방법	1) 동화내용을 회상해 본다. 2) 동극에 필요한 소품들과 역할들을 다시 이야기 나눈다. 3) 동극에 필요한 대사를 다시 한 번 읽어 본다. 4) 동극을 위해 무대세팅을 한다. -동극을 하려면 어느 쪽을 무대로 해야 할까? -동극에 나오는 사람들은 어디에서 기다리는 것이 좋을까? -대사가 끝난 사람은 어디로 퇴장하도록 할까? 5) 동극을 한다. -지금부터 초록나무반의 첫 번째 동극을 시작하겠습니다. 제목은 “집 나가자 꿀꿀” 6) 동극이 끝난 후 평가의 시간을 갖는다. -친구들과 함께 동극을 해 보니 어떠니? -어떤 부분이 가장 재미있었니? -역할을 맡은 친구들 중 어떤 친구를 칭찬해 주고 싶니?		

<‘우리 집이 최고야’ 동극 활동 모습>

(2) 주제 : 공과 운동/월드컵

① 주제 선정 이유

이번 생활주제는 '공과 운동/ 월드컵'이다. 유아들은 공을 이용한 활동과 다양한 운동을 통해 기초체력을 증진시키고 긴장감을 해소해 나간다. '공과 운동'이라는 주제를 통해 공에는 어떤 종류의 공들이 있는지, 공마다 어떤 특성을 가지고 있는지 알아보기도 하고 다양한 운동경기의 종류와 특성들을 알아보고자 한다. 이와 더불어 2010 FIFA 남아공월드컵과 관련하여 월드컵이 우리에게 주는 의미를 알아보고, 축구경기를 할 때 필요한 것들에는 어떤 것들이 있는지, 축구경기는 어떤 규칙을 지켜야 하는지 등에 대해 알아보고 함께 월드컵을 즐겨보려고 한다.

② 주제망

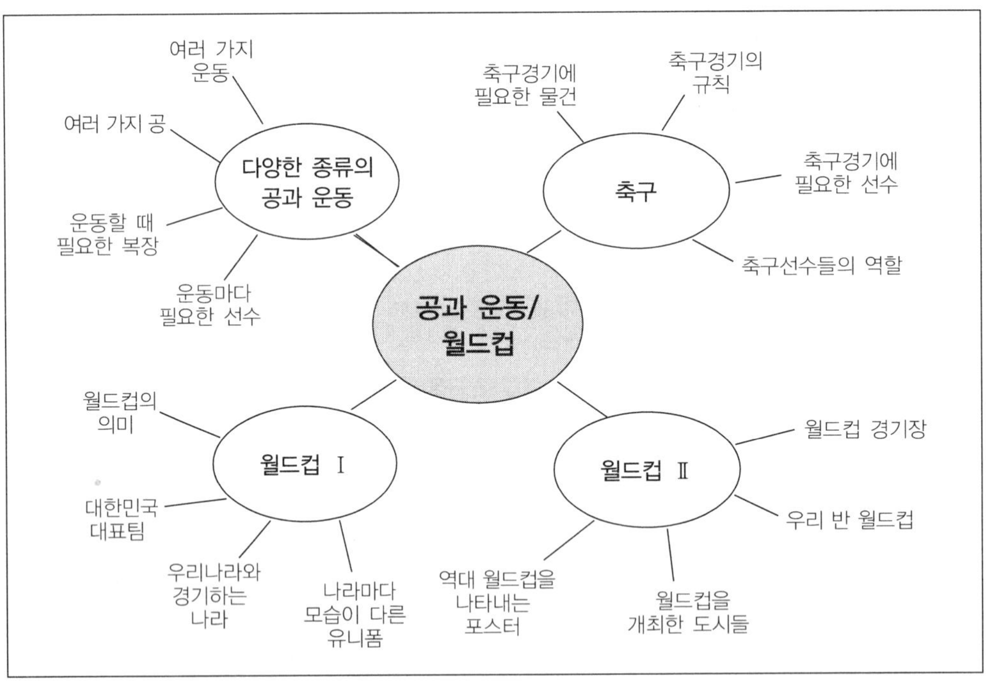

③ 교육계획안

교 육 계 획 안

생활주제	공과 운동 / 월드컵
목 표	· 다양한 공의 종류와 특성에 대해 안다. · 월드컵의 의미를 알고, '축구'라는 운동에 관심을 갖는다.

공과 운동/ 월드컵

이야기나누기

- 여러 가지 운동이 있어요.
- 여러 가지 공들
- **운동할 때 필요한 복장**
- 운동마다 필요한 선수가 모두 달라요.
- 축구하면 생각나는 것
- 축구경기를 할 때 필요해요.
- **축구경기의 구성원과 하는 일**
- 월드컵이란?
- **월드컵 대한민국 대표팀**
- 우리와 경기하는 나라들
- **축구 경기 시 지켜야 할 규칙**

언어생활

- 자유선택활동(언어영역)
  - 운동경기 빙고게임
  - **운동경기 책 만들기**
  - **태극전사에게 보내는 편지**
- 이야기짓기 및 쓰기
  - **우리 가족이 좋아하는 운동경기**
  - **이야기를 꾸며 보세요.**

동화/동시/동극

- 동화-데굴데굴 공을 밀어 봐
  - 공이 통통
  - 축구왕 해리
  - **우리 함께 축구해요.**
  - **축구 선수 윌리**
  - 야구공
  - 구슬이 데구르르
- 동시-**공놀이**
- 동극-**공들의 자랑**

사회생활

- 행사 및 견학
  - 월드컵경기장(6월 8일)
- 기본생활습관
  - 예절: 친구들과 인사를 잘한다.
  - 청결: 옷을 단정하게 입는다.
  - 질서: 신발을 바르게 정리한다.
- 안전교육
  - 화재안전: 화재대피훈련
  - 식품질병안전: 식중독에 걸릴 수 있어요.
  - 흡연예방안전: 담배가 우리 몸 속에 들어가면

전통문화예술교육

- 우리 미술: 그림 속 운동
- 우리 춤: 채상 소고춤
- 우리 소리: 꼬방 꼬방
- 우리 미술: 그림 속 나비처럼

건강생활

- 게임
  - 입김으로 탁구공 불기
  - 축구시합하기
- 바깥놀이
  - 기초체력 증진: 50m 달리기
  - 공놀이를 해요.
  - 텃밭 가꾸기: 오이 수확

탐구생활

- 수학적 탐구
  - 내가 좋아하는 운동 그래프
  - 축구공과 농구공을 비교해요.
  - 경기결과를 예측해요.
- 과학적 탐구
  - 다양한 종류의 공을 관찰해요.
  - 축구화를 관찰해요.
- 요리
  - 축구공 주먹밥 만들기
  - 밀크 쉐이크

표현생활(조형)

- 그리기
  - 내가 되고 싶은 운동선수
  - 내가 좋아하는 공 그리기
- 만들기
  - 탱탱볼 만들기
  - 축구공 모빌 만들기
- 꾸미기
  - 축구화 찍어 모양 꾸미기

표현생활(음률)

- 새노래
  - 내가 만약 공이라면
  - 공놀이
  - 월드컵 송
- 악기놀이
  - 타악기를 이용한 응원가 연주

④ 언어교육 목표

- 여러 가지 공의 종류를 알고 공의 이름을 적어 볼 수 있다.
- 여러 가지 공의 특성을 비교해 보고, 이야기할 수 있다.
- 다양한 운동경기의 종류를 알고 이름을 변별할 수 있다.
- 각각의 운동경기의 특징을 글과 그림으로 표현할 수 있다.
- 우리 가족이 좋아하는 운동경기를 소개할 수 있다.
- 우리나라를 빛내는 운동선수들의 이름을 알고, 자랑스러운 마음을 글과 그림으로 표현해볼 수 있다.
- 축구경기의 구성원과 각각의 하는 일을 연결해 볼 수 있다.
- 2010 FIFA 남아공 월드컵에 참가하는 대표팀 선수들의 이름을 안다.
- 축구경기의 규칙을 알고, '우리들만의 축구시합' 경기규칙을 의논할 수 있다.
- 월드컵에 참가하는 다른 여러 나라들의 이름을 안다.

⑤ 관련 어휘

- 공의 종류 : 농구공, 축구공, 배구공, 야구공, 탁구공, 골프공, 배드민턴공
- 운동경기의 종류 : 축구, 농구, 배구, 카누, 피겨 스케이팅, 수영, 스키, 역도, 유도, 태권도, 펜싱
- 우리나라를 빛낸 운동선수들의 이름 : 김연아, 박지성, 장미란, 박태환
- 월드컵에 참가하는 나라들의 이름 : 그리스, 아르헨티나, 나이지리아, 브라질, 포르투갈, 이탈리아
- 축구경기 포지션과 관련된 어휘 : 공격수, 수비수, 미드필더, 골키퍼, 감독, 코치
- 축구경기 규칙과 관련된 어휘 : 심판, 부심판, 레드카드, 옐로카드, 핸드링

⑥ 언어활동 계획

시기 / 활동유형	1주	2주	3주	4주
	다양한 종류의 공과 운동	축구	월드컵 I	월드컵 II
이야기 나누기	「운동할 때 필요한 복장」 · 운동마다 필요한 복장의 특성과 필요성에 대한 이야기 나누기	「축구경기의 구성원과 하는 일」 · 축구선수 구성원과 구성원의 역할 말하기/듣기	「월드컵 대한민국 대표팀」 · 월드컵에 출전한 대한민국 대표팀 구성원과 상대 나라의 이름 말하기	「축구경기 시 지켜야 할 규칙」 · 축구경기에 필요한 규칙 살펴보기
동화/동시/동극	「동시-공놀이」 · 동시'공놀이'에 등장하는 공의 이름 읽기	「동극-공들의 자랑」 · 동화책에 일어나는 사건, 순서를 살펴보고 등장인물의 대사 말하기/듣기	「동화-우리 함께 축구해요」 · 축구를 함으로써 얻을 수 있는 기쁨과 관련된 동화 듣기	「동화-축구선수 윌리」 · 동화 속 축구선수 윌리를 통해 축구선수들의 생활모습을 알아보기
이야기짓기 및 쓰기	「우리 가족이 좋아하는 운동경기」 · 가족이 좋아하는 운동경기 이름을 쓰고 소개하는 글쓰기			「이야기를 꾸며 보세요.」 · 다양한 모습의 축구경기 모습 사진을 보고 순서대로 이야기꾸미기
자유선택활동 (언어영역)	「동시-'공놀이' 개작하기」 · 공의 이름을 개작하기	「운동경기 책 만들기」 · 운동경기의 이름과 운동경기 이름을 꾸며주는 수식어 지어보기	「태극전사에게 보내는 편지」 · 남아공월드컵에 출전한 태극전사들에게 응원의 편지 쓰기	

⑦-1 언어활동 실제

생활주제	공과 운동/ 월드컵	소주제	다양한 종류의 공과 운동
활동명	운동할 때 필요한 복장	활동유형	이야기나누기
활동목표	· 운동마다 필요한 복장을 안다. · 자신의 생각을 조리 있게 이야기한다.		
교육과정 관련요소	· 언어생활 : 말하기-생각과 느낌 말하기 · 언어생활 : 듣기-낱말과 문장 듣고 이해하기		
활동자료	다양한 운동복을 입은 그림자료 PPT, 실제 운동할 때 필요한 물건들 자료		
활동방법	1) 스키복과 수영복을 입은 경험에 대해 이야기를 나눈다. -스키복(수영복)을 입은 적이 있니? -옷을 입었을 때 느낌은 어떠니? 2) 스키복과 수영복을 비교해 본다. -(수영복과 스키복을 제시하며) 어떤 운동할 때 입는 옷일까? -두 옷의 다른 점은 무엇이니? 3) 그림자료를 보며 여러 가지 운동경기의 복장 및 보호 장비에 대해 알아 본다. -어떤 옷을 입고 있니? -옷 말고도 하고 있는 것들(장갑, 헬멧 등)은 무엇일까? 4) 운동에 필요한 복장 및 장비를 갖추어야 하는 이유를 생각해 본다. -위험한 운동을 할 때 왜 헬멧, 장갑, 어깨 보호대 등을 해야 할까?		

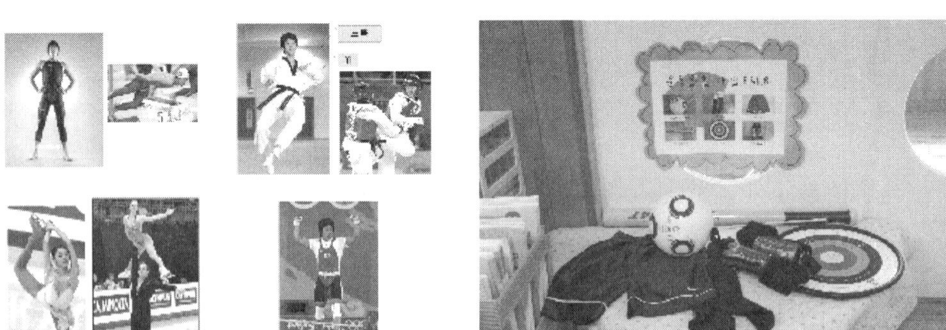

<운동선수에게 필요한 복장 사진 및 실물자료>

⑦-2 언어활동 실제

생활주제	공과 운동/ 월드컵	소주제	축구
활동명	운동경기 책 만들기	활동유형	자유선택활동(언어영역)
활동목표	· 운동경기에 관심을 가진다. · 쓰기 도구를 바르게 사용한다.		
교육과정 관련요소	· 언어생활 : 읽기-읽기에 관심 가지기 · 언어생활 : 쓰기-쓰기에 관심 가지기 · 언어생활 : 쓰기-쓰기 도구 사용하기		
활동자료	운동경기 책 활동지, 스템플러, 연필, 지우개		
활동방법	1) 유아들이 좋아하는 운동에 대해 이야기를 나눈다. -너희들은 어떤 운동경기를 좋아하니? -또 다른 운동경기에는 어떤 것들이 있을까? 2) 운동그림과 자음이 빠진 글자가 담겨있는 종이를 보며 운동이름을 맞춰 본다. -이 글자는 어떤 운동경기를 뜻하는 것일까? -글자를 완성시키려면 어떤 글자(자음)가 필요할까? 3) 하고 싶은 운동의 종이를 꺼낸다. 4) 표지와 함께 스템플러로 묶는다. 5) 표지에 이름을 쓰고 운동이름에서 빠진 자음을 찾아 적어 넣는다. *모르는 글자는 정답판을 보고 적어보도록 한다. 6) 책이 완성되면 처음부터 읽어 본다.		

<운동경기 책 만들기>

⑦-3 언어활동 실제

생활주제	공과 운동/ 월드컵	소주제	축구
활동명	공들의 자랑	활동유형	동극
활동목표	· 여러 가지 공들의 특징을 안다. · 동화의 내용을 동극으로 표현해 본다.		
교육과정 관련요소	· 언어생활 : 듣기-낱말과 문장 듣고 이해하기 · 언어생활 : 말하기-생각과 느낌 말하기 · 표현생활 : 예술적 표현 즐기기-극놀이로 표현하기		
활동자료	동극 머리띠, 배역들이 앉을 의자, 무대		
활동방법	1) 좋아하는 공에 대해 이야기 나눈다. -너희들은 어떤 공을 좋아하니? -왜 그 공을 좋아하니? -공들이 서로 모여 어떤 자랑을 할까? 2) 동화를 듣고 내용을 회상한다. -제일 먼저 어떤 공이 나왔니? -공이 뭐라고 이야기했니? -다 같이 이야기해 보도록 하자. 3) 배역을 정한 후 동극을 한다. 4) 동극이 끝나면 맡은 배역을 소개한다. 5) 동극한 것을 회상한다. -동극을 보는 친구들의 태도는 어땠니? -어떻게 하면 더 멋진 동극이 될 수 있을까?		

<'공들의 자랑' 동극>

(3) 주제 : 우리나라

① 주제 선정 이유

이번 생활주제는 '우리나라'이다. 유아들은 자신의 생활과 밀접한 연관이 있는 과거 상황에 대하여 호기심과 흥미가 많으며, 옛사람들의 의식주 그리고 오늘날까지 내려오는 전통 의식 등에 관심을 보이고 끊임없이 의문을 제기한다. 따라서 이번 생활주제 '우리나라'를 통해서 유아들이 자신이 속한 지역사회 문화에 대해 이해하고 이와 더불어 애향심, 공동체 의식, 지역에 대한 자긍심을 가지고 우리나라와 세계 민주 시민으로서의 기본적인 가치와 태도를 갖추도록 하고자 한다.

② 주제망

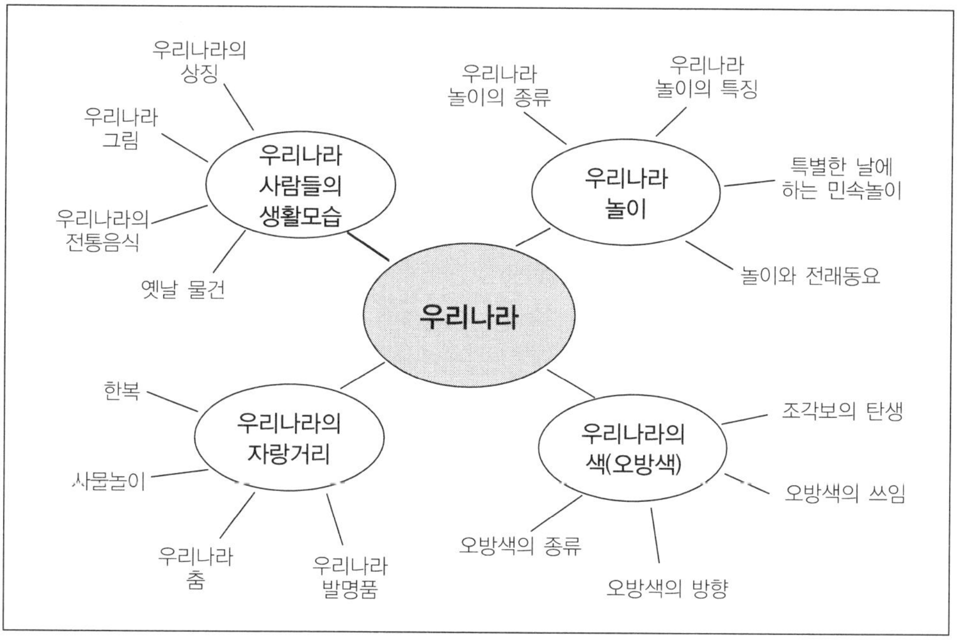

③ 교육계획안

교 육 계 획 안

생활주제	우리나라
목　표	· 우리나라 전통 생활에 대해 관심을 갖는다. · 우리나라 전통문화에 대해 자랑스럽게 여긴다.

이야기나누기

· 옛날과는 달라요.
· 우리 옷이 좋아요.
· **맛있는 떡이 있어요.**
· 우리나라 옛날 물건
· **그림에 담긴 생활**
· **옛날에는 무엇을 하고 놀았을까?**
· 탈춤을 추어요.
· 우리나라를 나타내어요.
· **우리 말과 글이 있어요.**
· 단군신화 이야기

언어생활

· 언어게임
-떡 하나 주면 안 잡아 먹지
-내 몸은 요술쟁이
· 자유선택활동(언어영역)
-한복 명칭쓰기
-전통놀이 이름 책 만들기
-우리나라 글자 찾기

동화/동시/동극

· 동화-웃장수와 호랑이
　옛날 옛적에
　팥죽 할머니와 호랑이
　곰돌이 집을 지었어요
　단군이야기
　박박 바가지
· 동시-정말 멋쟁이/꽃따기
　얼씨구나 제기 차자
　연
　어디까지 왔나

우리나라

사회생활

· 행사 및 견학
-수원박물관(9월 14일)
· 기본생활습관
-절제: 상황에 따라 목소리를 조절하여 이야기한다.
-청결: 손을 입에 넣거나 손톱을 물어뜯지 않는다.
-절제: 안전하게 도로를 횡단한다.
· 안전교육
-식품, 질병 안전: 비만은 싫어요.
-신변, 성 안전: 내가 싫어하면 안으면 안 돼요.
-교통안전: 위험한 자동차

전통문화예술교육

· 우리 유산: 기와를 얹자
· 우리 소리: 강강술래 감상하기
　강강술래 손치기 I, II

건강생활

· 게임 및 신체표현
-게임: 한과 옮기기
　엽전 모으기
-신체표현: 집을 짓자
· 바깥놀이
-색깔 찾기
-깃대 쓰러뜨리기
-모래로 우리나라 지도 그리기

탐구생활

· 수학적 탐구
-우리 집에 왜 왔니?
-한글과 외국어 분류하기
-태극기에 도착해요.
· 과학적 탐구
-색팽이 돌리기
-옛날 주방, 한복 관찰하기
-옛날 물건, 집 관찰하기
-태극기, 무궁화 관찰하기
· 요리
-인절미 만들기

표현생활(조형)

· 그리기
-먹물 그림
· 만들기
-투호 통과 화살 만들기
-점토로 떡살 찍기
· 꾸미기
-한지 물들이기
-전통 문양 찍기

표현생활(음률)

· 새노래
-인절미와 총각김치
-무엇에 쓰는 물건인고?
-자장가/우리나라
· 악기연주
-소고로 장단 만들기

④ 언어교육 목표

· 한복을 바르게 입는 방법을 안다.
· 한복 입는 순서에 맞추어 한복을 입는다.
· 한복에 대한 생각을 말한다.
· 옛날 사람들의 생활에 관심을 가진다.
· 그림에 대한 생각을 다양하게 표현한다.
· 조각보가 탄생하게 된 이유를 안다.
· 우리나라 조각보를 감상한다.
· '우리나라'를 나타내는 것에 대해 안다.
· '우리나라'를 나타내는 것의 이름을 적어 볼 수 있다.
· 옛날 물건의 이름과 쓰임새를 안다.
· 김치의 특성과 김치의 이름을 연결해 본다.
· 김치의 특성을 나타내는 말에 재미를 느낀다.

⑤ 관련 어휘

· 옛날 물건의 이름 : 항아리, 갓, 떡살, 조각보, 기와, 짚신, 맷돌, 등잔, 똬리
· 전통 음식의 이름 : 김치, 떡, 비빔밥, 불고기
· 한복의 명칭 : 저고리, 치마, 마고자, 바지, 조끼, 대님, 옷고름, 댕기, 버선
· 우리나라를 나타내는 말 : 태극기, 무궁화, 태권도, 탈춤

⑥ 언어활동 계획

활동 유형 \ 시기	1주	2주	3주	4주
	우리나라 사람들의 생활모습	우리나라 놀이	우리나라의 자랑거리	우리나라의 색 (오방색)
이야기 나누기	「한복을 입어요.」 · 우리나라 사람들이 입었던 한복의 명칭과 입는 순서에 대한 이야기나누기	「우리나라의 탈」 · 우리나라의 탈의 종류와, 탈을 이용한 놀이에 대한 이야기 나누기	「김홍도 그림 감상하기」 · 김홍도 그림을 감상하고 느낀 점에 대한 이야기 나누기	「오방색의 종류」 · 오방색의 종류와 색마다 나타내는 의미에 대한 이야기나누기
동화/동시	「동시-김치 가족」 · 우리나라 사람들이 옛날부터 즐겨 먹었던 김치의 종류와 각각의 김치마다의 특징에 대한 동시 듣기	「동화-아무도 모를거야 내가 누군지」 · 탈의 종류와 특징에 관한 동화 듣기	「동화-십장생을 찾아서」 · 십장생의 종류에 대한 동화듣기	「동화-한지돌이」 · 우리나라의 색을 나타내는 한지에 대한 동화 듣기
교재·교구활동 (언어영역)	「우리나라 책 만들기」 · 우리나라의 생활모습을 대표하는 그림과 문장 연결하여 책 만들기	「자음과 모음으로 옛날 물건 글자 맞추기」 · 우리나라 옛날 물건들의 이름을 자음, 모음 도장을 이용해 쓰기	「우리나라 수수께끼」 · 우리나라 물건들을 수수께끼로 이야기 지어 문제 내기	「집 이름을 짝지어 주세요.」 · 우리나라 전통가옥과 해당하는 이름 짝지어 이야기 짓기

⑦-1 언어활동 실제

생활주제	우리나라	소주제	우리나라 사람들의 생활모습
활동명	한복을 입어요.	활동유형	이야기나누기
활동목표	· 한복을 바르게 입는 방법을 안다. · 한복 입는 순서에 맞추어 한복을 입는다. · 한복에 대한 생각을 말한다.		
교육과정 관련요소	· 언어생활 : 말하기-생각과 느낌 말하기 · 사회생활 : 사회 현상에 관심 가지기-우리나라와 우리 전통문화에 관심 가지기		
활동자료	남자 여자 한복		
활동방법	1) 비밀바구니에 한복을 숨겨둔 후, 아이들이 손으로 만져 보도록 한다. -선생님이 오늘 비밀바구니에 무엇을 담아 왔을까? -누가 나와서 만져 보고 친구들에게 이야기해 줄 수 있을까? -만져 보니 느낌이 어떠니? 2) '한복'을 입은 경험에 대해 이야기를 나눈다. -너희들은 한복을 입었던 적이 있니? 3) 남자한복, 여자한복을 보면서 명칭을 알아본다. -한복을 입을 때 제일 먼저 무엇을 입어야 할까? -이것의 이름은 뭘까? 4) 같은 방법으로 남자, 여자아이 한복을 모두 입는다. -한복을 입은 ○○의 모습이 어떠니? 5) 한복의 아름다운 점을 찾아본다. -한복을 입어 보니 어떤 점이 아름답니?		

<'한복을 입어요' 이야기나누기>

⑦-2 언어활동 실제

생활주제	우리나라	소주제	우리나라의 자랑거리
활동명	김홍도 그림 감상하기	활동유형	이야기나누기
활동목표	· 옛날 사람들의 생활에 관심을 가진다. · 그림에 대한 생각을 다양하게 표현한다.		
교육과정 관련요소	· 언어생활 : 말하기-생각과 느낌 말하기 · 사회생활 : 사회 현상에 관심 가지기-우리나라와 우리 전통문화에 관심 가지기		
활동자료	김홍도 그림자료(서당, 씨름, 무동, 고누놀이, 기와이기)		
활동방법	1) 김홍도의 그림을 보며 이야기를 나눈다. -누구의 작품일까? -무엇을 그린 것일까? 2) 풍속도에 대하여 이야기를 나눈다. -사람들이 무엇을 하고 있니? -옛날 사람들의 생활 모습을 그림 그림을 '풍속화'라고 한단다. 3) 그림 속 인물의 표정과 동작에 대하여 이야기를 나눈다. -어떤 표정을 하고 있니? -왜 이런 표정을 지었을까? -어떤 동작을 하고 있니? 4) 그림 속 인물의 생각을 추측하여 이야기를 나눈다. -이 사람은 어떤 말을 했을 것 같니? -왜 그렇게 말했을까? 5) 그림을 감상한 느낌을 서로 나눈다. -지금 우리와 어떤 점이 다르니? -어떤 그림이 가장 재미있게 느껴졌니?		

<김홍도의 작품 속 주인공 되어 보기>

⑦-3 언어활동 실제

생활주제	우리나라	소주제	우리나라의 자랑거리
활동명	우리나라 수수께끼	활동유형	자유선택활동(언어영역)
활동목표	· 옛날 물건의 이름과 용도를 안다.		
교육과정 관련요소	· 언어생활 : 말하기-생각과 느낌 말하기 · 언어생활 : 읽기-읽기에 관심 가지기		
활동자료	갓, 비녀, 곰방대, 짚신, 떡살, 기와, 똬리자료와 수수께끼 교구자료		
활동방법	1) 비밀바구니에 갓을 숨겨둔 후, 아이들이 손으로 만져 보도록 한다. -만져 보니 무엇인 것 같니? -왜 그렇게 생각했니? 2) 실물을 보며 우리나라의 옛날 물건에 대해 이야기를 나눈다. -이 물건을 본 적이 있니? 이름이 뭘까? -무엇을 할 때 사용하는 물건이니? 3) 옛날 물건과 요즘 물건을 비교해 본다. -지금도 그대로 사용하는 물건이 있니? -다른 물건으로 바뀌어서 사용되는 물건은 어떤 것일까? -무엇으로 바뀌었니? -지금은 사용하지 않는 물건들은 무엇일까? 4) 언어영역에 '우리나라 수수께끼' 교구를 제시해 준다.		

<'우리나라 수수께끼' 교구자료>

3) 만 5세 의사소통 영역의 활동

(1) 주제 : 유치원과 친구

① 주제 선정 이유

'유치원과 친구' 주제는 유아가 유치원 집단생활에 즐겁게 적응하며, 교사나 친구와의 새로운 사회적 관계를 바람직하게 형성하고 또래와 협동적인 놀이 방식 및 규칙을 습득해 가는 경험을 제공할 수 있다. 유치원은 유아들이 또래와 함께 생활하면서 많은 것을 배우는 작은 사회이다. 이러한 작은 사회에도 지켜야 할 규칙이 있고, 질서가 있다. 물론 서로 다른 환경에서 자기의 개성대로 자란 유아들에게 절제와 약속을 이해시키는 데는 여러 가지 어려움이 따른다. 또한 서로 다른 반에서 지내다가 하나로 모인 유아들과 새롭게 유치원에 다니게 된 유아들이 모두가 하나 되기란 쉽지 않은 일일 것이다. 따라서 3월에는 서로 다른 마음과 생각을 가진 유아들이 하나로 뭉쳐질 수 있도록 여러 가지 활동을 통하여 노력해 보고자 한다.

② 주제망

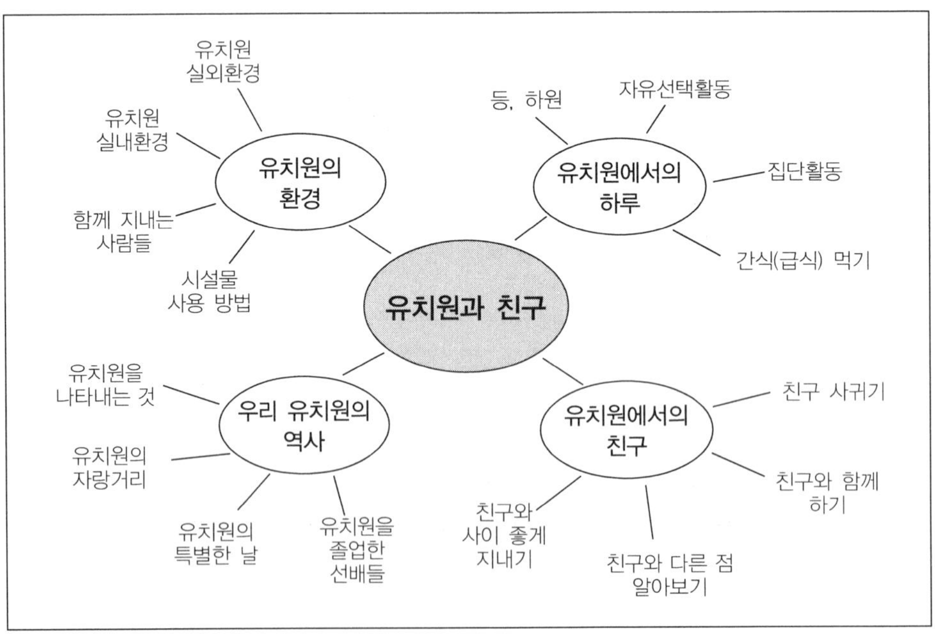

③ 교육계획안

교 육 계 획 안

생활주제	유치원과 친구
목 표	· 유치원이라는 공간 속의 환경 변화에 효과적으로 적응할 수 있도록 돕는다. · 새로운 반에서 친구들과 협동하며 바람직한 관계를 형성한다.

유치원과 친구

이야기나누기
- **선생님은 어떤 분일까?**
- 열까지 세기
- 잘할 수 있는 것이 달라요.
- **놀이를 계획해요.**
- **친구가 많아야 좋다 vs 한 명이어도 좋다.**
- 만약 내 몸이 불편하다면?
- 화가 날 때 기분 좋게 화를 푸는 방법
- **유치원을 나타내는 동, 식물을 이용하여 이야기꾸미기**
- 우리 유치원의 역사를 보여주는 것이예요.

언어생활
- 언어게임
  - **이름을 대자.**
- 자유선택활동(언어영역)
  - **선생님은 어떤 분일까?**
  - **결석한 친구에게 마음을 전해요.**
- 이야기짓기 및 쓰기
  - **친구 이름 삼행시 짓기**
  - **원훈을 이용하여 문장을 완성해요.**

동화/동시/동극
- 동화-유치원에 갑니다.
  - 구룬파 유치원
  - **마법사 유치원 선생님**
  - 꼬마 너군이의 걱정
  - 유치원에 가기 싫은 날
  - 욕심꾸러기 잭
  - 친구를 찾습니다.
  - 미안하다고 안 할래
- 동시-**아침에 일어나서**
  - **-유치원의 생일을 축하해요.**
- 동극-**나누어 주면 행복해요**

사회생활
- 행사 및 견학
  - 입학식(3월 6일)
- 기본생활습관
  - 청결: 이를 닦는다.
  - 질서: 복도와 계단에서 걷는다.
- 안전교육
  - 교통안전: 나랑 부딪칠 뻔 했잖아
  - 화재안전: 소중한 불

전통문화예술교육
- 우리 소리: 이름을 대자.
- 우리 미술: 그림 속 놀이

건강생활
- 게임 및 신체표현
  - 게임: 칭찬하기 대회
  - 신체표현: 우리만의 인사법
- 바깥놀이
  - 유치원 주변을 둘러봐요.
  - 유치원에서 가장 멋진 곳을 찍어요.

탐구생활
- 수학적 탐구
  - 몇 명의 친구들이 나의 긴 이름을 만들었을까?
- 과학적 탐구
  - 뚜껑의 비밀
  - 디지털 카메라로 기념 사진을 찍어요.
- 요리
  - 미니케이크 간식을 함께 만들어요.
- 컴퓨터
  - 컴퓨터 사용 방법 알아보기
  - 유치원 홈페이지 둘러보기

표현생활(조형)
- 그리기
  - 사랑하는 내 친구
- 만들기
  - 뒤뚱뒤뚱 시소놀이
- 명화감상
  - 브뤼겔<아이들 놀이>
  - : 놀잇감이 없는 숲 속에 있다면?

표현생활(음률)
- 새노래
  - 아침 인사 노래
  - 내 마음이 기쁘단단.
- 음악 감상
  - 음악이란 무엇일까요?

④ 언어교육 목표

- 나에 대해 소개할 수 있다.
- 친구의 이름을 말할 수 있다.
- 대상과 상황에 맞는 적절한 인사말을 할 수 있다.
- 유치원 구성원의 호칭을 바르게 알고 말할 수 있다.
- 교사와 또래의 이야기를 바른 태도로 들을 수 있다.
- 상황에 따라 언어 예절을 지켜서 말할 수 있다.
- 유치원의 일과 순서를 말할 수 있다.
- 유치원에서 겪었던 일을 말할 수 있다.
- 나의 감정을 말할 수 있다.
- 유치원에서 사용하는 물건의 명칭과 글자와의 관계를 안다.
- 유치원에서 사용하는 물건의 이름을 말할 수 있다.
- 유치원에서 지켜야 할 규칙을 익히고 말할 수 있다.
- 유치원에서 지켜야 할 약속을 글이나 그림으로 표현한다.

⑤ 관련 어휘

- 유치원 구성원의 호칭 : 원장 선생님, 원감 선생님, 담임 선생님, 부담임 선생님, 기사님, 조리사님, 친구 이름 등
- 유치원에서 사용하는 물건의 이름 : 책상, 의자, 융판, 교구, 블록, 칫솔, 양치컵, 카펫, 도시락, 가방, 옷걸이, 사물함, 크레파스, 사인펜, 색연필 등
- 감정을 표현하는 어휘 : 기쁘다, 신난다, 화나다, 짜증나다, 미안하다, 속상하다, 졸립다, 행복하다, 즐겁다 등
- 유치원의 일과 : 등원, 간식 먹기, 이야기나누기, 자유선택활동, 동화 듣기, 새노래 배우기, 신체표현, 게임, 바깥놀이 등
- 상황에 따른 인사말 : 안녕하세요, 안녕히 계세요, 다녀오겠습니다, 다녀왔습니다, 미안해, 고마워, 잘 먹었습니다 등

⑥ 언어활동 계획

시기 / 활동 유형	1주	2주	3주	4주
	유치원의 환경	유치원에서의 하루	유치원에서의 친구	우리 유치원의 역사
이야기 나누기	「선생님은 어떤 분일까?」 • 선생님을 소개한 후, 선생님의 역할에 대해 이야기 나누며 선생님에 대해 관심을 갖고 친해지기	「놀이를 계획해요」 • 놀이 계획이 중요한 이유를 알고 하고 싶은 놀이를 계획하기	「친구가 많아야 좋다 대 한 명이어도 좋다.」 • 진정한 친구에 대해서 생각해 본 후, '친구가 많아야 좋다' 대 '한 명이어도 좋다'의 주제에 관해 토의하기	「유치원을 나타내는 동, 식물을 이용하여 이야기 꾸미기」 • 유치원을 나타내는 동, 식물에 대해 이야기 나눈 후, 친구들과 협력하여 이야기꾸미기
언어 게임		「이름을 대자」 • 게임을 통해 친구들에게 나의 이름을 소개하고 친구의 이름 말하기		
동화/동시/동극	「동화-마법사 유치원 선생님」 • 유치원을 즐거운 곳으로 느끼기 위한 동화 듣기	「동시-아침에 일어나서」 • 유치원 일과의 적응과 바람직한 기본생활습관 형성을 돕기 위한 동화 듣기	「동극-나누어 주면 행복해요.」 • 친구를 존중하고 배려하며, 친구와 원만한 관계 형성을 위한 동화 듣기, 읽기	「동시-유치원의 생일을 축하해요.」 • 우리 유치원에 대한 자부심을 가질 수 있는 동화 읽기
자유선택활동 (언어영역)	「선생님은 어떤 분일까?」 • 선생과 유대감 형성을 위한 편지 쓰기	「결석한 친구에게 마음을 전해요」 • 자신의 마음을 글 또는 그림으로 표현하기		
이야기짓기 및 쓰기			「친구에게 가장 듣고 싶은 말」 • 친구를 기쁘게 해 주는 방법을 생각하여 글로 쓰기	「원훈을 이용하여 문장을 완성해요」 • 유치원의 원훈에 대한 관심을 갖고 낱말을 이용하여 문장 꾸미기

⑦-1 언어활동 실제

<table>
<tr><td>생활주제</td><td>유치원과 친구</td><td>소주제</td><td>유치원의 환경</td></tr>
<tr><td>활동명</td><td>선생님은 어떤 분일까?</td><td>활동유형</td><td>언어활동(개별/소집단)</td></tr>
<tr><td>활동목표</td><td colspan="3">· 선생님은 우리를 사랑하시고 도와주시는 분임을 이해한다.
· 선생님이 하는 다양한 역할을 안다.
· 쓰기에 관심을 가진다.
· 자신의 생각을 조리 있게 말한다.</td></tr>
<tr><td>교육과정
관련요소</td><td colspan="3">· 언어생활 : 말하기-생각과 느낌 말하기
· 언어생활 : 쓰기-쓰기에 관심 가지기</td></tr>
<tr><td>활동자료</td><td colspan="3">선생님 사진과 이름을 적어 놓은 카드, 빈 종이 카드, 필기도구</td></tr>
<tr><td>활동방법</td><td colspan="3">1) 선생님과 선생님의 이름을 소개한다.
-사진 속에 있는 사람은 누구일까?
-선생님의 이름은 무엇일까?
2) 선생님이 하는 역할에 대해 알아본다.
-선생님은 어떤 사람인 것 같니? 어떤 일을 하실까?
3) 언어영역에서 선생님께 바라는 점이나 하고 싶은 말을 종이에 적는다.
-선생님께 바라는 점이 있니?
-하고 싶은 말이 무엇이니?
4) 자유선택활동 평가 시간에 선생님께 쓴 내용을 친구들에게 소개한다.</td></tr>
</table>

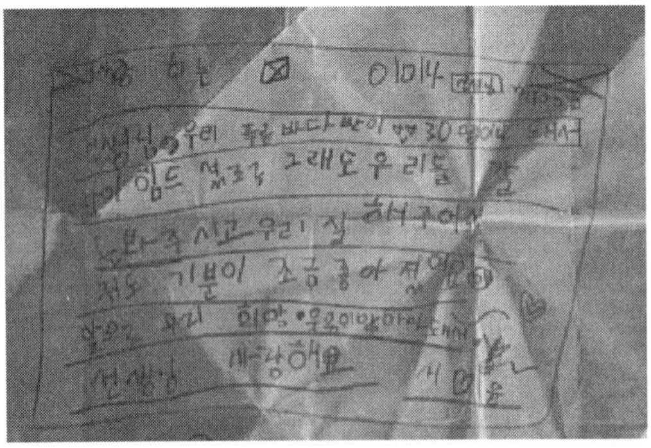

<유아들이 선생님께 쓴 편지>

⑦-2 언어활동 실제

생활주제	유치원과 친구	소주제	유치원에서의 하루
활동명	이름을 대자.	활동유형	언어게임
활동목표	· 게임을 통해 자신의 이름을 소개한다. · 소개된 다른 유아의 이름을 기억한다.		
교육과정 관련요소	· 언어생활 : 말하기-낱말과 문장으로 말하기 · 언어생활 : 듣기-낱말과 문장 듣고 이해하기 · 표현생활 : 예술적 표현 즐기기-음악으로 표현하기, 통합적으로 표현하기		
활동자료	이름을 대자 CD, CD 플레이어		
활동방법	1) 이름을 대자 노래를 유아들이 등, 하원할 때, 자유선택활동, 조형활동, 간식 시간에 배경음악으로 들려준다. 2) '이름을 대자' 음악을 들려준 후 언어게임을 소개한다. 3) 리듬에 맞춰 손동작을 하며 노래해 본다, -선생님의 손동작을 따라 해 보자. '무릎-손뼉-오른손-왼손' 4) '자기 이름대기' 놀이를 한다. -선생님의 오른쪽 ○○O부터 차례대로 '자기 이름 대기'를 해 보자. "짝(무릎)-짝(손뼉)-○○(오른손)-O(왼손)" 5) 자기 이름대기 놀이가 익숙해지면 '친구이름대기 놀이를 해 본다. -이번에는 '친구이름대기를 해 보자. -누구부터 할까? ○○부터 오른쪽으로 차례대로 자기가 좋아하는 친구의 이름을 대보자. -"대자! 대자 친구이름을 대자. 짝(무릎)-짝(손뼉)-○○(오른손)-O(왼손)"... 6) 자기 이름과 친구의 이름대기 놀이를 한 기분과 느낌에 대해 이야기한다.		

<언어게임-이름을 대자>

⑦-3 언어활동 실제

생활주제	유치원과 친구	소주제	유치원에서의 친구
활동명	나누어 주면 행복해요.	활동유형	동극
활동목표	· 문학작품에 관심을 갖는다. · 동화를 듣고, 동화 속 주인공의 감정을 이해한다. · 동화, 동극을 통해 우정의 소중함과 나눔의 기쁨을 느껴 본다.		
교육과정 관련요소	· 언어생활 : 듣기-문학 작품 즐겨 듣기 · 언어생활 : 말하기-생각과 느낌 말하기 · 언어생활 : 읽기-책에 관심 가지기 · 표현생활 : 예술적 표현 즐기기-극 놀이로 표현하기		
활동자료	'무지개 물고기' 동화책, 동극 소품, 동극 대본		
활동방법	1) '무지개 물고기' 동화를 듣는다. 2) 동화를 들은 후에 친구들이 비늘을 달라고 할 때 무지개 물고기의 마음에 대해 생각해 보며 이야기 나눈다. 3) 비늘을 나눠 준 무지개 물고기의 마음은 추론하며 이야기 나눈다. 4) 다른 사람에게 무언가를 나눠준 경험이 있는지, 그 때 어떤 마음이 들었는지 이야기 나눈다. 5) 동극을 하기 위한 동화 내용을 회상하며 대사와 행동을 표현한다. 6) 무대와 소품을 어떻게 꾸밀 것인가에 대해 이야기 나눈다. 7) 동극의 배역을 정한다. 8) 연기자와 관람객의 태도에 대해 이야기한다. 9) 동극을 진행한다. 10) 동극의 배역을 맡은 유아가 나와서 자기 소개를 한다. 11) 동극을 감상한 후에 평가를 한다. 13) 활동을 마친 후 '책보기 영역'에 동화를 비치하여 자유롭게 읽도록 한다.		

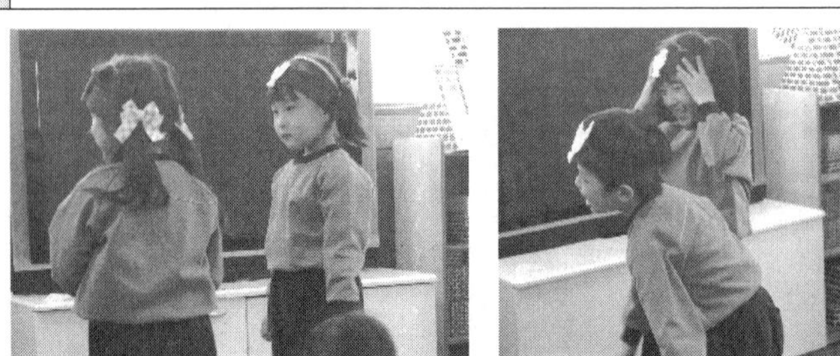

<'무지개 물고기' 동극 활동>

(2) 주제 : 우리 동네-화성

① 주제 선정 이유

'우리 동네(화성)' 주제는 18세기에 완공된 짧은 역사의 유산이지만 동서양의 군사시설이론을 잘 배합시킨 독특한 성으로서 방어적 기능이 뛰어난 특징을 가지고 있는 '화성'의 역사와 유래, 의의를 4주에 걸쳐 알아보고지 한다.

이를 통해 우리 지역사회에 있는 수원에 대한 관심과 이해를 높이고 "화성" 탐방을 통해 화성의 위대함을 직접 경험해 보는 기회를 가지며 유네스코 세계문화 유산으로 등록된 우리 고장의 자랑스러운 문화재인 「수원 화성」에 대한 긍지와 역사적, 문화적 자부심을 기를 수 있다. 뿐만 아니라 우리 문화의 소중함과 수원시민으로써 자긍심을 가질 수 있다.

② 주제망

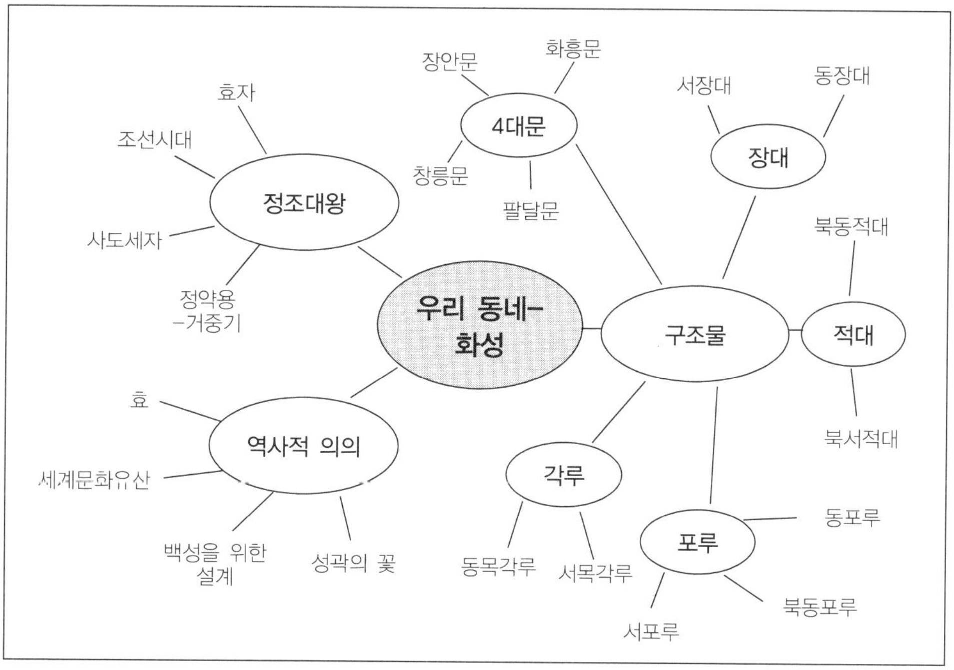

③ 교육계획안

교 육 계 획 안

생활주제	우리 동네-화성
목 표	· 우리 고장의 자랑스러운 문화유산인 '화성'에 관심을 갖는다. · 우리 고장의 자랑거리인 화성을 널리 알린다.

우리 동네 -화성

이야기나누기

- **우리 동네의 자랑거리**
- 화성에 대한 경험 나누기
- 화성에 대한 친구 찾기
- 화성이 궁금해요.
- 화성에 대한 궁금증 해결하기
- **화성의 역사**
- **한 눈에 보는 수원 화성**
- 화성을 대표하는 건축물
- 정조대왕
- 정약용과 화성 건축의 과학기구
- 화성행차
- **세계인에게 주목받는 화성**
- 화성 광고 만들 때 필요해요.
- 화성 광고 만들기

언어생활

- 자유선택활동(언어영역)

-가게간판 글자를 찾아보세요.

-'화성' 책 만들기

- 이야기 짓기 및 쓰기

-광고 속 대사 만들기

-글자로 피라미드 만들기

-수원 화성으로 사행시 짓기

동화/동시/동극

- 동화-책읽는 나무
  - **화성**
  - 할아버지의 자장가
  - 며느리와 벼이삭
  - 거짓말 세 마디
  - 거지가 준 삼백 냥
  - 장승 벌타령
  - 도깨비 감투
  - 줄줄이 꿴 호랑이
  - **수원 화성과 정약용**
  - 콩중이 팥중이
  - **훨훨 간다**
  - 고개 너머 할미꽃
  - 도깨비 대장이 된 훈장님
  - 설문대할망
  - 왜, 내가 이상하니?
- 동시-**수원 화성**
  - **자랑스러운 화성**

사회생활

- 행사 및 견학

-윤건릉(5월 31일)

-수원화성 박물관/화성행궁(6월 9일)

-화성열차(6월 16일)

- 기본생활습관

-절제: 동식물을 함부로 다루지 않는다.

-예절: 친구들과 인사를 잘 한다.

-절제: 남의 물건에 욕심내지 않는다.

-청결: 옷을 단정하게 입는다.

- 안전교육

-신변/성 안전-이럴 땐 이렇게 해요.

-교통안전: 멈춰라

-화재안전: 화재대피훈련 II

-식품/질병안전: 식중독을 예방해요.

전통문화예술교육

- 우리 미술: 아름다운 집 II
- 우리 놀이: 공기놀이
- 우리 유산: 박물관

건강생활

- 게임 및 신체표현

-게임: 우리 동네에 가면 높이높이 쌓아요.

-신체표현: 숫자를 몸으로 표현해요. 몸으로 직업을 말해요.

- 바깥놀이

-목공놀이

-풀싸움, 꽃싸움하기

-고무줄놀이

-젖은 모래로 화성 만들기

탐구생활

- 수학적 탐구

-장안문과 팔달문 비교하기

- 과학적 탐구

-봉돈의 원리

-거중기의 원리

- 요리-떡볶이
- 컴퓨터

-CD-Rom Title
<I spy>/<토끼와 거북이>

-융릉 홈페이지

-수원 화성박물관 홈페이지

-화성행궁 홈페이지

표현생활(조형)

- 그리기

-간판 디자인하기

-나는 ○○이 되고 싶어요

-우리 동네 포스터 만들기

- 만들기

-그림 속의 동네

- 꾸미기

-화서문을 지키는 백호

- 명화감상

-화성성묘전배도

-시흥환어행렬도

표현생활(음률)

- 새노래

-대문놀이

-한국을 빛낸 100명의 위인들

-한국을 빛낸 100명의 위인들 개사하기

- 악기연주

-두드려서 소리를 만들어요.

- 음악감상

-무소르그스키의 전람회의 그림 중 "사무엘골든베르크와 슈뮈일레"

④ 언어교육 목표

- 우리 동네의 자랑거리를 이야기할 수 있다.
- 화성과 관련된 어휘(명칭)를 안다.
- 화성과 관련된 견학지 방문시 전문가의 설명을 듣고 이해한다.
- 화성과 관련된 책자 및 브로셔에 관심을 갖는다.
- 화성에 관해 수집한 자료를 친구들에게 이야기할 수 있다.
- 다른 사람의 이야기를 경청한다.
- 궁금증을 6하 원칙에 따라 구체적으로 질문할 수 있다.
- 화성이 건축된 배경을 다른 사람에게 소개할 수 있다.
- 화성을 다른 사람에게 소개할 수 있다.
- 화성을 소개하기 위한 책자를 만들 수 있다.
- 화성을 보존하기 위한 방법을 글이나 그림으로 표현한다.
- 화성의 우수성 등에 관한 자신의 생각이나 느낌을 말할 수 있다.
- 정조 대왕에게 하고 싶은 이야기를 편지로 표현해 본다.
- 이야기꾸미기 활동 및 동시 개작하기 활동에 창의적으로 참여한다.

⑤ 관련 어휘

- 정조대왕에 관련된 어휘 : 영조대왕, 혜경궁 홍씨, 사도세자, 효자 등
- 화성의 4대문 : 장안문, 창룡문, 팔달문, 화서문
- 화성의 건축물과 관련된 어휘 : 장대(서장대, 동장대), 적대(북동적대, 북서적대), 포루(동포루, 서포루, 북동포루), 각루(동북각루, 서북각루), 연무대 등
- 화성의 우수성과 관련된 어휘 : 거중기, 정약용, 조선의 꽃, 성곽의 꽃, 백성을 위한 설계, 세계 문화유산 유네스코 등

⑥ 언어활동 계획

시기 / 활동 유형	1주	2주	3주	4주
	화성에 관심 갖기	**화성 건립의 역사적 배경**	**화성 둘러보기**	**화성을 홍보해요**
이야기 나누기	「우리 동네의 자랑거리」 · 우리 고장의 자랑거리에 관해 이야기 나누며 자긍심과 생활주제-화성에 관심 갖기	「화성의 역사」 · 화성이 건립하게 된 역사적 배경에 관해 이야기 나누기	「한 눈에 보는 수원 화성」 · 화성을 대표하는 건축물에 대해 이야기나누기	「세계인에게 주목받는 화성」 · 화성의 우수성에 관해 이야기나누며, 다른 사람에게 자랑스러운 화성을 알리기 방법에 대해 토의하기
동화/동시	「동화-화성」 · 동화 듣기 활동을 통해 생활주제 '화성'에 자연스럽게 관심 갖기	「동화-수원 화성과 정약용」 · 수원 화성 건립 시, 숨은 과학적 비밀을 동화를 통해 소개하기	「동시-수원 화성」 · 동시 감상을 통해 우리말의 재미 느끼기	「동시-자랑스러운 수원 화성」 · 조별로 토의하여 '자랑스러운 수원 화성' 동시짓기
자유선택 활동 (언어영역)	「가게 간판 글자를 찾아보세요.」 · 견학을 하면서 찍은 간판 사진 속 글자를 살펴보고 낱말 글자 종이에서 찾아서 오려 붙이기		「'화성' 책 만들기」 · 화성을 소개하는 책 만들기	
이야기 짓기 및 쓰기		「글자로 피라미드 만들기」 · 화성과 관련된 단어를 이용하여 피라미드 모양으로 구성하기		「광고 속 대사 만들기」 · 수원을 홍보할 광고의 대사짓기

⑦-1 언어활동 실제

생활주제	우리 동네-화성	소주제	화성에 관심 가지기
활동명	우리 동네의 자랑거리	활동유형	이야기나누기
활동목표	· 각 도시마다 고유 유산과 자랑거리가 있음을 안다. · 바른 태도로 자신의 경험과 생각을 이야기한다. · 다른 사람의 이야기를 반응을 보이며 주의 깊게 듣고 이해한다.		
교육과정 관련요소	· 언어생활 : 말하기-생각과 느낌 말하기 · 언어생활 : 쓰기-쓰기에 관심 가지기 · 언어생활 : 듣기-이야기 듣고 이해하기 · 사회생활 : 사회 현상에 관심 가지기-주변 지역에 관심 가지기		
활동자료	우리나라 지도, 가정연계자료(우리 고장의 문화유산, 축제, 특산물 등의 사진자료)		
활동방법	1) 우리나라 지도를 살펴보며, 우리가 사는 지역의 위치를 살펴본다. -지도에서 우리 동네를 찾아볼까? 어디에 위치해 있니? 2) 가정에서 부모님과 함께 조사해 온 '우리 동네의 자랑거리(문화유산, 축제, 특산물 등)' 자료를 보며 이야기 나눈다. -우리 동네의 자랑거리가 무엇이라고 생각하니? 3) 우리가 사는 시 · 도의 홈페이지를 통해 시 · 도의 자랑거리에 대해 살펴본다. -우리 도시의 또 다른 자랑거리는 무엇이 있니? 4) 조사한 내용을 벽에 게시하거나 책(또는 파일)으로 만들어 언어영역에 제시해 준다.		

<가정연계-우리 동네 자랑거리 소개하기>

⑦-2 언어활동 실제

생활주제	우리 동네-화성	소주제	유치원에서의 하루
활동명	피라미드 글자	활동유형	언어활동(개별/소집단)
활동목표	· 화성과 관련된 글자에 관심을 가진다. · 자신의 생각과 느낌을 글자로 표현해 본다. · 쓰기 도구의 올바른 사용법에 관심을 가진다. · 음절의 수를 이용하여 피라미드를 구성해 본다.		
교육과정 관련요소	· 언어생활 : 쓰기-쓰기에 관심 가지기 · 언어생활 : 쓰기-쓰기 도구에 관심 가지기		
활동자료	쓰기 도구, 종이		
활동방법	1) '화성'하면 떠오르는 단어를 자유롭게 이야기 나눈다. -'화성'하면 어떤 단어가 떠오르니? 2) 피라미드 글자 활동을 소개한다. -피라미드를 본 적이 있니? 어떻게 생겼니? 3) '화성'과 관련된 단어를 피라미드 형태에 따라 구성해 본다. -제일 위에 몇 글자의 단어가 와야 할까? -그 다음에 몇 글자의 단어가 와야 할까? 4) 활동을 마친 후 활동의 결과물을 벽면에 게시한다.		

<글자 피라미드>

⑦-3 언어활동 실제

생활주제	우리 동네-화성	소주제	유치원에서의 친구
활동명	북아트-화성	활동유형	자유선택활동(언어영역)
활동목표	· 화성을 대표하는 것에 관심을 가진다. · 화성을 소개하는 책을 만들어 본다. · 자신의 생각과 느낌을 그림으로 나타내거나 긁적거리기를 즐긴다.		
교육과정 관련요소	· 언어생활 : 읽기-책에 관심 가지기 · 언어생활 : 쓰기-쓰기에 관심 가지기 · 언어생활 : 쓰기-쓰기도구 사용하기		
활동자료	겉표지, 속지, 관련 사진이나 인쇄물, 필기도구, 풀		
활동방법	1) 북아트-'화성' 활동을 소개한다. -화성을 소개하는 책을 만들어 보도록 하자. 2) 그 동안 진행해 온 화성 활동을 회상해 본다. -'화성'하면 무엇이 떠오르니? 3) 화성 책 만들기 활동에 사용할 재료(관련 사진, 책이나 잡지, 팜플릿 등)를 소개한다. -책을 만들기 위해 어떤 재료가 필요할까? 4) 자유선택활동 시, 언어영역에서 화성을 소개하는 책을 자유롭게 만들어 본다. 5) 완성한 화성책을 친구들에게 소개한 후 언어영역에 비치해 둔다.		

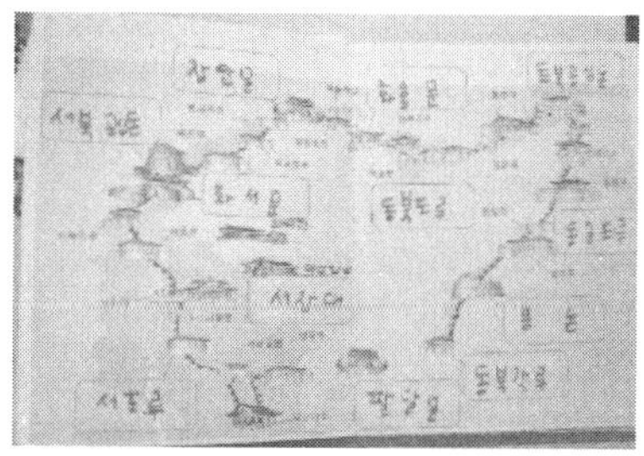

<북아트-화성>

(3) 주제 : 책

① 주제 선정 이유

'책' 주제는 가을은 독서의 계절이라는 이야기가 있듯이 가을이라는 생활주제와 더불어 책이라는 생활주제를 전개하고자 한다. 책은 항상 우리 아이들 주위에 있다. 우리 아이들이 태중에 있을 때부터 태교를 책으로 하는 경우도 있으므로 책은 우리가 태어나기 전부터 우리 곁에 있었던 것이다. 하지만 점점 유아기를 거쳐 가면서 책이 본연의 흥미와 소중함으로 우리에게 다가오는 것이 아니라, 누군가의 강요에 의해서나 할 수 없이 읽는 경우가 있다. 따라서 이번 생활주제를 통하여 책에 대한 기본적인 사항을 알아보고, 책의 소중함과 본질적 가치를 알고 가까이 하며 사랑하는 마음을 갖고자 한다.

② 주제망

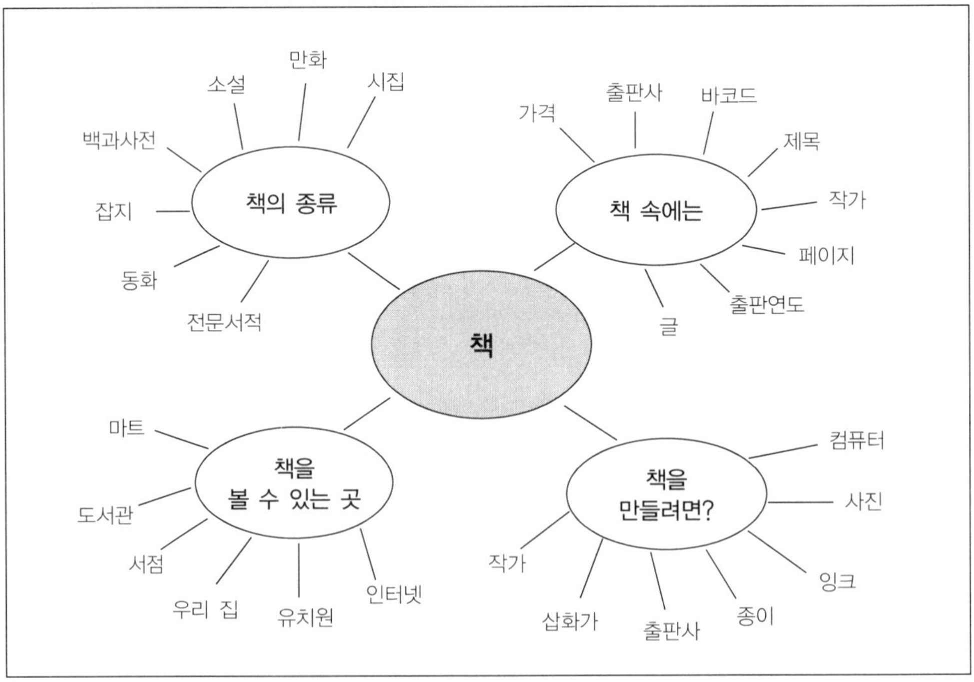

③ 교육계획안

교 육 계 획 안

생활주제	책
목 표	· 서점과 도서관의 역할과 기능에 대해 안다. · 책에 대해 관심을 가지고 책을 즐긴다.

이야기나누기

- 주말 지낸 이야기
- 가을은 책읽기 좋은 계절
- **내가 가장 재미있게 읽었던 책**
- 다양한 책이 있어요.
- 서점 놀이를 하려면?
- **책이 만들어지는 과정**
- 서점은 어떤 곳일까?
- 옛날에도 책이 있었나요?
- **책을 살펴봐요.**
- 책 바르게 읽기
- 도서관은 어떤 곳일까?
- **사서가 하는 일은?**
- 책읽기

언어생활

- 언어게임-**몸으로 글자 만들기**
- 자유선택활동(언어영역)
  - **-구연동화 테이프 듣기**
  - **-내가 좋아하는 책읽기**
  - **-글자를 만들어요.**
- 이야기짓기 및 쓰기
  - **-말풍선 꾸미기**
  - **-단어 입양하기**

동화/동시/동극

- 동화-**이 책을 절대로 열지 마시오.**
  - 책읽는 여우
  - 책읽기 좋아하는 할머니
  - 책읽는 도깨비
  - **사라진 글자**
  - 책읽어 주는 할머니
  - 슬픔을 치료해 주는 비밀책
  - 노랑똥 책벌레
  - 나의 영원한 세 친구
  - 내가 좋아하는 책읽기
  - 도서관
- 동시-생각
  - 무슨 책
  - **내가 만든 책**

사회생활

- 행사 및 견학
  - -북스리브로(10월 6일)
  - -슬기샘 도서관(10월 13일)
- 기본생활습관
  - -질서: 입었던 옷을 잘 정리한다
  - -절제: 안전하게 도로를 횡단한다
  - -예절: 음식을 남기지 않고 깨끗이 먹는다.
- 안전교육
  - -식품, 질병안전: 병을 예방해요.
  - -신변, 성 안전: 다정한 손길
  - -교통안전: 보호 장비를 착용해요.

책

전통문화예술교육

- 우리 미술: 글자 디자인
- 우리 유산: 우리나라 종이
- 우리 음악: 유아 기본 장단

건강생활

- 게임 및 신체표현
  - -게임: 책을 펼쳐요.
  - 책을 정리해요.
  - -신체표현: 몸으로 글자 만들기
- 바깥놀이
  - -실외에서 책읽기
  - -줄넘기

탐구생활

- 수학적 탐구
  - -바깥놀이를 가장 많이 할 수 있는 주간은?
- 과학적 탐구
  - -재활용 종이를 만들어요.
- 요리
  - -꼬마 김밥
- 컴퓨터
  - -컴퓨터 홈페이지 방문하기
  - <www.yes24.com>
  - <www.buki.co.kr>
  - -CD-Rom Title
  - <올리의 그림동화 만들기>

표현생활(조형)

- 그리기
  - -책표지 디자인하기
- 만들기
  - -팝업북
  - -책갈피 만들기
- 꾸미기
  - -도서관 간판 꾸미기
- 명화감상
  - -르누아르 <책읽는 여인>

표현생활(음률)

- 새노래
  - -책 속에는
  - -독서는 마음의 양식
  - -고마운 책
- 악기연주
  - -종이로 만든 악기연주

④ 언어교육 목표

- 책에 관심을 갖는다.
- 글자에 관심을 갖는다.
- 다양한 문학작품 듣기를 즐긴다.
- 다양한 문학작품을 듣고 그 내용을 이해한다.
- 전래동화, 동시 등 다양한 문학작품을 듣고 우리말의 재미를 느낀다.
- 책에 관심을 갖는다.
- 책의 그림을 단서로 내용을 추측해 본다.
- 책의 그림을 단서로 추측하여 읽는다.
- 궁금한 것을 책에서 찾아본다.
- 주변에서 친숙한 글자를 찾아 읽어 본다.
- 자신의 느낌을 적절한 어휘를 사용하여 말한다.
- 주제에 대하여 함께 이야기를 나눈다.
- 이야기를 지어 말하기를 즐긴다.

⑤ 관련 어휘

- 책의 종류 : 만화책, 동화, 잡지, 백과사전, 영어사전, 국어사전, 시집, 입체북, 교과서 등
- 책을 읽은 후 느낌을 표현하는 어휘 : 재미있다, 궁금하다, 행복하다, 신난다, 슬프다, 속상하다, 지루하다 등
- 책이 있는 곳 : 유치원, 집, 도서관, 병원, 서점 등
- 도서관과 관련된 어휘 : 대출, 반납, 대출증, 어린이도서관, 사서, 무인반납기, 조용히 해요 등
- 책을 읽는 장소와 관련된 어휘 : 도서영역, 언어영역, 도서관, 벤치, 쇼파, 의자, 책상 등

⑥ 언어활동 계획

시기 활동 유형	1주	2주	3주	4주
	재미있는 책을 읽어요.	**책을 알아봐요.**	**고마운 책**	**도서관**
이야기 나누기	「내가 가장 재미있게 읽었던 책」 • 내가 읽었던 책 중 가장 재미있게 읽었던 책을 다른 유아에게 6하 원칙에 따라 구체적으로 소개하기	「책이 만들어지는 과정」 • 책이 만들어지는 과정에 관해 이야기 나누기	「책을 살펴봐요.」 • 책의 주는 이로움에 대해 모둠별 토의하여 의견 정리하기	「사서가 하는 일은?」 • '사서'의 역할에 대해 이야기 나누기
동화/동시	「동화-이 책을 절대로 열지 마시오」 • 동화를 통해 '책'이라는 주제에 관심 갖기	「동화-사라진 글자」 • 동화를 통해 동화를 구성하는 글자에 관심 가지기	「동시-내가 만든 책」 • 동시 감상 후, 창의적으로 동시 개작하기	「동화-도서관」 • 여러 가지 맥락을 활용하여 글의 내용 추측하기
언어 게임			「몸으로 글자 만들기」 • 제시된 글자에 따라 몸을 이용하여 창의적으로 글자 만들기	
자유선택활동 (언어영역)	「구연동화 테이프 듣기」 • 테이프, CD를 통해 동화를 듣고 이해하기	「글자를 만들어요」 • 라이트테이블 위에서 자음과 모음을 조합하여 단어, 문장 만들기		「내가 좋아하는 책읽기」 • 내가 좋아하는 책을 선정하여 자율적으로 책읽기
이야기짓기 및 쓰기			「말풍선을 꾸미기」 • 동화를 감상한 후, 후속 이야기짓기	「단어 입양하기」 • 두 단어의 글자를 조합하여 새로운 단어 만들기

⑦-1 언어활동 실제

생활주제	책	소주제	책을 알아봐요.
활동명	글자를 만들어요.	활동유형	자유선택활동(언어영역)
활동목표	· 책 속의 글자에 관심을 갖는다. · 책 속의 재미있는 단어를 찾아본다. · 글자를 구성하는 자음과 모음에 대해 안다. · 지음과 모음을 이용하여 다양한 글자를 만들어 본다.		
교육과정 관련요소	· 언어생활 : 쓰기-쓰기에 관심 가지기 · 언어생활 : 읽기-읽기에 관심 가지기		
활동자료	책, 라이트테이블, 셀로판지를 넣어 코팅하여 오린 자음과 모음		
활동방법	1) 책 한 권을 선정하여 읽는다. 2) 책 속에서 재미있다고 생각되는 단어를 찾아본다. -어떤 단어가 재미있다고 생각되니? -왜 재미있다고 느꼈니? 3) 글자 만들기 활동을 소개한다. -라이트테이블 위에 자음과 모음을 이용하여 책 속에서 재미있다고 느낀 단어를 만들어 보자. 4) 언어영역에서 자음과 모음을 조합하여 단어를 만들어 본다. 5) 완성된 글자를 사진으로 찍어 벽면에 게시한다.		

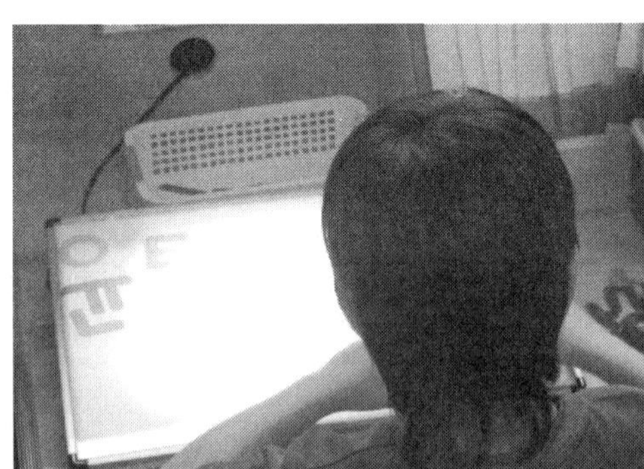

<책 속에서 재미있는 단어 만들기>

⑦-2 언어활동 실제

생활주제	책	소주제	고마운 책
활동명	몸으로 글자 만들기	활동유형	언어게임
활동목표	· 글자에 관심을 가진다. · 글자 모양을 몸으로 표현한다. · 신체를 이용하여 글자를 표현한다.		
교육과정 관련요소	· 언어생활 : 쓰기-쓰기에 관심 가지기 · 언어생활 : 읽기-읽기에 관심 가지기 · 건강생활 : 나의 몸 인식하기-나의 몸을 인식하고 움직이기		
활동자료	한글 자음과 모음 카드, 글자 카드, 사진기		
활동방법	1) 한글 자음과 모음 카드를 탐색한다. -이 글자는 무엇일까? 2) 자음과 모음을 몸으로 만들 수 있는 방법을 생각한다. -(카드를 제시하며) 이 카드의 글자 모양을 잘 관찰해 보자. -어떤 모양이니? -친구와 협동하여 이 글자를 표현해 보도록 하자. 3) 친구와 협동하여 단어를 만들어 본다. -'책'이란 단어를 표현하려면 어떻게 해야 할까? 4) 활동을 마친 후, 활동 평가를 한다. -몸을 이용하여 글자를 다양하게 표현해 보니 어떤 느낌이 드니? -또, 어떤 방법으로 표현을 해 볼 수 있을까?		

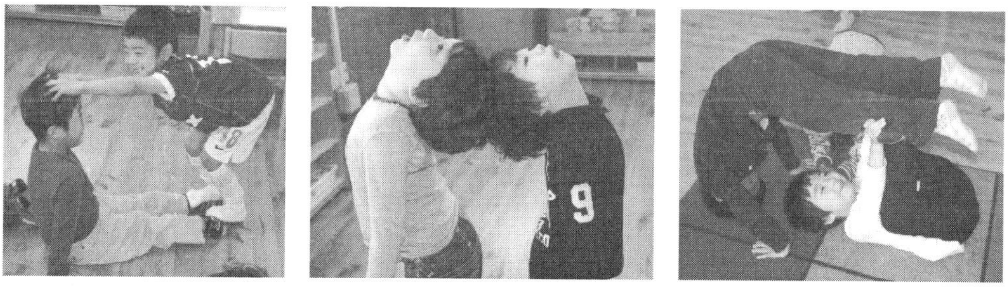

<몸으로 글자 만들기-'ㅁ'>

⑦-3 언어활동 실제

생활주제	책	소주제	도서관
활동명	내가 좋아하는 책읽기	활동유형	읽기/이야기나누기
활동목표	· 문학작품에 관심을 갖는다. · 여러 가지 맥락을 활용하여 글의 내용을 추측해 본다. · 책의 그림을 단서로 추측하여 읽는다. · 책 보는 것을 즐기고 책을 소중하게 다룬다. · 화자의 이야기에 반응을 보이며 주의 깊게 듣는다.		
교육과정 관련요소	· 언어생활 : 읽기-책에 관심 가지기 · 언어생활 : 말하기-생각과 느낌 말하기 · 언어생활 : 듣기-바른 태도로 듣기		
활동자료	유아가 가정에서 가지고 온 책		
활동방법	1) 가정에서 내가 좋아하는 책을 가지고 온다. 2) 자유선택활동 시간에 책을 읽는다. 3) 자신이 읽은 책의 제목, 자신이 좋아하게 된 이유, 가장 기억에 남는 장면 등을 친구들에게 소개한다.		

<내가 좋아하는 책읽기>

<내가 좋아하는 책 소개하기>

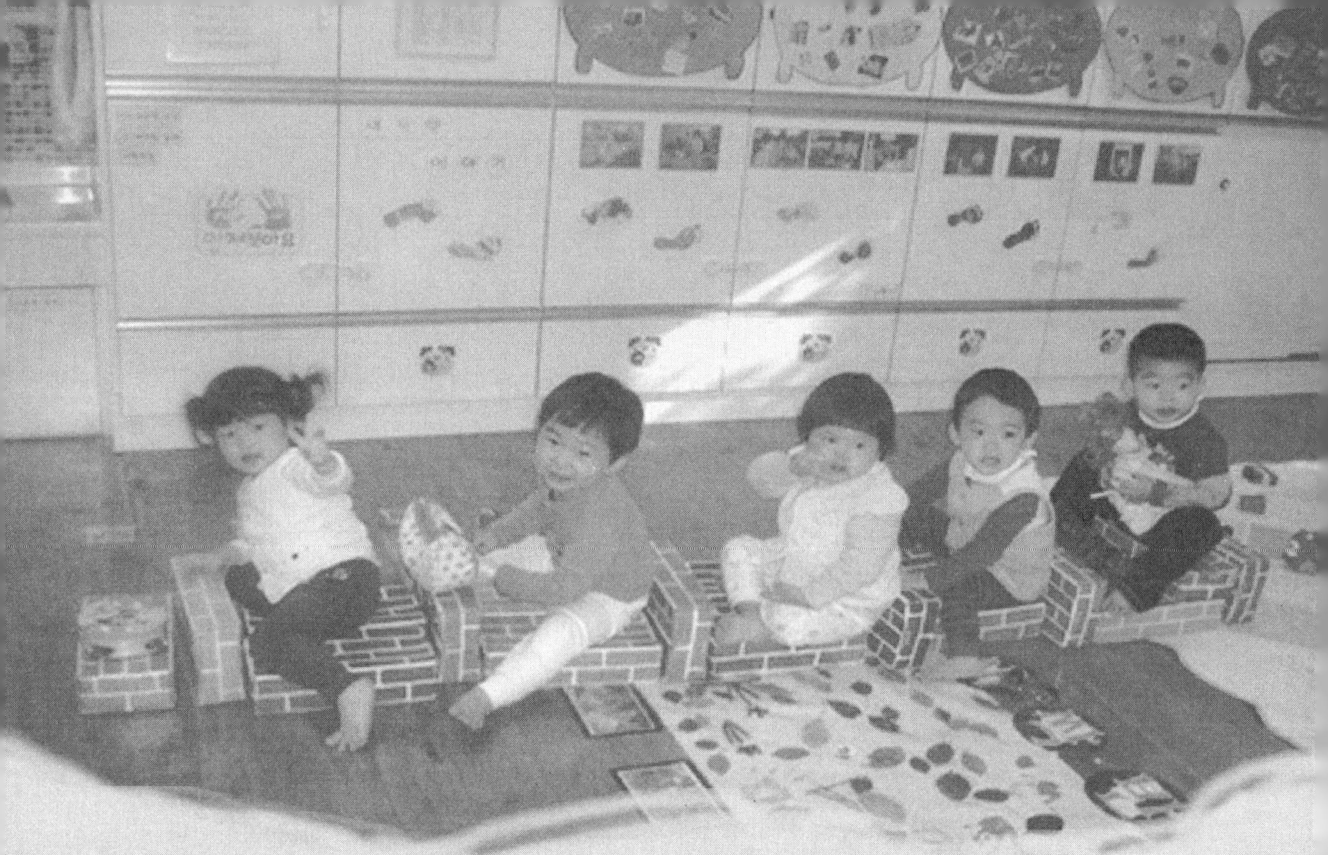

제 8 장

유아교육 현장의 언어문제 지도

1. 유아교육 현장에서의 언어문제 지도 의 필요성
2. 언어행동 문제 지도
3. 조음 문제 지도
4. 유창성 문제 지도
5. 단순언어 문제 지도

1. 유아교육 현장에서의 언어문제 지도의 필요성

우리생활에서 가장 기초가 되는 것은 언어의 사용이다. 언어의 발달은 그 외 다른 발달과도 밀접한 관계를 맺고 있으며, 언어를 통하여 생각과 감정을 표현하고, 행동을 자극하기도 한다. 또한 언어는 개인, 집단사회의 어느 차원에서도 중요한 의미를 가지고 있으며, 개념을 습득하는 데에도 주요 변수로 작용한다. 따라서 언어를 매개로 하여 의사소통할 수 있다는 것은 인간의 일상생활에 중요한 과정임에 틀림이 없다(전병운, 2002).

언어는 의사소통에 쓰이는 부호와 기호의 체계로 정의되기도 하고 몸짓이나 기호체계를 이용한 언어도 있다. 언어와 의사소통은 현대사회에서 크나큰 중요성을 띠게 되어 아이러니컬하게도 사회적 생존에 필수적 요소가 되었다. 그러므로 언어문제로 인하여 사회적으로 타인과 상호작용이 이루어지지 않아 성장하는데 어려움이 있다.

현대사회가 점점 더 복잡해지고 여성의 인력이 사회적으로 진출이 많아짐에 따라 유아들의 지적 · 사회 · 정서적 특성의 언어문제를 보이고 있으며 여러 가지 언어지체도 나타나고 있다. 언어문제는 유아교육기관과 초등학교 저학년에 이르기까지 가장 많이 나타나고 있으며 연령이 높아짐에 따라 발생률은 감소한다고 보고되고 있다.

유아교육기관에서 언어교육은 대단히 중요한 위치를 차지하게 된다. 이는 유아에게 있어서는 언어가 도구적인 기능을 하기 때문이기도 하며, 유아들에게 대리경험을 할 수 있게 하는 매체가 되기 때문이다.

유아기의 언어능력은 유아들의 자아개념에 영향을 미쳐 성격형성에 큰 영향을 미치기도 하고, 또한 유아기 언어발달은 곧 사고의 발달에 커다란 영향을 미친다는 여러 연구자들의 견해를 통해 유아교육기관에서 언어를 중요시하게 하는 하나의 변인이 되기도 한다. 따라서 유아교육기관에서의 언어문제는 유아의 정상적 발달에 지장을 초래할 수 있다(조정숙 외 2인, 1999).

언어문제라 함은 일차적으로 의사소통에 영향을 주게 된다. 의사소통은 사회생활의 필수요건이기 때문에 의사소통 장애는 사람들에게 심각한 영향력을 미친다. 한 어린이의 사회적, 정서적, 그리고 교육적 측면에 대한 영향력은 무시할 수 없는 것이다. 특히 유아기 및 아동기의 언어습득은 주요 발달과제가 된다. 그런데 언어습득에 어려움을 보이는 아동들이 있다.

언어문제 아동은 기타의 발달영역에는 심각한 문제가 없으나 언어발달에서만 어려움을 보이는 경우다. 즉, 언어표현 및 언어이해에서 어려움을 겪는 경우를 말한다.

언어문제 아동은 언어발달이 또래아동에 비해 뒤쳐지거나 정상아동과 다른 특성을 보인다. 첫 낱말의 시작이나 낱말조합의 시작이 늦다. 다른 사람의 말을 빨리 이해하지 못하고 사용하는 낱말의 수를 늘려 나가는데 어려움을 겪는다. 기본적인 통사범주들을 사용하지만 정상아동에 비해 통사적 실수의 빈도가 잦고 그 유형도 다른 경우가 있다. 기본적인 대화에서 차례는 지킬 수 있으나 주제 이해능력이 제한되고 이야기하는 능력이 떨어진다. 또한 전반적 학습능력이나 읽기 능력, 나아가 사회성에서도 제한된 모습을 보이는 경우가 있다.

우리나라 언어문제에 대한 정확한 통계는 아직 없으나, 미국 정신과 자료를 참고로 하면, 언어표현의 문제를 가지는 아동은 5%로 보고하고 있으며, 언어표현과 언어이해 모두에서 어려움을 나타내는 아동은 약 3%로 보고하고 있다.

최근 언어문제의 아동이 증가되고 있으며, 엄태식 외 2인(2002)의 연구에서 보면 장애아의 유형별 조사에서 1위는 자폐증(21.9%)이었으며, 2위는 언어장애로(19.6%) 나타났다. 1위를 차지한 자폐의 경우는 언어문제를 동반하고 있으므로, 유아기의 장애문제의 최우선 과제는 언어문제해결이라 할 수 있다. 언어장애가 심한 아동을 대상으로 한 치료프로그램은 많이 개발되어 언어치료사들이 적용한 프로그램은 많으나, 유아교육기관에서 흔히 접할 수 있는 언어문제 유형에 따른 지도방법이 유아교육기관에 안내되고 있지 못한 실정이다.

유아교육기관에서의 언어문제란 유아의 언어활동에서 일반적인 또래의 발달수준보다 발음이 부정확하고, 말을 하는 동안 더듬는다든지, 언어행동 및 단순 언어활동에서 어려움을 나타내는 경우를 말한다. 이러한 유아교육현장에서의 언어문제를 조기에 관찰하여 지도할 필요가 있다. 제8장에서는 언어문제 유형에 따른 지도방법을 안내하고자 한다.

2. 언어행동 문제 지도

1) 언어행동의 개념

언어행동은 인간의 내 · 외부적 요인에 의해 습득되는 것으로, 일반적으로 유아들이 언어습득과정에서 나타내는 주요한 개인적인 언어표현의 특성인 행위를 말한다.

각각의 유아들은 정상적인 경우 어떤 유아들은 다른 유아들보다 속도가 느리고, 어떤 유아들은 다른 유아들보다 고급어휘를 사용하고, 때로는 또래들보다 몸짓을 더 많이 사용하기도 한다. 이에 반해 어떤 유아들은 여러 단어를 조합하여 문장을 구사하기 시작하는 유아들이 있는 반면 오랫동안 한 단어로 된 문장만을 말하기도 한다. 또한 유난히 어순을 틀리게 말하는 유아들도 있다. 다른 유아들에 비해, 몇몇 유아들은 보다 자주 그리고 능숙하게 말을 더 많이 한다. 즉 유아에 따라 말하기가 매우 쉬울 수도 있고, 매우 힘들 수도 있는 것이다. 이러한 언어행위는 유아에 따라 개인차가 있음을 알 수 있지만 유아들의 전형적인 언어행동을 제시하면 〈표 8-1〉과 같다.

〈표 8-1〉 유아의 언어습득에서 나타내는 전형적인 언어행동

연령대	전형적인 언어행위
0~1개월	소리에 갑작스러운 반응을 보임 : 사람의 음성을 듣고 조용해짐.
2~3개월	목울림 소리내기, 모음 몇 개를 발성함 : 말에 반응을 보임 : 옹알이
4~6개월	여러 음절의 옹알이 : 소리를 흉내냄 : 고저, 크기의 다양성
7~9개월	몇 개의 단어와 간단한 요구를 이해함 : 말소리 모방이 증가 : "mama" 혹은 "dada"라고 말하거나 모방함.
10~12개월	"NO"라는 말을 이해함 : 요구에 반응을 보임 : 자기 이름에 반응을 보임 : 하나 혹은 그 이상의 단어를 말할 수 있음

연령대	전형적인 언어행위
13~15개월	5개에서 10개까지의 단어(주로 명사)를 소리 냄 : 정확하게 가리키면서 반응을 보임.
16~18개월	간단한 지시/명령을 따름 : 두 단어 구(句)를 소리 냄 : 20개 이상의 단어를 말할 수 있음.
19~22개월	2단계 지시에 반응을 보임 : 50개의 단일 단어를 말할 수 있음 : I와 mine을 말할 수 있음.
2.0~2.6세	몇몇 yes/no 의문문제에 반응을 보임 : 매일 접하는 사물의 이름을 부름 : 구와 불완전한 문장을 말함 : 현재완료, 전치사, 규칙적 복수형, 부정어 "no" 혹은 "not"을 사용.
3.0~3.6세	서너 개의 단어로 이루어진 문장을 말함 : 소유격, 몇 가지 형태의 의문문, 부정어 can't와 don't를 사용 : why, who, whose, how many의 의미를 이해함 : 대부분의 문법 형태소를 처음으로 사용.
3.6~5.0세	관사, 다양한 시제, 연결사, 조동사, 3인칭 단수, 그 밖의 문법 형태소에 숙달됨 : 문법적으로 완전한 문장을 말함.

2) 언어행동 문제

제한된 언어능력을 언어지체 혹은 언어장애, 언어손상, 언어적 문제점이라 한다. 언어손상은 그 정도가 다양하여 어떤 유아들은 다른 유아들보다 심각한 장애를 보이기도 한다. 어떤 유아는 뇌성마비 혹은 청각장애 등의 신체적인 감각신경의 결함으로 인해 언어장애를 가지게 된다.

유아의 언어행동 문제는 다른 측면에서는 정상이면서 유아의 언어활동에서 별명을 자주 부르고, 남의 말을 흉내내며, 나이에 맞지 않게 유치한 말을 사용하고, 다른 사람 앞에서 말을 하지 않는 등의 언어적 상호작용에 문제를 가진 경우를 언어행동 문제로 본다. 이러한 유아의 언어행동 문제는 대개 다른 유아들에게 받아들여질 수 없는 방법으로 표현했을 때 그들이 잘못했다는 것을 알고 문제의 행동을 하지 않게 된다. 그러나 때때로 유아는 자신의 행동이 받아들여질 수 없다는 것을 인식하지 못하기 때문에 부적절하게 언어를 사용하는 경우가 있다. 또한 말을 하지 않으므로 함께 상호작용이 이루어지지 못하기 때문에 정상적인 대인관계를 유지할 수 없다. 그러므로 교사는 이러한 유아의 언어행동 문제가 다른 유아들에게 화나고 짜증스럽게 한다는 것을 인식하도록 하여 이러한 자신의 부적절한 언어행동을 깨닫도록 지도해야 하며, 이러한 상황에서 교사가 기대하는 바람직한 언어행동을 단계적으로 올바르게 지도해야 한다.

3) 언어행동 문제(타인 앞에서 말을 하지 않는다)

(1) 진단 및 관찰

유아가 말을 하지 않을 경우 어떤 원인으로 말을 하지 않는지 원인을 우선 알아보도록 해야 한다.

말을 가끔 조금 하면서 말하기를 될 수 있는 대로 피하는 유아는 성격상으로도 그럴 수 있고 또는 상당수의 유아는 자신이 말하는 것에 대하여 자신감을 갖지 못한 유아가 많다.

유아교육기관이나 가정에서 유아를 잘 관찰해 보아야 한다. 우선적으로 언어나 발음, 지능발달 등에 이상이 없는지를 살펴봐야 한다. 이러한 문제가 없다면 집에서나 혹은 잘 아는 사람 앞에서는 말을 잘하는데 유아교육기관이나 여러 사람 앞에서는 전혀 말을 안 하는 경우의 유아는 선택적 함구증이라 할 수 있다. 이러한 경우에는 부모상담이 꼭 필요하며 부모상담을 통하여 자녀와의 관계에 있어서 너무 의존적이거나 공생적으로 가까운 관계로부터 좀 더 독립적이고 스스로 일을 해나갈 수 있는 방향으로 지도할 필요가 있다.

말을 하지 않는 대부분의 유아는 부모의 지나친 보호 및 타인과 어울려 본 경험이 적은 경우 기가 약하고 부끄럼이 많으며 상처받기 쉬운 내성적인 유아인 경우다.

또 다른 원인으로는 유아가 마음에 큰 충격을 받았거나 빈곤한 가정환경, 부모의 거부, 운동 및 지적 능력의 미숙함, 신체적 결함 등으로 인한 자신감 부족이 원인인 경우를 들 수 있다.

본 활동에서는 발음기관의 이상도 없으며 내성적이지도 않으면서 타인의 앞에서 말을 하지 않는 경우가 있다. 이러한 경우에 다음과 같은 활동으로 지도하여 개선되어질 수 있는 기회를 주어 치료가 되도록 교사는 돕는다.

(2) 지도방법

교사는 억지로 말하게 강요하지 말아야 하며 친구들에게 놀림을 받지 않도록 배려해 주어야 한다. 자주 웃고 친절히 대해 자신감을 주고 정면에서 부르는 것보다 뒤에서 부르거나 장난감 전화로 "◯◯에게 인형을 받아 주세요" 등으로 용건을 부탁한다. 말이 없는 유아라 하더라도 심리적 언어를 지니고 있음을 잊지 말고 무언의 대화를 계속한다.

말을 하지 않음으로써 관심을 받고 싶어하는 경우의 유아에게 교사는 강화가 되지 않도록 주의하고 유아의 감정이 고조되었을 때 자연스럽게 대화를 하는 것이 좋다.

내성적인 유아의 경우 말을 강요하는 것은 심리적 부담을 안겨주는 것이므로 주의해야 한다. 이러한 경우 그림, 율동, 노래 등의 다양한 방법으로 표현할 수 있는 기회를 제공하므로 점차 언어적 표현으로 유도하는 것이 효과적이다.

말을 하지 않는 경우 언어적 접근보다는 동작을 통한 방법이 더욱 효과적이다.

또한 직접적인 지도보다는 간접적인 참여에서 다른 유아들과 함께 행동을 지시하고 따라 하는 내용의 노랫말을 익힌다. 예를 들면, 다음과 같다.

'오른손 올려 예쁘게 올려 까닥까닥 손목 춤추고……'

'주먹 쥐고 손을 펴서 손뼉치고 주먹 쥐고……'

'즐겁게 춤을 추다가 그대로 멈춰라……'

'자장가' 등의 노래와 동작으로 간접적으로 상호작용을 할 수 있는 노래와 행동

'올라간 머리 내려온 머리……'

'엄마 앞에서 짝짝꿍……'

'쌔쌔쌔……' 등의 활동을 통해 유아가 흥미를 갖고 활동에 참여하도록 한다.

직접적인 언어지도활동에서는 언어적 활동모방하기, 따라 하기, 혼자 말하기, 등의 단계로 지도한다.

(3) 실제 활동지도

가. 활동 1– 말 따라 하기(동화책 : 해님, 달님)

◑ 목　표 : ① 말 따라 하기를 잘한다.
　　　　　② 말하는 것을 격려하고 북돋아 준다.

◑ 준비물 : 녹음기, 동화테이프, 동화책

A. 활동을 위한 준비과정

교　사 : 선생님이 동화책에서 나오는 단어를 읽어 줄 꺼야 그러면 ○○이가 잘 듣고 선생님이 읽어 주는 대로 따라서 해 보는 거야 할 수 있겠니?

도움받을 유아 : 네.

교　사 : 옛날

도움받을 유아 : 옛날

교　사 : 깊은

도움받을 유아 : 깊은

교　사 : 우리 ○○이 정말 잘 따라 하는구나.

B. 목표활동

1단계 : 모방하기

교　사 : 아까는 동화책에서 한 단어씩 얘기했는데 이번에는 전보다 길게 한 구절씩 읽어 줄꺼야. 그럼 ○○이가 아까처럼 선생님을 따라서 해 보는 거야

도움받을 유아 : 네.

교　사 : 옛날 깊은 산골에 어머니가 어린 남매를 데리고 살았습니다.

도움받을 유아 : (얘기하기를 주저한다.)

교　사 : 괜찮아 ○○이가 기억나는 대로 이야기하면 돼.

도움받을 유아 : 옛날 깊은 산골에 어머니가 어린 남매를 데리고 살았습니다.

(매끄럽게 얘기하지 못하고 중간중간 막혔지만 끝까지 이야기함)

교　사 : 이렇게 잘하면서…….

교 사 : 복순아, 복남아 오늘은 잔치 집에 일하러 간단다.

도움받을 유아 : 복순아, 복남아 오늘은 잔칫집에 일하러 간단다.

(교사가 읽어 주는 대로 잘 따라 하나 목소리의 크기가 작고 교사의 눈치를 살피 며, 끝말을 흐린다.)

2단계 : 따라 하기

교 사 : 지금 친구들이 네 명이 같이 있지? 우리가 프로젝트 활동을 했던 해님, 달님 동화내용을 기억하고 있니?

[사진-1-a] **말 따라 하기**

교 사 : 선생님이 카세트를 틀어 주면 여기에서 해님, 달님 동화 내용이 나올 꺼야. 그러면 너희들이 잘 듣고 있다가 그 내용을 따라서 하는 거야. 첫 번째 자리에 앉아 있는 ○○이가 잘 듣고 제일 먼저 동화 내용을 따라 말하는 거야. 그러면 두 번째로 ○○이가 따라 말하고, 너희들이 앉아 있는 순서대로 따라서 하는 거야. 잘 듣고 따라 해 보자.(전체 유아 4명 중 도움받을 유아가 제일 마지막으로 따라 한다.)

카세트 : 어느 날 밤 오누이의 엄마가 산길을 가고 있었어요.

유아 1 : 어느 날 밤 오누이의 엄마가 산길을 가고 있었어요.

유아 2 : 뭐 말해요? (들은 내용을 이야기하는 것이라고 얘기해 줌) 어느 날 밤 엄마가

가고 있었어요

유아 3 : 어느 날 밤 엄마가 산길을 가고 있었어요.

도움받을 유아 : 어느 날 오누이의 엄마가 산길을 가고 있었어요.

카세트 : 그런데 숲에서 갑자기 호랑이 한 마리가 나타났어요.

유아 1 : 그런데 숲에서 갑자기 호랑이 한 마리가 나타났어요.

유아 2 : 그런데 숲에서 갑자기 호랑이가 나타났어요.

유아 3 : 그런데 숲에서 갑자기 호랑이 한 마리가 나타났어요.

도움받을 유아 : 갑자기 숲에서 호랑이 한 마리가 나타났어요.

(전체 유아 5명 중 도움받을 유아가 중간에서 따라 한다.)

카세트 : 호랑이는 엄마 옷으로 변장을 했어요 .

유아 1 : 호랑이는 엄마 옷으로 변장을 했어요.

유아 2 : 호랑이는 엄마 옷으로 변장을 했어요.

도움받을 유아 : 할멈(주위 친구들이 "호랑이는" 하자) 호랑이는 엄마 옷으로 변장을 했어요.

유아 3 : 호랑이는 엄마 옷으로 변장을 했어요.

[사진-1-b] **말 따라 하기**

유아 4 : 호랑이는 엄마 옷으로 변장을 했어요.

교 사 : 우리 친구들 너무 잘 하네.

(비교적 정확하게 말 따라 하기를 잘 했으며, 말하기를 주저하는 모습이 보이지 않았다.)

3단계 : 혼자 말하기

(전체 유아 5명 중 도움받을 유아가 제일먼저 따라 말한다.)

카세트 : 오누이는 그 말을 믿고 방문을 열어 주었어요.

도움받을 유아 : 오누이는 방문을 열어 주었어요.

유아 1 : 오누이는 방문을 열어 주었어요.

유아 2 : 오누이는 그 말을 믿고 방문을 열어 주었어요.

유아 3 : 오누이는 그 말을 믿고 방문을 열어 주었어요.

유아 4 : 오누이는 그 말을 믿고 열어 주었어요

교 사 : 우리 ○○이가 처음에 잘 듣고 잘해 주니까 친구들도 더 잘 하네 다시 한번 활동을 하면서…….

교 사 : 우리 ○○이가 아까처럼 이번에도 잘 해줘야 해" 하고 이야기한다.

유아 3 : 자리 바꿔서 해요.

교 사 : 자리 바꿔서 다시 해 볼까?

도움받을 유아 : 싫어요 .

교 사 : ○○이는 지금 자리가 좋아?

도움받을 유아 : 네.

교 사 : ○○이는 왜 지금 자리가 좋은데? (이야기를 하지 않아 다른 유아들의 생각을 들어 본 다음 다시 질문을 했지만 대답을 하지 않았다. 그러자, 주변 친구들이 "얘기해.' ', "○○이는 원래 얘기 안 해" 하며 재촉을 했다.)

교 사 : 그럼 ○○이는 이따가 선생님한테만 몰래 이야기해 줄래? ○○이랑 선생님이랑 비밀 이야기 만들자.

도움받을 유아 : 네. (대답하며 고개를 끄덕인다.)

* 도움받을 유아와 단 둘이 있는 자리를 마련하여 물어 보았더니 처음에 이야기 해 주는 게 좋다고 말함.

C. 마무리 활동 및 응용단계

대그룹에서 이야기나누기 활동을 하였는데 자세가 바르지 못하고 옆에 있는 교구장의 블록을 만지면서 활동에 잘 집중을 못하였다. 혼자 말하기는 하나 목소리가 작고 이야기를 마무리짓지 못하고 끝을 흐려 친구들이 불만을 말하는 경우가 많았다. 그러나 여러 가지 동화책을 읽고 따라 하기를 정기적으로 반복하면 집중도 잘하고 친구들 앞에서도 이야기를 잘할 것이다. 동화책 뿐만이 아니라 동화테이프 듣고 따라 하기, 영화보고 말 따라 하기 등의 활동을 하면 좋다고 생각된다.

D. 평가

① 처음보다 비교적 정확하게 말 따라 하기를 잘한다.

② 목소리가 작고 주변 사람들의 반응을 의식하며, 말을 하면서도 몸의 일부분을 계속 움직였다.

③ 말하는 것을 많이 힘들어 하지 않았으나 자신감이 부족해 보였다. 그러나 말 따라 하기 활동을 한 결과 도움 받을 유아가 말을 하는 데에 있어서 활동을 통해서 말하는 것을 긍정적으로 생각하게 되었으며 예전같이 어려워하지 않는다는 것을 알았다.

④ 반복해서 말 따라 하기를 한다면 자신감을 얻어 잘할 수 있다고 본다.

⑤ 교사와 친구들의 격려가 효과가 컸다.

나. 활동 2–말 전하기 게임

◑ 목　표 : ① 말을 많이 할 수 있도록 한다.
② 말을 자연스럽게 할 수 있도록 한다.
③ 친구들과 의미 있는 관계가 되도록 한다.

◑ 준비물 : 그림카드, 낱말카드, 풍선이나 탱탱 볼 또는 다른 가벼운 물건

A. 활동을 위한 준비과정

교　사 : 우리 물건 전달하는 게임을 하자.

유아들 : 어떤 물건이요?

교　사 : 너희들이 하고 싶은 물건을 전달하는 거야.

유아들 : 아유~ 재미있겠다.

* 유아들을 두 팀으로 나누어서 한 줄로 서게 한 다음 공을 머리 위로 전달하도록 한다. 맨 마지막 사람은 공을 갖고 교사에게 갖고 오면 이기는 것이다.

* 공 전하기가 끝나면 구두를 옆으로 전달하게 한다. 맨 마지막 사람은 물건을 받아서 교사에게 갖고 오면 이기는 것이다

[사진-2-a] **말 전하기 게임**

B. 목표활동

1단계 : 말 전하기 게임을 한다.

교　사 : 여기에 어떤 카드들이 있을까?(그림카드를 유아들에게 제시한다.)

유아들 : 스키, 스키타기

교　사 : 스키? 스키타기? 둘 중에 하나로 정해 보도록 하자.

(위와 같은 방법으로 카드의 이름을 정한다. 카드이름- 스키, 둘이둘이 눈싸움, 연날리기, 팽이치기)

* 그림카드의 이름을 무엇으로 정할지 의견을 물어 봤을 시 유아 전체가 이야기할 때에는 도움받을 유아도 자신의 생각을 큰 목소리로 말했으나 혼자 지목을 하여 말하는 기회를 주었을 때는 목소리가 작아졌다.

게임을 하기 위해 양 팀으로 나누어 앉는다.

[사진-2-b] **말 전하기 게임**

교 사 : 이 카드를 이용해서 게임을 하려고 하는데, 선생님이 카드 한 개를 맨 앞에 앉아 있는 친구에게만 보여줄 거야, 그럼 그 친구는 뒤에 있는 친구에게 귓속말로 어떤 카드인지 이야기해 주고 또 그 친구는 뒤에 있는 친구에게 말해 주는 거야. 그래서 마지막에 있는 친구는 선생님한테 와서 어떤 카드였는지 큰 소리로 말해 주는 거야.

유아 1 : 아, 말 전달하기?(도움받을 유아가 중간에 끼어 게임을 한다.)

교 사 : 그래 맞았어. 아까는 물건전달하기 게임이였는데 지금부터는 말 전달하기 게임을 해 볼거야. 이 게임을 할 때 중요한 건 귓속말을 할 때 다른 사람이 듣지 못하게 해야 한다는 거야. 할 수 있겠니?

2단계 : 두 번째 말 전하기 게임

(도움받을 유아가 제일 앞에서 한다.)

교 사 : 이번에는 자리를 바꿔서 해 보도록 하자.(도움받을 유아를 제일 앞에 오도록 유도한다.)

교 사 : 제일 앞에 있는 그림카드를 보고 잘 보고……

도움받을 유아 : 얘길 해요.(제일 앞에 앉아 교사의 뒷말을 이어 말함)

(게임이 끝난 뒤)

교 사 : 양 팀 너무 잘해서 이번에도 무승부네. 앞에 있는 친구가 너무 잘해 준 것 같아.

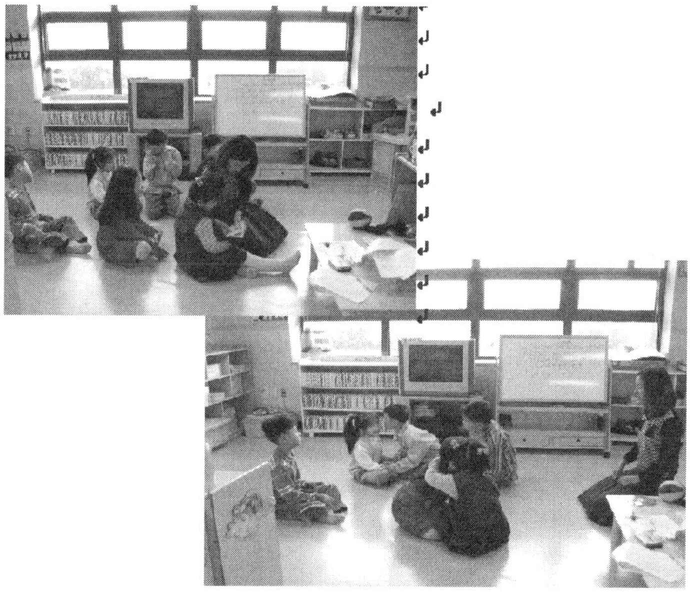

[사진-2-c] **말 전하기 게임**

3단계 : 세 번째 말 전하기 게임

(도움받을 유아가 제일 마지막에서 한다.)

교 사 : 또 자리를 바꿔 볼까? 어떻게 바꿔 볼까?(도움받을 유아를 제일 마지막에 오도록 유도한다.)

교 사 : 이번에도 무승부일지 너무 궁금하다. 게임을 시작해 보도록 하자.

유아 2 : 이 게임은 중요한 거야.

교 사 : (게임도중) 자 이제 마지막에 있는 친구들 나와서 선생님한테 이야기 해 주도록 하자. 우리 ○○가 먼저 말할래?

유아 3 : 팽이치기요.

교 사 : ○○이는 뭐였어?(도움받을 유아에게 질문한다.)

도움받을 유아 : 둘이 둘이 눈싸움이여.(자신 있게 말함)

유아 4 : 둘이 둘이라고 했어.

도움받을 유아 : 둘이 둘이.

유아 5(도움받을 유아와 같은 팀) : 둘이 둘이라고 했어.

교 사 : 그래 선생님도 둘이 둘이라고 들었어. 이번에도 무승부네. 우리 ○○반 친구들이 이 게임을 정말 잘하는 구나.

(같은 방법으로 물건을 이용하여 활동을 하여 본다.)

C. 마무리활동 및 응용단계

교　사 : 말 전하기 게임이 어땠니?

유아들 : 재미있어요.

교　사 : ○○이는 어떤 자리가 제일 맘에 들었니?

유아 3 : 앞자리요.

교　사 : 왜 그렇지?

유아 3 : 그림 볼 수 있어서요.

교　사 : ○○이는 어떤 자리가 맘에 들었니?(도움받을 유아에게 질문한다.)

도움받을 유아 : 맨 뒤요.

교　사 : 왜 그렇지?

도움받을 유아 : 선생님한테 얘기해서요.(말하기를 주저하다가 작은 목소리로 말함)

교　사 : 그랬구나.

교　사 : 다음에 기회가 되면 우리 친구들이 이게임을 좋아하니까 다시 한번 해 보도록 하자. 그리고 카드도 하고 그림을 보고 설명을 전달하는 게임도 해 보면 아주 재미있을 것 같아요.

D. 평가

① 말 전달하기 게임을 하면 시종일관 즐거워하며 친구들과도 자연스럽게 스킨십을 하고 게임의 전달 내용 말고도 다른 대화를 많이 하였다.

② 친구들 하고 말을 자연스럽게 많이 하였으며, 앞에 나와서 카드 이름을 선생님께 이야기할 때 주저 없이 큰 소리로 말하였다.

③ 처음에는 자신감이 없었으나 게임을 진행하면서 자신감도 생기고 친구들과도 자연스럽게 잘 어울렸다.

④ 말 전하기 게임에서 잘하게 되면 낱말카드, 문장전달하기 게임을 하여도 좋다.

다. 활동 3-동극에서 역할 보조하기 (간접 참여하기)

*** 선정동화 : 야, 웅덩이다**

◑ **목 표** : ① 친구들과 대화를 많이 하도록 한다.
② 말을 자연스럽게 할 수 있도록 한다.
③ 자신을 갖고 이야기하도록 한다.

◑ **준비물** : 동극대본, 동극인물에 대한 가면과 소품

A. 활동을 위한 준비과정

1단계 : 동극의 내용이해하기, 배역정하기

교 사 : 지금부터 선생님께서 '야~! 웅덩이다'라는 동화를 들려주실 거예요. 그런데 웅덩이란 무엇일까?

유 아 : 물이요, 비요.

교 사 : 그래요. 비가와 물이 고여 만들어진 곳이에요. 자 그럼 ' 야~웅덩이다'라는 동화를 들려주실 거예요.

(교사는 '야~ 웅덩이다' 동화를 들려주신다.)

유 아 : (유아들은 바른 자세로 앉아 동화를 듣고 감상한다.)

교 사 : (두 번째 들려줄 때에는 아이들에게 등장인물의 순서와 대사를 물으며 동화를 들려준다.)

교 사 : 비가 와서 웅덩이가 생긴 후 동물들이 모여서 신나게 놀다가, 해님이 방긋 솟으면 웅덩이가 작아지죠. 그럼 동물들이 한 마리씩 어떻게 되죠?

유 아 : 떠니기요.

교 사 : 그래요. 다들 떠나가죠. 오늘은 선생님과 이 동화로 동극을 하여 볼 건데 오늘 동화엔 누가 나왔었지?

유 아 : 해, 개구리, 악어, 하마, 코끼리, 거북이요.

교 사 : 맞아요. 그런데 얘들아! 예전엔 개구리하면 ○○가 하고, 하마는 ○○가 하듯이 하나의 배역에 한 명만 했었는데 오늘은 하나의 배역에 두 명씩 할 거예요. 하마도 두 사람, 코끼리도 두 사람, 악어도 두 사람 또?

유　아 : 해님도 두 사람, 개구리도 두 사람

교　사 : 그런데 얘들아, 이렇게 두 사람이다 보면 어떻게 자기 역할을 이야기해야 할까?

유아 1 : 두 명이 짝지어서 이야기해요.

유아 2 : 두 명이 함께 말해요.

유아 3 : 두 명이 이야기할 때 어떤 애는 이걸 하고 어떤 애는 저걸 해요.

교　사 : 근데 ○○야, 이건 뭐고 저건 뭐야?

유아 3 : 음~

교　사 : 그럼, 이렇게 해 보자.

친구 한 명이 먼저 하마의 대사를 하면 하마를 맡은 다른 친구가 따라서 대사를 하는 거지. 이렇게 말야. "야, 웅덩이다" 하면 따라서 "야, 웅덩이다" 라고 말야.

유　아 : 아~~

교　사 : 알겠어요?

유　아 : 네.

교　사 : 그럼 지금부터 배역을 정할 건데 누가 하여 볼까? 먼저 악어.

유아 1 : 저요.

교　사 : 그래, ○○가 악어. (교사는 준비된 칠판에 악어가 된 친구의 이름을 적는다.) 그런데 악어가 몇 명?

유　아 : 두 명이요.

교　사 : 그럼 또 한 사람의 악어는 누가 할까?

유아 2 : 저요.

교　사 : 그래, ○○도 악어.

(계속해서 배역을 정하다 한 배역에 많은 아이들이 한다고 할 경우 제비뽑기나 가위 바위 보, 사다리 등 재미있는 방법으로 배역을 정한다.)

B. 목표활동

1단계 : 동극연습

교　사 : 그럼, 선생님께서 대본을 나눠 줄테니 같은 배역끼리 손잡고 모두 동그랗게 앉아 보세요.(다함께 대본을 보고 연습을 한다.)

유　아 : (유아들은 대본을 보고 대사를 익힌다.)

(유아들과 20번씩 읽어 보고 연습하기로 약속한 후 유아들은 연습한다.)

교　사 : 이번에는 어떻게 연습을 하는 것인지 먼저 하는 친구가 대사를 하면 두 번째 친구가 따라 하는 거야. 만약 하마가 "야~ 웅덩이다"라고 이야기하면 두 번째 친구가 "야! 웅덩이다"라고 따라 이야기하면서 연습해 보자. (다함께 짝꿍끼리 차례로 대사를 대며 연습한다.)

* 연습 시 교사는 각 등장인물이 나오는 부분을 알 수 있도록 유아들에게 인지시킨다. 교사는 첫 번째 유아들이 하는 부분과 두 번째 유아들이 할 부분에 대해 정확하게 짚어 준다. 다함께 하는 부분에 대해서도 다함께 이야기할 수 있도록 지도한다.

[사진-3-a] **동극에서 역할 보조하기**

2단계 : 동극하기

도움받을 유아 1 : 거북이

도움받을 유아 2 : 하마

(도움받을 유아 모두 두 번째로 하기로 함)- 4번 활동

도움받을 유아 1(거북이) : 따라서 이야기할 때 "야~웅덩이다."(큰 소리로 따라서 이야기함)

도움받을 유아 2(하마) : 따라서 이야기할 때 "야~ 웅덩이다". (발음을 정확하게 말함)

도움받을 유아 1(동물들) : 다 같이 말하는 부분에서 "야! 신난다."(다 같이 말하는 부분에서 크게 말 안하고 입 모양만 했다.)

도움받을 유아 2(동물들) : 다 같이 말하는 부분에서 "야! 신난다."(큰 소리로 재미있어 하며 이야기함)

도움받을 유아 1(개구리, 거북이, 악어, 하마) : "잘 가 코끼리야."(평상시 목소리로 이야기함)

도움받을 유아 2(개구리, 거북이, 악어, 하마) : "잘 가 코끼리야."(두 번째 부분에서 이야기하지 않고 첫 번째 부분에서 이야기하려 함)

(교사는 첫 번째 유아들이 하는 부분과 두 번째 유아들이 할 부분에 대해 짚어 준다.)

도움받을 유아 1(개구리, 거북이, 악어) : "잘 가 코끼리야."(천천히 따라 하나 목소리는 내지 않음)

도움받을 유아 1(개구리, 거북이) : "잘 가 악어야."(재미있어 하며 조용하게 말함)

도움받을 유아 1(거북이) : "잘 있어! 비오는 날 또 만나자."(웃으며 한참 뒤 따라서 말함)

3단계 : 동극역할 바꾸어서 하기

〈역할 2명 중 따라서 하던 사람이 역할을 바꾸어서 다시 한번 하여 본다.〉

도움받을 유아 1 : 먼저 이야기할 때 "야~웅덩이다."(문장이 끊어지지 않게 잘 말함)

도움받을 유아 2 : 먼저 이야기할 때 "야~웅덩이다."(대사를 잊어버려 옆에 친구들이 이야기해 주자 따라서 이야기함)

도움받을 유아 1 (동물들) : 다 같이 말하는 부분에서 "야! 신난다."(자연스럽게 이야기함)

도움받을 유아 2(동물들) : 다 같이 말하는 부분에서 "야! 신난다."(또박또박 이야기함)

도움받을 유아 1(개구리, 거북이, 악어, 하마) : "잘 가 코끼리야."(친구들의 얼굴을 보며 웃으며 말함)

도움받을 유아 2(개구리, 거북이, 악어, 하마) : "잘 가 코끼리야."(자신 있게 말함)
도움받을 유아 2(하마) : "잘 있어! 비 오는 날 또 만나자."(한 단어씩 말하며 말끝이 흐려짐)
도움받을 유아 1(개구리, 거북이, 악어) : "잘 가 코끼리야."(말끝이 느려짐)
도움받을 유아 1(개구리, 거북이) : "잘 가 악어야."(자연스럽게 이야기 함)
도움받을 유아 1(거북이) : "잘 있어! 비 오는 날 또 만나자."(문장이 길어지자 더듬거리며 이야기함)

[사진-3-c] **동극에서 역할 보조하기**

C. 마무리활동 및 응용단계

교 사 : 얘들아~!, 우리 동극을 하면서 느낀 점이 무엇인지 말하여 볼까?
유 아 : 네.
교 사 : 동극을 하면서 기분은 어땠고 다음엔 어떤 역할을 하고 싶은지 돌아가면서 이야기해 보자. ○○먼저 차례대로 이야기해 볼래요?
유아 1 : 힘들고 싫어요. 동극 대사를 다하긴 너무 힘들었어요.
유아 2 : 재미있고요, 어려워요.
교 사 : 하고 싶은 역할은 없었나요?
유아 2 : 있어요. 해님이요. 말없이 서 있는 게 보기 좋았어요.
도움받을 유아 2 : 재미있고요, 조금 어려웠어요. 계속 말하는 점이요.
교 사 : 하고 싶은 역할은?

도움받을 유아 2 : 해요. 가만히 서 있는 게 좋았어요.

교 사 : ○○는 대사 이야기하기가 힘들었구나.

(계속해서 이야기 나눈다.)

도움받을 유아 1 : 기다리는 게 좋았고요. 재미있었어요?

교 사 : 다음에 또 하면 어떤 역할을 하고 싶어요?

도움받을 유아 1 : 악어요. 그냥 좋아요.

(동극에 참여한 유아들의 동극 활동 뒤의 느낀 점을 이야기하도록 하고 친구들의 생각을 들어 본다.)

유아들 : 선생님 다음에는 다른 동극도 해요. 재미있어요. 가면 만들기도 좋았구요.

교 사 : 그럼 다음에 할 동극을 골라 보세요. 그래서 동극대본을 만들어야 하니까.

D. 평가

① 동극에서 역할 보조하기 활동을 통해 먼저 이야기했을 때와 친구를 따라서 이야기했을 때 반응이 다름을 알 수 있었다.

② 여러 번 반복함에 따라 도움받을 유아가 좀 더 자신감을 갖고 크게 대사를 말하는 모습을 볼 수 있었다.

③ 동극 후 도움받을 유아가 친구들과 대화를 많이 하는 것이 보였다.

3. 조음 문제 지도

1) 음성 및 조음의 개념

(1) 음성장애

음성장애란 음성의 질, 높낮이, 세기 등에서 일반적인 음성에 비해 이상현상이 발생하는 경우를 말한다. 발성할 때 거친 숨소리나 숨찬 소리를 내어 상대방이 듣는데 불쾌감을 주거나 그 소리로 인하여 말이 정확하게 전달되지 않는 경우를 볼 수 있다. 그리고 음성의 높낮이를 상황에 따라 구분하여 사용하지 못하거나, 지나치게 큰 소리로 말하여 상대방을 당황하게 하거나, 또 지나치게 작은 음성으로 말하여 말의 내용이 제대로 전달되지 않는 현상을 말하는 것이다. 이는 기질적으로 호흡기관이나 발성기관의 이상으로 인하여 생기는 장애일 수도 있고, 기능적으로는 발성기관을 적절하게 조절하는 능력이 부족하거나 잘못된 발성을 모방함으로써 생기는 경우가 많다.

음성장애의 치료는 의학적 조치와 함께 심리적인 치료를 병행하는 것이 바람직하다. 정확한 진단에 따른 치료계획을 세워 기질적인 원인에 의해 발생되는 장애를 치료하고 지도해야 할 것이다. 그리고 정상적인 발음습관을 형성하기 위하여 불안과 긴장을 풀고 정서적 안정을 가질 수 있도록 도와주며, 정확한 발성의 모델을 제시하고 말을 많이 할 수 있는 기회를 제공하여 유아의 올바른 의사소통이 이루어질 수 있도록 지도해야 한다(정은주 · 정진, 1996).

(2) 조음장애

가. 조음장애의 특징

조음장애란 조음기관(혀, 이, 입술, 구개, 턱)이 그 위치 혹은 조음점(調音點)이 바뀜으로써 후두에서 공기의 흐름이 가감되어 틀리게 발음이 되는 것으로, 여기에는 크게 생략, 대치, 첨가, 왜곡 현상이 있다.

① 생략(omission) : '형님'을 '형임'으로 말하거나, '아가씨'를 '아씨'로 말하거나, '책'을 '액'으로 말하는 것

② 대치(substitution) : '개나리'를 '개다리'로 말을 하거나, '밥'을 '밤'으로 말하는 것

③ 첨가(addition) : '학교'를 '핵꾜'로 말하는 것

④ 왜곡(distortion) : 우리말로 표기할 수 없는 말

나. 조음장애의 출현율

조음장애를 언어장애 중에서 첫 번째로 분류하는 것은, 이 장애가 조음에만 한정되어 나타나는 두드러진 장애이고 다른 언어장애에 비하여 거의 정상에 가깝기 때문이다. 출현율은 학령기 전체 아동의 약 2~3%로, 아동기 전체 언어장애의 3/4 정도를 차지한다.

다. 조음발달과 조음습관

조음이 대체로 완성되는 때는 생후 4년 정도이다. 만 4세가 넘어서도 조음 불가능의 상태가 계속되는 경우에는 조음장애로 간주해 잘 관찰하여야 한다. 조음의 습득을 위해서는 잘 들을 수 있어야 하는데, 말하는 음을 스스로 잘 듣고, 그에 알맞은 말로 표현하도록 지도해야 한다. 가정이나 유치원에서 유아에게 조음 운동을 시킬 때는 자연스럽게 시행해야 한다. 왜냐하면 일상생활 중 우리가 말을 할 때는 말의 내용에만 주의를 기울이지 조음법은 좀처럼 의식하지 않기 때문이다. 그러나 틀린 조음법이 신경 계통에 고착되면 쉽게 바꾸지 않고 조음장애로 나타나기 때문에 어려서부터 바람직한 조음습관을 갖도록 지도해야 한다.

라. 조음장애의 원인

조음장애의 원인으로는 다음과 같은 것들이 있다.

① 발어기관에 장애가 있는 경우에는 입술, 혀, 구개, 코, 인후 등에 장애가 있으면 조음 이상을 가져오는 직접적인 원인이 된다. 또한 치열의 이상, 코의 질환, 구개의 마비 등도 조음장애의 원인이 된다.

② 청각장애의 경우

③ 언어 환경이 나쁜 경우

④ 지능이 뒤질 경우

⑤ 유아의 기분이 불안정한 경우

치료적인 관점에서 조음장애의 원인을 살펴보면 어음을 수용하는 in-put과 구음을 하는 out-put의 면에서 나누어 생각해 볼 수 있다.

① in-put의 장애

난청으로 인해 어떤 음을 들을 때 충실하게 들을 수 없고, 왜곡되게 인지함으로써 바르게 음을 낼 수 없는 장애를 말한다.

조음의 습득 시 단기간 혹은 장기간 청력 손실이 있으면 조음장애가 될 수 있다. 청각적 기억력과 어음 변별력이 떨어지면 반향어기를 대부분 거치지 않으므로 천천히 하는 어른의 발을 알아듣지 못한다. 또한 자폐적 행동이 있으면 몸에 관심을 기울이지 않아 조음장애가 될 수 있다. 환경적인 문제로는 유아와 가까이에 접하는 주위 사람들의 말소리가 작거나 너무 빠른 말, 조음의 불명확 등이 in-put의 장애를 유발하는 요인이 된다.

② out-put의 장애

out-put의 장애 중 가장 대표적인 유형이 발어기관의 형태적 이상이라 할 수 있는 구개파열이다. 구개파열이 있으면 당연히 조음장애를 수반하게 되는데, 수술을 받아도 조음의 약 습관이 남아서 심한 조음장애가 되는 경우가 많다. 치아의 이상과 혀의 짧음 등도 역시 여기서 문제가 될 수 있다.

기능적인 문제로는 발어기관의 마비, 협조 운동 혹은 운동 습관의 불기능 등이 있다. 입안의 염증이나 디프테리아 후에 마비가 되어 조음장애가 되는 경우가 있다. 정신지체의 경우에 조음 운동 습관이 둔하여 조음장애가 되는 경우도 허다하다. 그 외 심리적인 문제로 조음 습득 때에 엄격한 간섭을 받았기 때문에 반항적으로 오는 경우가 있다. 때에 따라 이와 같은 요인들이 서로 복합되어 조음장애로 나타나는 예도 많이 있다.

2) 조음문제 행동(발음이 부정확하다)

(1) 진단 및 관찰

조음문제 지도에서는 유아들이 유아교육기관에서 발음관계의 문제가 많다.

발음기관의 이상보다는 유아들의 습관으로 인한 발음 부정확이 많고, 선천적으로 혈소대의 짧음으로 인하여 발음의 부정확한 유아들이 많다. 그러나 혈소대가 짧은 유아는 조기에 혈소대를 수술하여 유아가 발음의 부정확이 습관화되지 않도록 해 주어야 한다. 교사는 이런 유아들의 구강구조에도 관심을 보이고 부모와 상담을 할 수 있어야 한다. 그러나 나이에 맞지 않게 애기소리를 내거나 의도적인 퇴행현상을 보이는 유아를 잘 구별하여 지도하여야 할 것이다.

발음이 부정확한 유아들이 유아교육기관에서 소외되는 것을 막는 방법은 유아들이 발음교정을 위한 활동을 자연스럽게 같이 해 봄으로써 도움이 필요한 유아를 이해할 수 있다.

(2) 지도방법

조음장애를 치료할 때는 대상아의 조음 발달 과정에 어떤 잘못이 없었는가를 먼저 살펴보아야 한다. 유아의 조음장애를 가정에서 지도할 경우에는 일반적으로 유아의 말에 대해 꾸중을 함으로써 유아로 하여금 말하기를 기피하도록 하여 지도 자체가 실패하는 경우가 대부분이다. 그러므로 가정에서의 치료보다는 전문기관에 의뢰하는 것이 바람직하다.

조음의 일반적인 지도법으로는 다음과 같은 7가지가 있다.

① 그 음을 단독으로 길게 끌어 조음한다.
② 연습 기호를 쓰면서 그 음을 낸다.
③ 무의미 음절의 연습을 시킨다.
④ 단어의 연습을 시킨다.
⑤ 구별을 하여 연습을 시킨다.
⑥ 문장의 연습을 시킨다.
⑦ 일상 회화에서 해당 조음을 사용하게 한다.

조음장애의 치료 및 지도의 원리는 다음과 같다.

① 말을 들어 분간할 수 있는 능력을 길러 준다.
② 틀리게 발음하는 음을 바르게 내는 방법을 가르쳐 준다.
③ 바르게 발음하는 방법을 가르쳐 준 음이 들어간 낱말의 발음을 수시로 연습시킨다.

④ 바르게 발음된 음이 들어간 낱말을 문장이나 회화를 통하여 바르게 사용할 수 있도록 연습시킨다.

이와 함께 호흡 훈련, 혀의 운동 및 훈련, 입술의 운동 및 훈련 턱의 운동 및 훈련 등과 같은 발음기관의 훈련이 이루어져야 한다.

치료 기간은 조음의 틀린 정도, 장애 유아의 능력 등을 고려하여 정해야 한다.

조음장애는 단순히 조음의 틀림만이 아니라, 틀린 말로 인해 사람의 주의를 끌어 놀림을 받게 되고 그에 따른 열등감이 심리적인 문제로 나타날 수 있다. 이들에 대한 치료는 유아기나 학령기 초기에 이루어지는 것이 효과가 큰데, 이 때 정확한 진단 및 치료가 이루어지면 정상적인 조음을 할 수 있다.

* 소리내기 훈련
* 녹음된 언어표현 듣기
* 정확히 말하기

3) 실제 활동지도

가. 활동 1– 동화 듣고 대본 작성하여 동극하기

선정동화 : 삐약! 우리 엄마세요?

◑ 목　표 : ① 친구들과 대화를 천천히 하도록 한다.
　　　　② 말을 자연스럽게 할 수 있도록 한다.
　　　　③ 입모양을 정확히 하도록 한다.

◑ 준비물 : 동화, 동극대본, 동극인물에 대한 가면과 소품

A. 활동을 위한 준비단계

* 동극 할 동화는 '삐약! 우리 엄마세요?'로 정했다.

교　사 : (그림동화 제시) 찌찌직하고 알이 깨지더니…….

유　아 : 병아리가 나와요.

교　사 : 그래요. 병아리가 알을 깨고 나왔어요. 그런데 병아리가 알에서 깨고 나와 보니 동물들이 많아 누가 엄마인지 몰라요. 그래서 엄마를 찾아

고양이에게 뭐라고 했을까?

유 아 : …….

교 사 : 병아리가 "삐약! 우리 엄마세요? 하고 말하니까, 고양이는

유 아 : 아니라고요.

교 사 : 그래, "야옹 나는 아니란다."라고 이야기를 했지요. 그래서 이번에는 삐약 삐약하며 간 곳이 강아지야. 이번에도 " 삐약 우리 엄마세요?" 하고 물으니까.

유 아 : "나는 너의 엄마가 아니란다." 하고 얘기해요.

교 사 : 그래, "멍멍! 나는 아니란다."라고 이야기를 하죠.

(교사는 계속해서 동화이야기를 친구들에 들려준 후 이야기 나눈다)

교 사 : 얘들아, 어떤 동화내용이었니?

유 아 : 삐약이가 엄마를 찾는 내용이요.

교 사 : 맞아, 오늘은 이 동화내용을 가지고 동극을 할 거예요.

유 아 : 동극이 뭐예요?

교 사 : 동극이란 동화내용을 너희들이 직접 배역을 정해서 해 보는 거예요.

(동극이란 말의 뜻을 유아들이 모를 경우 유아들의 이해를 도운 후 동극을 한다.)

교 사 : 근데 여기에 누가 나왔었지?

유 아 : 병아리, 고양이, 강아지, 젖소, 닭이요.

교 사 : 그러면 너희들이 동극을 하려면 역할을 맡아야 하는데 동극을 할 때 필요한건 무엇이 있을까?

유 아 : 대사요, 대본이요, 무대요, 녹음된 동화내용이요.

교 사 : 또 무엇이 있을까?

유 아 : 털 달린 소품이요.

교 사 : 그래요. 젖소 역할을 하는 친구가 젖소처럼 보이려면 젖소 옷이나 머리띠 같은 걸로 표현할 수 있는 소품이 필요하죠. 그럼 동극을 하기 전에 역할을 정해야 하는데 몇 명이 필요할까?

유 아 : 병아리, 고양이, 강아지, 젖소, 닭. 아~, 해설 6명이요.

교 사 : 맞아요, 6명이 필요해요. 그럼 해설은 누가 하여 볼까?

유 아 : 선생님이요.

교 사 : 그럼, 선생님이 해설을 하고 고양이는 누가 할까요?

[사진-4-a] **동화 듣고 대본 작성하여 동극하기**

유 아 : 저요, 저요.

(배역을 정할 때 많은 아이들이 지원할 경우 친구들의 의견을 들어 정한다.- 뽑기, 가위 바위 보, 사다리)

(유아들의 의견을 조절하여 배역을 정한다.)

(배역을 정할 때 나중에 다른 역할도 할 수 있음을 이야기해 준다. 불만 있는 유아들이 있을 수 있음)

B. 목표활동

1단계 : 동극대사 연습하기

교 사 : 그럼, 선생님과 함께 한 사람씩 대사연습을 할거예요.

(유아와 함께 교사는 대사를 1 : 1로 연습을 하도록 한다.)

(대사 연습 시 동물의 특징도 함께 이야기하여 몸동작을 함께 하며 대사를 말할 수 있도록 지도한다.)

(유아들이 등장해야 할 부분을 짚어 준다.)

(3~4 정도 반복 연습한다.)

[사진-4-b] **동화 듣고 대본 작성하여 동극하기**

2단계 : 동극연습하기

도움받을 유아(강아지) : "멍멍! 나는 아니란다".

(빨리 말하려 하여 발음이 분명하지 않고 흘러가듯이 이야기함)

3단계 : 동극하기

도움받을 유아(강아지) : "멍멍! 나는 아니란다".

(끝말을 흐리면서 목소리가 작아짐)

(교사는 목소리가 작은 유아들에겐 친구들이 듣고 해야 하는데 들리지 않으니 더 큰 소리로 대사를 말할 것을 요구한다.)

4단계 : 반복하기

도움받을 유아(강아지) : "멍멍! 나는 아니란다". (큰 어조로 분명하게 이야기함)

(계속해서 도움받을 유아의 발음이 분명하게 소리 내어 말할 수 있도록 지도한다.)

* 배역을 바꿔서 활동을 하여 본다.

C. 마무리활동 및 응용단계(동극활동 후 느낀 점 말하기)

교 사 : 우리 동그랗게 앉아 볼까요? 우리 ○○부터 동극활동 후 느낀 점을 이야기해 볼까?

유아 1 : 있잖아요, 재미있구요. 엄마, 아빠께 보여드리고 싶은 마음이 들어요.

유아 2 : 아빠, 엄마께요. 맨 날 말 안 들었는데요. 죄송하다고 연극 보여드리고 싶어요.

[사진-4-c] **동화 듣고 대본 작성하여 동극하기**

유아 3 : 계속 고양이처럼 몸을 하고 있으니깐 힘들어요.

도움받을 유아 : 계속 멍멍하는 걸 잊어버려서 힘들었어요.

교 사 : 그럼, 애들아. 친구들이 말할 때 뭐라고 말하는지 못 알아들었던 경우는 없었나요?

유 아 : 네. 젖소가 말할 때 뭐라고 했는지 소리가 작아 모르겠어요.

교 사 : 그럼, 애들아 어떻게 하면 잘 들릴 수 있을까?

유 아 : 천천히요, 크게요.

교 사 : 그래요, 천천히 크게 말하면 친구들이 분명하게 들을 수 있겠나.

(계속해서 느낀 점에 대하여 유아들의 생각을 듣는 시간을 갖는다.)

교 사 : 그럼, 애들아. 우리 다시 한번 천천히 크게 말하며 동극을 해 볼까?

* 다시 한번 천천히 크게 말할 수 있도록 지도하며 동극을 하여 본다.

교 사 : 애들아, 크게 천천히 말하며 동극을 하여 보니깐 어떠니?

유아 1 : 속이 시원해요.

유아 2 : 더 천천히 할려구 했어.

도움받을 유아 : …….

(유아들과 충분히 이야기를 나눈 후 활동을 끝낸다.)

D. 평가

평상시처럼 동극을 하였을 때와 다르게 큰 목소리로 천천히 대사를 하며 하였더니 자신의 대사를 또박또박 분명하게 말하려고 노력하는 모습이 보였으며, 자신이 등장할 때에는 더욱 흥미를 갖고 다른 친구들이 하는 모습도 주의 깊게 보는 모습이 보였다.

※ 유의점

배역을 정할 때 많은 아이들이 지원할 경우 친구들의 의견을 들어 정하며 (예 : 뽑기, 가위 바위 보, 사다리 등) 나중에 다른 역할도 할 수 있음을 이야기해 준다.(불만 있는 유아들이 있을 수 있음)

나. 활동 2–역할놀이 한 것 녹음하여 들어 보기

◑ 목　표 : ① 친구들과 대화를 천천히 한다.
② 말을 자연스럽게 할 수 있도록 한다.
③ 입모양을 정확히 한다.
④ 녹음한 것을 잘 듣는 태도가 길러진다.
⑤ 잘 듣고 내가 이야기한 것에 대하여 평가한다.
⑥ 스스로 정확하게 말하려고 노력한다.

◑ 준비물 : 역할놀이 소품 및 블록, 녹음기

A. 활동을 위한 준비단계

① 어떤 역할을 할 것인가. 역할 정하기, 준비물, 무대 꾸미기 등에 대해 이야기 나눈다.

- 역할놀이- 식당놀이(중국집을 하려다가 음식이 많지 않아 팔고 싶은 음식을 다 파는 가게로 바꾸었다.)
- 역할 정하기- 요리사, 손님 2명, 배달부, 주인(사장), 서빙하는 사람

・필요한 준비물- 쟁반, 컵, 접시, 상, 돈, 전화기, 계산대, 부엌, 가방, 오토바이, 차림표, 간판, 의자, 시계, 계산기

・음식 메뉴- 장어, 라면, 떡볶이, 햄버거, 부침찌개, 콜라, 사이다, 자장면, 보쌈, 오뎅, 피자(음식 옆에 가격을 써 놓음)

교 사 : ○○이는 (도움받을 유아) 어떤 역할을 맡았니?

도움받을 유아 : 손님이요.

교 사 : 역할놀이를 할 때는 크고, 천천히 말하기로 하자. 그리고 말할 때 입모양도 크게 해 보도록 하자.

유아들 : 네.

교 사 : 너희들이 대화를 하면서 잘 알아듣지 못했을 때에는 어떻게 하면 좋을까?

교 사 : 그런 때에는 친구에게 정확하게 얘기해 달라고 말하자.

B. 목표활동

1단계 : 역할놀이하기

* 도움받을 유아의 발음이 정확하지 않은 부분은 표시

서 빙 : 손님 빨리 오쇼.

손님 1(도움받을 유아) : (식당 의자에 앉아 책상을 손으로 누르는 흉내를 내며) 띵동띵동

손님 2 : 띵동띵동

서 빙 : 안녕하세요. 뭘 드릴까요.

손님 1(도움받을 유아) : 부침찌개요

손님 2 : 장어요.

서 빙 : 부침찌개하고 장어요?

손님 1(도움받을 유아) : 아니요. 햄버거도 주세요.

서 빙 : 네.

요리사 : 1인분씩이죠?

손님 1(도움받을 유아) : 햄버거 어디 있어? 왜케 빨리 안와?

손님 2 : 기다려.

요리사 : 햄버거를 어떻게 만들지? 선생님 어떻게 만들어요?

교 사 : 요리사가 만들고 싶은 것으로 만들어 봐.

요리사 : 몇 인분? 1인분?

서 빙 : 2인분

요리사는 그릇들을 쟁반에 놓으며 음식을 만드는 흉내를 낸다.

주 인 : 장어 1인분에다가 라면 1인분에다가 햄버거 1인분이야.

손님 2 : 저기여, 빨리 주세요.

손님 1(도움받을 유아) : 빨리 주세요.

요리사 : 네, 지금 나가요.

서빙을 보는 유아가 음식을 갖다 준다.

손님 2명은 음식을 먹는 흉내를 낸다.

손님 1(도움받을 유아) : 띵동띵동 빨리 오세요. 띵동띵동 다 먹었습니다.

손님 2 : 저도요.

서빙을 보는 유아가 음식을 가져간다.

손님 2 : 야, 우리 4000원 내야 돼 4000원.

교 사 : 손님, 더 드시고 싶으신 거 없으세요?

손님 2 : 지금 장어 시켰는데.

손님 1(도움받을 유아) : 피자하고 라면 주세요.

손님 2 : 너무 자꾸만 그렇게 먹지 마, 비싸.

손님 1(도움받을 유아) : 피자하고 라면 주세요.

주인 : 맞아, 라면, 햄버거, 장어가 벌써 20000원이야.

손님 1(도움받을 유아) : 아니요 그만 주세요, 그만 주세요.

손님 2 : 장어 벌써 시켰거든?

손님 1(도움받을 유아) : 아, 나는 햄버거 먹었지? 전 그만 주세요.

손님 2 : 야, 이게 피자야.

손님 1(도움받을 유아) : 다시 갖다 주세요.

서빙 : 시켰으니 어쩔 수 없습니다.

손님 1(도움받을 유아) : (음식 먹는 흉내를 내며)어, 이거 왜이래 맛이.

교 사 : (전화를 거는 흉내를 낸다.)

주 인 : (전화를 받으며)여보세요.

교 사 : 거기 가게 이름이 뭐에요?

[사진-5-a] **역할놀이 한 것 녹음하여 들어 보기**

주 인 : 맛나 음식점인데요.

교 사 : 네, 거기에서 제일 맛있는 음식이 뭐에요?

주 인 : 장어요.

교 사 : 그래요? 여기 기쁜반인데요. 장어 2인분만 배달해 주세요.

주 인 : 네.

요리사 : 장어? 2인분?(손님에게로 가더니 장어를 가져온다.)

손님 2 : 야, 아직 다 안 먹었어 왜 뺏어가.

손님 1(도움받을 유아) : 야, 이놈아 빨리 먹어.

손님 2 : 됐어 다 먹었어.

다 먹었어. 서빙? 서빙?

요리사 : 갈 때 돈 내라 그래.

서 빙 : 야아, 다 먹었으면 그대로 놔야지.

손님 2 : 이제 우린 간다.

손님 2 : 야, 너 왜 돈 뺏어가.

손님 1(도움받을 유아) : 야아, 내꺼야 내가 다 그렸어.(울먹이며 말한다.)

손님 2 : 너는 많잖아.

손님 1(도움받을 유아) : 아니야 빨리 내놔. 내 꺼 왜 뺏어가.

손님 2 : 너꺼 많어.

손님 1(도움받을 유아) : 너 꺼도 줘.

실랑이를 하다가 계산을 하러 간다.

주 인 : 장어랑, 햄버거랑…….(손님들이 먹은 것을 기억하며 계산기를 이용하여 계산한다.)

손님 2 : 어, 많이 먹었다. 돈 많이 줘야겠다.

손님 2 : 야, 만원 한 개만.

손님 1(도움받을 유아) : 싫어.

계산을 하고 손님 2명이 가게를 나갔다가 다시 들어와 주문을 한다.

손님 1(도움받을 유아) : 떡볶이 하고 짜장면 하나 주세요.

배달부 : 선생님 빨리 주문해요, 배달하게요.

손님 2 : 짜장면 하나, 라면 하나, 떡볶이.

나온 음식을 먹고 계산을 하러 나간다.

주 인 : 4000원 줘야지. 왜 2000원 줘?

손님 1(도움받을 유아) : 머? 2000원 (천원이란 말을 정확하게 발음할 때도 있었다.)

손님 1(도움받을 유아) : 2000원 깍아 줘요.

주 인 : 안 돼요.

[사진-5-b] **역할놀이 한 것 녹음하여 들어 보기**

계산을 하고 가게 밖으로 나온 뒤 역할놀이를 마친다.

(배달부를 맡은 유아는 말을 많이 못했다고 속상해 했다.)

- 역할놀이에 참여한 유아들 모두가 천천히 말하려고 노력하는 모습이 보이지 않고, 평상시 말하는 속도로 말했다. 역할놀이 도중에 잘못 알아들었다고 다시

이야기해 달라고 하는 유아들도 있었다.

2단계 : 녹음한 것 들어 보기

교 사 : 이제, 아까 너희들이 역할놀이했던 것을 들어 볼거야.

자신이 정확한 발음으로 말했는지, 친구는 정확한 발음으로 말했는지 들어 보도록 하자. 듣고 정확하지 않은 발음이 있다면 선생님한테 이야기해 주세요.

(녹음한 것을 들어 본다.- 유아들 모두가 듣는 내내 웃으며 재미있어했다.)

교 사 : 잘 들었니? 너희들이 듣기에 이상한 발음이 있었니?

유아1 : ○○이가 시켰어 해야 되는데 시켰다라고 했어요.

도움받을 유아 : 제가한게 이상했어요.

교 사 : 어느 부분이 이상했는데?

도움받을 유아 : 햄버거 어딨어? 했을 때요.(다른 유아들도 긍정한다.)

(부정확한 발음보다는 억양을 특이하게 냄- 재미있어 하는 친구들의 반응에 좋아함)

* 유아들이 부정확한 발음 찾는 것을 힘들어 했으며, 특이한 말이나 억양에 변화가 있는 경우를 이야기하였다.

C. 마무리활동 및 응용단계 : 녹음한 것 들어 보고 발음하기

(녹음한 것을 도움받을 유아와 함께 들어 본다. 정확하지 않은 부분을 유아가 따라 하도록 한다.)

교 사 : 선생님이 말하는 것을 잘 듣고 정확하게 말해 보자.

교 사 : 햄버거

도움받을 유아 : 햄버거

교 사 : 천천히 말하면서 입모양을 조금 더 크게 해 보자.

교 사 : 오천 원

도움받을 유아 : 오천 원

교 사 : 깎아 줘요.

도움받을 유아 : 깎아 줘요.

D. 평가

① 친구들과 자연스럽게 대화를 잘 하였다.

② 재미있는 어투로 말을 하는 경우가 있었으며, 천천히 말하는 모습은 보이지 않았다. 크게 말할 경우는 대체적으로 발음이 정확했으나 보통의 경우는 말을 할 때 입 모양이 크지 않아 정확한 발음이 되지 않았다.

③ 녹음한 것을 들을 때는 녹음된 자신들의 목소리를 듣는 것 자체에 신기해 했으며 매우 즐거워하였다.

④ 자신의 목소리가 나오면 웃느냐고 계속 집중해서 듣기를 힘들어 했으나 정확하게 말하려고 혼자서 발음을 연습하는 태도가 보였다.

다. 활동 3–잘 듣고 따라 하기

◑ 목　표 : ① 입 모양을 정확히 한다.
　　　　　② 말을 자연스럽고 발음을 정확하게 한다.
　　　　　③ 스스로 정확하게 말하려고 노력한다.

◑ 준비물 : 낮은 책상, 녹음기, 그림카드, 낱말카드

A. 활동을 위한 준비과정

교　사 : ○○아 여기 어떤 카드들이 있지? 어떤 카드들이 있는지 이야기해 볼까?
도움받을 유아 : 쌀, 당근, 바구니, …… 음……
교　사 : 다 이야기한 거야?
도움받을 유아 : 의자, 색연필, 슬리퍼, 전화기

[사진-6-a] **잘 듣고 따라 하기**

교 사 : 이번엔 선생님이 글자카드를 보여 줄거야, 어떤 카드들이 있는지 ◯◯이가 말해 보자.

도움받을 유아 : 쌀가마, 더듬이, 가습기, 월요일, 조작방, 해돋이, 농촌

교 사 : 그래, 맞았어. 이제부턴 지금 ◯◯이가 말한 카드 이름을 녹음기에서 들어 볼거야. 어떻게 발음되는지 잘 들어 보자.

B. 목표활동

1단계 : 카드를 보면서 말소리 따라 하기

교 사 : 자, 선생님이 녹음기를 틀어 줄테니까 잘 들어 봐. 그런 다음 ◯◯이가 카드를 보면서 그 말을 잘 따라 하는 거야 할 수 있겠니?

녹음기 : 쌀가마

도움받을 유아 : 쌀가마

녹음기 : 조작방

도움받을 유아 : 조작방

교 사 : ◯◯ 아 다시 한 번

발음해 보자. 조작방

도움받을 유아 : 조작방

[사진-6-b] 잘 듣고 따라 하기

* 교사는 정확하지 않은 발음을 적어 둔다.

2단계 : 말소리 따라 하기

교 사 : 이번에는 카드 없이 녹음기에서 나오는 말을 잘 듣고 따라 해 보자.

도움받을 유아 : 네.

녹음기 : 월요일

도움받을 유아 : 월요일

녹음기 : 농촌

도움받을 유아 : 농촌.

교 사 : ○○ 아 다시 한 번 발음해 보자. 입 모양을 크게 하고 발음해 보자.

도움받을 유아 : 농촌

* 교사는 정확하지 않은 발음을 적어 두고 반복해서 발음해 보도록 한다.

3단계 : 발음이 부정확한 단어 반복하기

교 사 : 선생님이 지금부터 카드 이름을 말할 거야. 선생님 입 모양을 잘 보고 따라 해 보자.

교 사 : 농촌

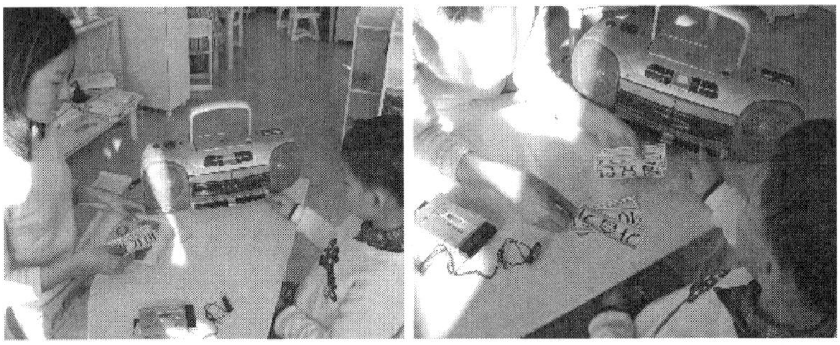

[사진-6-c] **잘 듣고 따라 하기**

도움받을 유아 : 농촌

교 사 : 조작방

도움받을 유아 : 조작방

교 사 : 입 모양을 크게 하고 천천히 발음해 보자.

교 사 : 농촌

도움받을 유아 : (입 모양을 크게 하며) 농촌

(교사는 유아가 발음한 것을 녹음한다.)

교　사 : 아까 ○○이가 발음한 걸 선생님이 녹음을 했는데 어떤 지 한 번 같이 들어 보자.

* 녹음기로 유아의 발음을 들어 본다.

교　사 : 들으니까 어떠니? 정확하지 않은 발음이 있었니?

도움받을 유아 : 잘 모르겠어요.

교　사 : 다시 한 번 들어 보자.

(교사는 정확하지 않은 발음을 유아에게 반복해서 따라 하게 한다.)

교　사 : 선생님 입 모양을 보고 잘 따라 해 봐. 농촌

도움받을 유아 : 농촌

C. 마무리활동 및 응용단계

① 도움받을 유아는 발음하는 것이 습관으로 인하여 자기의 발음을 정확하게 듣지를 못하는 것 같다.

② 도움받을 유아와 같이 발음을 정확히 하기 위하여 유아와 같이 할 활동을 의논하여 동화 따라 읽기활동을 하기로 한다.

D. 평가

① 발음할 시 입 모양을 작게 한다.

② 교사가 옆에서 격려해 주면 스스로 입 모양을 크게 하여 발음하려고 노력한다.

③ 이러한 활동을 단계적으로 한다면 발음이 좋아지고 유아도 자신감을 가질 것이다.

라. 활동 4-천천히 나라

◑ **목　표** : ① 천천히 말하면서 발음을 정확히 낸다.

② 스스로 천천히 정확하게 말하려고 노력한다.

◑ **준비물** : 동화책, 시계, 종이나 탬버린

A. 활동을 위한 준비과정

교　사 : 선생님께서 우리 친구들에게 재미있는 이야기를 해 줄거예요.

어제 선생님께서 꿈을 꿨는데 꿈 속에서 버스를 탔어요. 정말 신기한 세모 모양의 버스였어요. 그런데 운전기사 아저씨가 "선생님 내리세요" 하고 말하는 거야. 그래서 버스에서 내렸지요.

그런데 버스에서 내리니깐 이상한 문이 있었어요.

그래서 그 문을 열고 들어가니깐 사람들이 굉장히 많이 모여 있는 거예요. 그래서 선생님은 "안녕하세요" 하고 말하니깐 사람들이" 안-녕-하-세-요!.여-기-는-천-천-히-나-라-에-요"하고 얘기하는 거예요.

선생님은 너무 답답해서 "빨리 말해 보세요"하고 이야기했지만 여전히 "이곳--은-천-천-히-나-라-에-요"하고 이야기하고는 가 버리지 뭐예요. 선생님은 너무 놀라 그만 잠에서 깨고 말았어요.

그런데 얘들아, 꿈에서 깨고 나니깐 갑자기 재미있는 생각이 들지 뭐니. 우리 ○○반이 천천히 ○○반이 되면 어떨까 하고 말야.

[사진-7-a] **천천히 나라**

유　아 : 와~! 재미있겠다.

교　사 : 자, 그럼 지금부터 천천히 나라가 되어 볼까요?

유　아 : 네.

B. 목표활동

1단계 : 천천히 말하기

교 사 : 그-럼-지-금-부-터-자-유-선-택-활-동-을-할-껀-데-요-

오-분-정-도-는-천-천-히-○-○-반-이-되-어-보-고

잠깐 쉬었다가 다시 오-분-정-도-천-천-히-○-○-반-이-되-는-거-야.

(유아들은 자유선택활동에 참여한다.)

교 사 : ○-○-야-! 무-슨-교-구-를-가-지-고-노-는-건-가-요-?

도움받을 유아 : 긴-사-다-리-블-럭-이-요.

교 사 : 긴-사-다-리-블-럭-으-로-무-엇-을-만-들-건-가-요.

도움받을 유아 : 말-을-만-들-거-예-요. (유아는 말없이 말을 만든다.)

교 사 : 지-금-은-무-엇-을-만-들-고-있-는-건-가-요.

도움받을 유아 : 꼬-리-를-망-들-고-있-어-요.

(말의 엉덩이 부분을 가리키며) 여-기-다-만-들-거-예-요.

교 사 : 꼬-리-를-만-들-고-있-어-요-를-다-시-한-번-이-야-기-해-볼-래-요-?

도움받을 유아 : 꼬-리-를-만-들-고-있-어-요.

(계속해서 천천히 말하기를 하여 본다.)

(중간중간 교사는 유아들을 격려하며, 도움받을 유아가 말할 때 긍정적 강화를 한다.)

2단계 : 천천히 나라 발표

교 사 : (탬버린을 흔들며)자, 이젠 카펫 자리로 모여 보세요.

유 아 : (유아들은 손을 허리에 한 후 카펫 자리에 모여 앉는다.)

교 사 : 우리 대표 1팀이 나와서 천천히 나라를 해 보자.

유 아 : 네.

(교사는 도움받을 유아와 함께 했던 자유선택활동 팀을 나오게 한다.)

(같은 방법으로 지도한다.)

3단계 : 발음이 부정확한 단어 천천히 반복하기

교 사 : ○○야, 우리 언어영역으로 갈까요?

[사진-7-b] **천천히 나라**

(교사는 도움받을 유아와 함께 언어영역에 간다.)

교 사 : ○○가 좋아하는 책을 책꽂이에서 한 권 가지고 오세요.

도움받을 유아 : (도움받을 유아는 책을 가지고 앉는다.)

교 사 : ○○가 먼저 한 문장을 읽으면 선생님도 따라 읽을게요.

(도움받을 유아가 한 문장씩 읽을 때마다 교사는 따라 읽기를 한다. 발음이 부정확할 경우 교사는 또박또박 분명하게 다시 말하여 주고 도움받을 유아가 따라해 볼 수 있도록 한다.)

[사진-7-c] **천천히 나라**

C. 마무리활동 및 응용단계

* 활동이 모두 끝나면 유아들과 함께 둥글게 모여 앉아 느낀 점을 이야기 나눈다.

교　사 : 우리 친구들 천천히 나라를 해 보니깐 어땠어요?
유아1 : 답답했어요
유아2 : 빨리빨리 말하고 싶었지만 그러지 못해서 답답했어요.
유아3 : 천천히 말하니깐 좋아요. 잘 들려서요.
교　사 : 그래요. 천천히 말하니깐 답답하기는 했지만 분명한 소리를 들을 수 있어 좋았지요?
유아들 : 네.
교　사 : 다음 자유선택활동 시간에도 '천천히 나라'가 되어 활동해 보아요.
유아들 : 네.

D. 평가

① 의도적으로 천천히 말하려고 하니깐 유아들은 조금은 답답해 하면서도 힘들어 하였다. 천천히 말하다가도 보통 때처럼 빠르게 말하고 다시 의식하곤 천천히 말하는 친구들이 있었다.
② 천천히 말하기를 통해 유아들은 자신이 말할 때마다 신중을 다하는 모습이었고, 천천히 말하려고 노력하는 모습을 볼 수 있는 활동이었다.
③ 도움받을 유아는 스스로 천천히 말을 하려고 하였으며, 천천히 말하면 발음을 친구들이 잘 알아듣는다는 것을 이해한 것 같다.

4. 유창성(말더듬) 문제 지도

1) 유창성(말더듬) 이해

(1) 말더듬이의 특징

말더듬이의 증상은 개인에 따라 차이가 있으나 대부분의 경우 생후 2~5세 사이의 유아기에 시작된다. 이 시기는 언어의 습득 · 발달이 가장 빠르며 자신의 생각이나 느낌을 적절하게 말로 표현하는 기술을 배우는 시기이다. 또한 이 시기는 말하는 능력이 충분치 못하며, 언어가 충분하지 못하여, 언어의 사용에 있어서 여러 가지 모순과 혼란 등이 생겨 언어의 절단이나 반복이 많음은 이 시기의 유아에게 있어서 공통적으로 나타나는 현상이나 대부분 성숙하면서 저절로 없어진다.

또한 말의 미숙함을 말더듬이로 착각하여 걱정하는 부모가 있다. 미숙한 말을 할 때 부모가 불안한 표정을 짓거나 주의시켜 바르게 지도하려고 하지만 개선되기보다 오히려 진짜 말더듬이로 만드는 결과를 초래하기도 하기 때문에 유의하여야 한다.

Van Riper(1991)는 말더듬이를 1차성 말더듬이(primary stuttering)와 이행성(移行性) 말더듬이, 그리고 2차성 말더듬이(secondary stuttering)로 구분하고 있다(그림 8-1 참조).

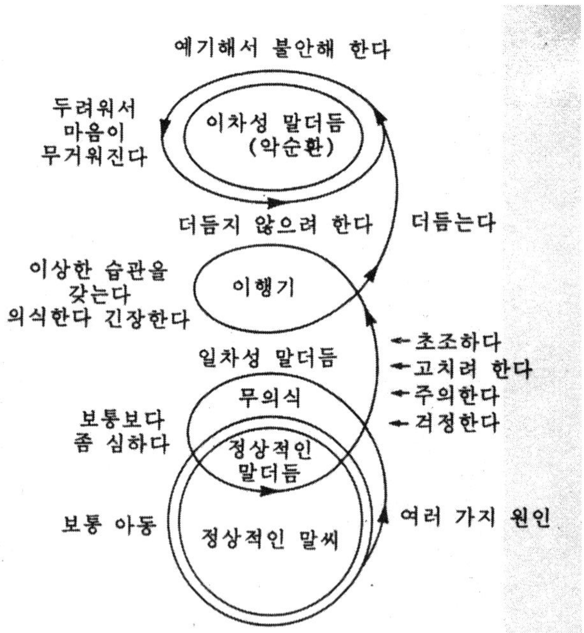

[그림 8-1] **말더듬이의 진행**

① 1차성 말더듬이 : 자신의 더듬는 상태를 의식하지 못하여 말더듬을 두려워하거나 괴로워하거나 수치스럽게 여기지 않는 상태이다.

② 이행성 말더듬이 : 1차성 말더듬이와 2차성 말더듬이 사이에 이상한 습관을 갖고 의식하며 긴장하는 상태이다.
③ 2차성 말더듬이 : 대체로 초등학교 중간쯤에서 고학년에 이르는 나이로서 자신의 언어 표현이 순조롭지 못함을 의식하고, 말더듬을 괴로워하며, 말하기 전부터 말할 때 더듬지는 않을까 걱정하며, 말을 더듬지 않으려고 하다가 더듬어 버리는 상태이다.

말더듬이의 형태에 따른 특징은 다음과 같다.
① 첫 음이 완전히 막히는 것
② 낱말 전체의 되풀이, 말의 첫 음절 또는 음의 되풀이 및 첫 음의 막힘
③ 낱말의 되풀이와 첫 음의 막힘
④ 첫 음절의 되풀이와 첫 음의 막힘
⑤ 후음에 따른 말이 말하기 전에 막힘
⑥ 첫 음 또는 음절의 되풀이와 첫 음을 길게 끄는 것
⑦ 낱말 전체의 되풀이 또는 첫 음이나 음절의 되풀이, 첫 음이 완전히 막히거나, 첫 음의 자름을 길게 끌거나 '아아'를 삽입함
⑧ '아--' '에--'를 되풀이함
⑨ 말하기 전에 막힘

이와 같이 말더듬이란 학령기 초기 이후에 여러 가지 원인으로 어떤 음, 음절 등에서 말의 흐름이 순조롭지 못한 상태를 말한다.

(2) 말더듬이의 원인

말더듬이의 원인에 대하여는 여러 가지 설이 있으나, 최근에는 선천적이라기보다는 성장 과정에서 환경으로부터 받는 영향으로 인하여 발달적인 과정에서 결정되어 나타나는 장애라고 보고 있다. 말더듬이의 원인은 다음과 같다.
① 미숙한 말을 주위의 사람이 듣고, 더듬는다고 지속적인 부정적 강화를 통해
② 가족이나 이웃에 말더듬이가 있어 모방하는 것

③ 빠른 말버릇

④ 공포, 초조, 불안을 가질 때

⑤ 심리적인 갈등이나 충격으로 인하여

⑥ 사회적인 부적응

(3) 말더듬이 유아의 취급

1차성 말더듬이는 유아기에 나타나는 현상으로 자신이 더듬는다는 사실을 의식하지 않는다. 그러므로 말더듬이 유아의 기본적인 지도 원칙은 더듬는다는 것을 의식하지 않도록 하는 것이다. 따라서 1차성 말더듬이에서 이행성 말더듬이로 악화되지 않도록 환경 조건을 개선하여 자연 소멸시키는 것이 중요하다. 어머니를 비롯한 주위의 언어 환경을 개선하기 위해서는 다음과 같은 것이 필요하다.

① 유아의 심신 발달 및 유아의 1차성 말더듬에 관해서 가족들 모두가 같이 인식해야 한다.

② 주위의 어른들이 "더듬지 마라", "정확히 말해라" 등 직접적인 주의를 주지 않는다.

③ 유아가 가정 내에서 불안이나 열등감을 느끼지 않도록 환경을 조성한다.

④ 바람직한 행동을 보였을 경우에는 칭찬을 통해 자신감을 갖게 하고, 아울러 바람직하지 못한 행동은 가급적 무시한다.

⑤ 유아가 정신적으로 미숙하다든지 불안정한 경우 또는 소극적이고, 신경질적일 때는 놀이치료, 심리극 등으로 정서 안정을 도모하고 사회성을 신장시킨다.

⑥ 유아의 장점을 최대한 수용하고 그것을 신장시킨다.

⑦ 생활에서의 실제 경험을 통하여 흥미나 관심의 영역을 확장시켜 나간다.

(4) 말더듬이 유아의 치료

말더듬이 유아의 치료를 위해 부모가 해야 할 일은 다음과 같다.

① 유아가 말을 더듬어도 중도에서 차단하거나 거들지 말고 끝까지 잘 들어 주어 좋은 듣기 상대가 되어 준다.

② 가급적 유아에게 말하는 기회를 많이 부여한다.
③ 유아가 더듬기 쉬운 장면과 더듬지 않는 경우를 잘 관찰하여 말하기 쉬운 경우를 많이 제시한다.
④ 말하는 것에 자신을 갖게 한다.
⑤ 집단놀이를 통하여 집단 중에서 말하기를 권유하는 등 말할 수 있는 기회를 많이 제공한다.
⑥ 이야기를 들려준다든지, 책을 읽는다든지, 같이 노래를 부른다든지, 같은 소리를 내어 표현하는 등의 기회를 많이 갖게 한다.

이상에서 보는 바와 같이 말더듬이 유아의 치료와 지도는 주위 환경적인 차원에서 이루어지는 것이 바람직하다.

2) 유창성(말더듬)의 지도 방법

(1) 놀이치료

놀이치료를 말더듬이 유아에게 이용하면 자주성의 회복, 감정적 갈등 상황의 해소, 대인적 적응력의 개선 등을 기대할 수 있다.

이 방법은 말더듬이 제거에 유효한 것이 아니라 말을 더듬게 하는 심리적 긴장을 정화하는데 더 효율적이다.

(2) 언어요법

대상이 유아일 경우에는 놀이언어요법(play speech therapy)을 이용한다. 놀이요법의 장면 안에 의도적으로 언어 자극을 부여하고 대화 장면을 도입하여 언어 관계의 구성에 중점을 둔다.

(3) 음독법(oral reading therapy)

음독을 하는 것은 그다지 어렵지 않으므로 그것에 의해 적응력을 형성시키는

데 있다. 그래서 말을 더듬지 않고 음독을 할 수 있게 되면 자신감이 생겨 말할 때에 적극적이 된다.

(4) 심리극법(psychodrama therapy)

소집단 활동을 좋아하는 초등학교 3~4학년 이상의 경우에는 집단심리 요법이 효과가 있다.

3) 유창성(말더듬) 문제행동(문장을 이야기하는 도중에 더듬는다)

(1) 진단 및 관찰

더듬는 사람은 말더듬이가 아니라고 할 정도로 상황에 따른 유창성의 변화가 크다. 그러므로 다양한 언어 조건에서 유창성의 변화를 관찰하여야 한다. 숫자세기 등의 간단한 작업부터 한 낱말로 말하기, 문장 말하기, 그리고 대화 등으로 언어적 단위를 증가시킬 수 있다. 같은 한번을 더듬었다고 할 때 잠시 '주저'를 보인 것과 '막힘'을 보인 것에는 질적인 차이가 있다. 그러므로 비유창성 유형을 나누는 것은 이러한 질적인 차이를 분석할 수 있게 한다. 비유창성 유형(disfluency types)은 다음의 일곱 가지로 분석할 수 있으며, 각 유형의 정의는 다음과 같다.

① 주저(Hesitation-H) : 잠시 또는 1초 이내의 머뭇거림을 지칭한다.
② 삽입(Interjection-I) : 의미 전달 내용에 관계없는 말이 덧붙여지는 것으로 다음과 같은 유형으로 나눈다.

- 단어삽입(Word interjection-Iw) : "그러니깐", "글쎄" 등 전체 단어를 적절하지 않게 끼워 넣는 것을 말한다.
- 음절삽입(Syllable interjection-Isy) : "음", "에", "아" 등 불필요한 음절을 끼워 넣는 것을 말한다.
- 중모음 삽입(Neutralized vowel interjection-Inv) : 말의 시작이나 중간에 /어/소리와 같은 중모음이 삽입되는 것을 말한다.

③ 수정(Revision-Rv) : 말하고자 하는 전달 내용, 문법 형태 또는 단어의 발음 등을 바꾸는 것을 말한다.

④ 미완성 단어(Unfinishedword-U) : 끝내지 않은 단어를 말하며 대개 수정이 뒤따르지만 그것 없이 이어지기도 한다.

⑤ 반복(Repetition-R) : 말이 되풀이되는 것으로서 다음과 같이 나눈다.

- 구 반복(Phrase repetition-Rp) : 적어도 두 개 완성된 단어에서 반복을 말한다. 이에 덧붙여지는 소리나 음절 반복은 별도로 명명한다.
- 단어반복(Word repetition-Rw) : 단어 전체의 반복 또는 단음절어의 반복도 포함한다.
- 음절반복(Syllable repetition-Rsy) : 소리 반복과 단어 반복의 중간으로 음절만 반복한 경우다.
- 소리반복(Sound repetition-Rs) : 한 음소나 이중모음의 일부만을 반복한 경우를 말한다.

⑥ 연장(Prolongation-P) : 음운이나 모음의 한 요소가 부적절하게 길게 지연되는 것을 말한다. 이따금 고조 변화라던가 긴장 등이 함께 온다.

⑦ 막힘(Block-B) : 어떤 음운을 시작하거나 폐쇄음을 터트리려고 할 때 생기는 부적절한 시간차로, 소리의 정지가 오는 것을 말한다.

이외에 말의 속도 측정과 더듬는 아동의 감정과 태도를 관찰하여야 한다. 또한 말더듬을 보이는 아동 중에서 언어발달지체나 조음장애를 동반하는 경우 치료예후나 치료방법에 많은 차이를 갖는다. 이럴 때에는 전문가의 치료가 필요하다.

앞서 기술된 정보를 수집한 후 이 자료들을 종합하여 대상자가 말더듬 문제가 있는지, 그리고 있다면 어떤 치료가 적합한지 결정하는 것이 진단과정이다. 아동의 경우는 정상적 비유창성과 문제가 되는 말더듬을 살피는 기준으로는 〈표 8-2〉를 참조할 수 있다. 이러한 말더듬 증상으로 보이는 위험 신호가 여러 개 발견된다면 좀 더 적극적인 치료가 추천되어야 한다.

〈표 8-2〉 아동 말더듬 위험신호들

① 반복 : 2회 이상의 반복 그리고 소리 또는 음절의 반복을 보일 때
② 연장과 막힘 : 말소리를 길게 끌거나 말이 막혀 시작이 안 될 때
③ 횟수 : 100 낱말 중 10회 이상을 보일 때
④ 부수적 행동 : 말이 잘 나오게 하려고 눈 깜빡임이나 고갯짓 등을 보일 때
⑤ 회피와 두려움 : 말을 안 해 버리거나 말이 막히는 경우 아동이 두려움을 보일 때
⑥ 불규칙한 말의 고저와 크기 : 갑자기 억양이 올라가고 말소리가 커지는 경우
⑦ 긴장 : 말이 안 나올 때 주먹을 쥐거나 특정 신체 부위에 힘이 들어갈 때

진단과정의 첫 번째는 정상범주의 유창성인지 아닌지를 구분하는 것이다. 두 번째로 정상 범주가 아닌 경우 감별진단(differential diagnosis) 과정이 필요하다. 말빠름증 또는 신경장애에 의한 비유창성과 심리장애에 의한 비유창성을 일단 가려낸다.

(2) 유창성(말더듬) 실제 활동지도

가. 활동 1–천천히 말하기

* 도움받을 유아의 말 중 ~는 더듬는 부분 표시임

◑ **목 표** : ① 안정감을 준다.
② 놀림받지 않게 배려한다.
③ 자신감을 가지고 바르게 말한다.

◑ **준비물** : 음악 CD, 전축, 상황그림 10장

A. 활동을 위한 준비과정

① 말을 더듬는 유아에게 교사는 유아가 말을 할 때 교사는 밝은 표정으로 유아를 바라보면서 끝가지 이야기를 들어 준다.
② 유아가 친구들과 이야기를 할 때도 교사는 도움받을 유아를 보통아이들과 같다는 생각이 들도록 한다.

B. 목표활동

1단계 : 따라 하기

(5명의 유아들이 활동에 참여한다.)

교 사 : 지금부터 선생님이 상황그림을 보여줄 거예요. 그러면 여러분들이 그림을 보고 어떤 그림인지 이야기해 보도록 해요. 그런데 이 활동에서는 지켜야 할 약속이 하나 있어요. 이야기할 때 천천히 말하는 거예요. 할 수 있겠어요? 선생님이 그림을 보여주면 다 같이 천천히 말해 보도록 합시다. (상황 그림에 대한 설명은 교사가 제시해 준다.)

교 사 : (그림을 보여 준다) 어떤 그림인지 이야기해 보세요.

유아들 : 크-레-파-스- 때-문-에- 옷-이- 더-러-워-졌-어-요.

* 상황그림 여러 장을 천천히 다 같이 말해 본다.

(전체 유아들이 천천히 또박또박 이야기를 잘했으나 상황그림 설명 이외의 대화에서는 천천히 말하기가 이루어지지 않았으며 도움받을 유아는 말을 더듬는 현상을 보였다.)

[사진-9-a] **천천히 말하기**

2단계 : 그림보고 천천히 말하기 1

(도움받을 유아가 제일 뒤에 앉는다.)

교 사 : 아까는 상황그림을 보고 다 같이 말했었지요? 이번에는 한 사람씩 말하는

거예요. 선생님이 그림을 보여주면 제일 앞에 있는 ○○이가 먼저 천천히 말하고, 앉아 있는 순서대로 한 명씩 말해 보는 거예요. 할 수 있나요?

유아들 : 네.

교 사 : 그림을 보여주면서 천천히 말하며 시범을 보여 준다.

유아 1 : 크-레-파-스- 때-문-에- 옷-이- 더-러-워-졌-어-요-

도움받을 유아 : 딩동댕.

유아 2 : 크-레-파-스- 때-문-에- 옷-이- 더-러-워-졌-어-요-(조금 빨리 이야기함)

교 사 : 더 천천히 말해 보도록 하자.

유아 3 : 크-레-파-스- 때-문-에- 옷-이- 더-러-워-졌-어-요-

유아 4 : 크-레-파-스- 때-문-에- 옷-이- 더-러-워-졌-어-요-

도움받을 유아 : 크-레-파-스- 때-문-에- 옷-이- 더-러-워-졌-어-요-(천천히 또박또박 말함)

(옆에 친구들이 웃자)

도움받을 유아 : 얘~하고, 얘~하고 웃었어요. 나 때문에 저~요 놀렸어요(말을 더듬으며 이야기함)

교 사 : ○○가 왜 웃었어?

유아 1 : 잘했는데…… 조금 빨리해서 웃었어요.

유아 3 : 잘해서요.

교 사 : ○○아(도움받을 유아) 놀리려고 웃은게 아닌거 같은데…….

도움받을 유아 : 하~지만 ○~○이가 놀렸어요.(말을 더듬으며 말함)

(도움받을 유아가 중간에 앉는다.)

교 사 : 이번에는 자리를 바꿔 보자.(도움받을 유아가 중간에 오도록 유도한다.)

교 사 : ○○이가 제일 앞에 앉았네.

도움받을 유아 : 아이 좋겠다.

교 사 : 그림을 보여 준다.

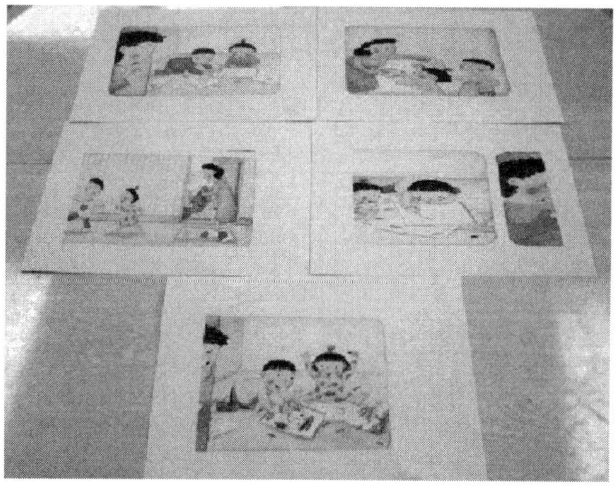

[사진-9-b] **천천히 말하기**

유아 1 : 엄-마-가- 새-옷-을- 주-셨-어-요-

유아 2 : 엄-마-가- 새-옷-을- 주-셨-어-요-

도움받을 유아 : 엄-마-가- 새-옷-을- 주-셨-어-요-(천천히 또박또박 말함)

유아 3 : 엄-마-가- 새-옷-을- 주-셨-어-요-

유아 4 : 엄-마-가- 새-옷-을- 주-셨-어-요-

교 사 : 우리 친구들이 정말 잘하는구나.

(전체 유아들이 천천히 또박또박 이야기를 잘했으나 상황그림 설명 이외의 천천히 말하기가 이루어지지 않았으며 도움받을 유아는 말을 더듬는 현상을 보였다.)

(도움받을 유아가 제일 앞에 앉는다.)

교 사 : 또 자리를 바꿔 볼까?

도움받을 유아 : ○~○이(앞에 앉은 친구)는 계~속 안 바꿔요? (말을 더듬는다.)

교 사 : 그래 그러면, 이번에는 ○○이가(도움받을 유아) 제일 앞에 앉아 보도록 하자.

교 사 : 어떤 그림을 보여줄까?

도움받을 유아 : 어~ 세~번째 그림도 넘~지?(말을 더듬는다.)

교 사 : (그림을 보여주면서) ○○이가 제일 먼저 천천히 말해 보도록 하자.

도움받을 유아 : 똑-같-이- 옷-이- 더-러-워-졌-어-요-(천천히 또박또박 말했으나 또 다시를 똑같이라고 말함)

(옆에 친구들이 웃자)

도움받을 유아 : ○○이 또~ 웃었고, ○○이 또~ 놀~렸어. ○~○이가 이~다시라 고 놀렸어요.(말을 더듬는다.)

유아 1 : 또-다-시- 옷-이- 더-러-워-졌-어-요-

유아 2 : 또-다-시- 옷-이- 더-러-워-졌-어-요-

유아 3 : 또-다-시- 옷-이- 더-러-워-졌-어-요-

유아 4 : 또-다-시- 옷-이- 더-러-워-졌-어-요-

도움받을 유아 : 아까 ○~○이가 웃~었어요.

그럼 나 ○~○이 할 때 웃을거야.(말을 더듬는다.)

교 사 : ○○아 왜 웃었니?

유아 1 : 또 다시를 똑같이라고 말해서 웃었어요.

교 사 : ○○아(도움받을 유아) 친구들이 놀려서 속상했니?

도움받을 유아 : 화났어.

[사진-9-c] **천천히 말하기**

3단계 : 그림보고 천천히 말하기 2

교 사 : 이번에는 순서에 상관없이 한 사람씩 그림을 보고 이야기할거야, 누가 먼저 이 그림을 천천히 설명해 볼까?

교 사 : 그림을 보여 준다.

유아 3 : 그-림-을- 그-려-요-

도움받을 유아 : 엄-마-가- 새-옷-을- 주-셨-어-요-

* 도움받을 유아에게 많은 기회를 주도록 한다.
(전체 유아들이 천천히 또박또박 잘 말하였다.)

C. 마무리활동 및 응용단계

교 사 : 이번에는 아까 보았던 그림 말고 새로운 그림을 보여 줄거야. 누가 이 그림을 보고 천천히 설명해 볼까?

교 사 : 새로운 그림을 보여 준다.

유아 2 : 이-빨-을- 뺐-어-요-(웃으면서 이야기함)

도움받을 유아 : 이-빨-을- 다- 뺐-어-요-

도움받을 유아 : (그림을 보고) 근데 왜 여~우 여~우 우~냐?(말을 더듬는다.)

유아 1 : 치-과-병-원-에- 갔-어-요-

* 도움받을 유아에게 많은 기회를 주도록 한다.
(전체 유아들이 천천히 또박또박 이야기를 잘했으나 상황그림 설명 이외의 대화에서는 천천히 말하기가 이루어지지 않았으며 도움받을 유아는 말더듬는 현상을 보였다.)

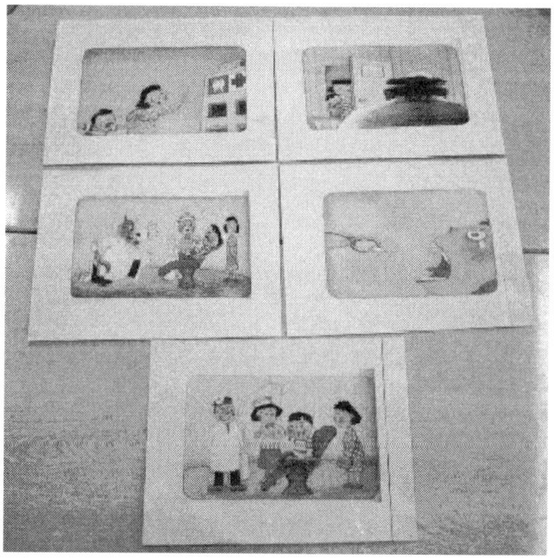

[사진-9-d] **천천히 말하기**

교 사 : 천천히 말하는 활동을 해 보니까 어떠니?

도움받을 유아 : 편해요.

교 사 : 어떤 점이 편하니?

도움받을 유아 : 어, 저요 원래 말 더듬는데요. 천천히 하니까요. 괜찮아요.

유아 3 : 싫었어요.

교　사 : 어떤 점이 싫었니?

유아 3 : 이거 빨리 할 수도 있으니까요.

유아 4 : 싫었어요. 자꾸 빨리 돼서요.

교　사 : ○○이가(도움받을 유아) 아까 천천히 얘기하는 게 편하다고 그랬었지? 그럼 다음부터 말할 때 천천히 해 보는 건 어떨까?

도움받을 유아 : 좋아요, 좋아요.

D. 평가

① 도움받을 유아가 활동에 있어서 안정감 있게 잘 말하고, 말하기에 매우 적극적이며 천천히 또박또박 말하였으나 그림 설명 외의 말하기에서는 말 더듬는 현상을 보였다.

② 친구들이 도움받을 유아의 말 더듬는 현상보다는 틀리게 말했을 때 웃었으며, 다른 친구들이 틀렸을 시에도 웃었는데 도움받을 유아가 친구들이 웃는 것에 대해 민감하게 반응하였다.

③ 천천히 말하고 나서 도움받을 유아는 약간의 자신감을 보였으며 천천히 말하려고 한다.

나. 활동 2–선생님놀이(상호작용놀이하기)

* 도움받을 유아의 말 중 ~는 더듬는 부분 표시임

◑ **목　표** : ① 상대방 이야기 잘 들어 주기
② 천천히 바르게 이야기하기
③ 숨을 고르게 하여 안정감 있게 이야기하기

◑ **준비물** : '이럴 때는 어떻게 할까요' 그림, 의자

A. 활동을 위한 준비과정

(5명의 유아가 활동에 참여)

교　사 : 너희들 선생님놀이라고 들어 봤니?

유아 1 : 아니요.

교 사 : 그렇구나. 아주 재미있는 놀이인데 선생님이 어떻게 하는 건지 설명해 줄게, 너희들 중에 한 명이 선생님이 되어 보는 거야.

도움받을 유아 : 난 안해.

교 사 : 선생님이 되어서 정말 수업하는 것처럼 해 보는 놀이야.

선생님이 먼저 어떻게 하는지 보여 줄게.

B. 목표활동

1단계 : 시범보이기

교 사 : (그림을 보여주며) 여기 있는 그림 중에서 이 그림이 어떤 그림인지 설명해 줄 수 있는 친구 있을까?

(교사는 천천히 또박또박 말한다.)

도움받을 유아 : 차가 가는데 신호등 없는 길에서 그냥 뛰었어요.(더듬지 않고 비교적 천천히 이야기함).

교 사 : 그래 아주 잘했어.

[사진-10-a] **선생님놀이**

교 사 : 이렇게 하면 되는 거야. 할 수 있겠니?

2단계 : 선생님놀이

교　사 : 그럼 어떤 친구가 먼저 선생님이 되어 볼까?

교　사 : ○○이는(도움받을 유아) 하기 싫어?

도움받을 유아 : 네.

교　사 : 왜 하기 싫은데?

도움받을 유아 : 이~ 상해요. 전 남자 선생님하기 싫어요.

교　사 : 선생님은 남자 선생님이 좋던데…… 남자 선생님은 어떤지 한번 보고 싶어.

교　사 : ○○이(유아 1이 한번 선생님을 해 볼까?)

교　사 : 이 놀이에서 중요한 건 천천히 이야기하는 거야.

유아 1 : ○○이 하고(도움받을 유아) 저는 천천히 말해야 돼요.

(유아 1이 앞에 나와 선생님 의자에 앉아 그림을 든다.)

교　사 : 선생님 시작해 주세요.

유아 1 : ○○이(친구의 이름을 부르다 웃자 앉아 있는 친구들도 웃는다.)

유아 1 : 자~꾸 웃음이 난다.

유아 3 : 나도 웃음이 나와 너 때문에.

유아 1 : 이~게 무슨 그림……(자신 없이 말하며 끝까지 말을 못 마친다.)

유아 3 : 이게 무슨 그림이죠?(선생님 역할을 맡은 유아 대신 말하자 다른 유아들이 다 웃는다.)

유아 1 : 이 그림은(웃다가) 아는 사람?

교　사 : 다시 한 번 천천히 해 보자.

유아 1 : 이 그림 무슨 그림인지 아는 사람?

앉아 있는 유아들이 손을 들자 "○○○" 하며 도움받을 유아를 시킨다.

도움받을 유아 : 친구가 갖~고 놀고 있는 장난감 밖~에 뺏어서 망가뜨릴려고 그래요.

유아 1 : 이 그림은?

또 도움받을 유아를 시킨다.

도움받을 유아 : 그네 타는 데요. 그네 타는 데요 툭 쳤어요.

교　사 : 와, ○○이 정말 멋진 선생님이었어.

교　사 : 이번에는 누가 선생님을 해 볼까?

도움받을 유아 : 선생님, 저~는 선생님 시켜 주지 마세요.

교　사 : ○○이(도움받을 유아)가 한 번 해 볼까?

도움받을 유아 : 아이~(싫다는 표현을 한다.)

교　사 : 그럼 이렇게 하자. 한 사람씩 돌아가면서 다 선생님을 해 보도록 하자. ○○○(도움받을 유아) 선생님 앞으로 나와 주세요.

도움받을 유아 : 아이~(몸을 꼬며 앞으로 나와 의자에 앉는다.)

도움받을 유아 : 이 그림 누구 아는 사람? (다른 때와 달리 조그만 목소리로 말한다.)

[사진-10-b] **선생님 놀이**

손을 드는 유아들 중 유아 1을 가리킨다.(말로 하지 않고 손으로 지목한다.)

유아 1 : 신~호등이 있~는데요. 그냥 뛰어갔어요.

도움받을 유아 : 그럼 이거……(그림을 손으로 짚는다.)

다른 유아들이 손을 들자 "○○○" 하고 시킨다.

유아 1 : 동생하고 누나 동생 놀고 있는데, 놀고 있는데 셋~이 셋이 다쳤어요.(천천히 이야기하는데 더듬는다.)

교　사 : 우리 ○○○이는 천천히 이야기 잘하는구나.

도움받을 유아 : 이거.(그림을 손으로 가리킨다.)

교　사 : 이거 어떻게 하라고요?

도움받을 유아 : 이거 얘기해 줄 사람?

계속 같은 유아를 시킨다.

유아 3 : 계속 ○○이만 시켜.

교　사 : 우리 친구들 정말 잘해 주었어.

* 선생님이 되어 본 유아들은 매우 쑥스러워하며 말을 매우 짧게 했다. 도움받을 유아는 유아의 입장에선 발표에 매우 적극적으로 참여했으나 선생님의 역할을 맡았을 때에는 쑥스러워하며 자신 없어 하는 모습을 보였다. 도움받을 유아는 대체적으로 말을 천천히 하였다.

3단계 : 상황그림 천천히 이야기하기

교　사 : 선생님이 그림을 보여주면 어떤 그림인지 너희들이 이야기해 보도록 하자. 그런데 중요한 건 천천히 이야기하는 거야. 이 그림은 누가 설명해 볼까?

유아 3 : 친구가요, 네. 장난감 만들고 있는데요. 친구가요 무서워서 친구가 울었어요 (천천히 이야기함)

도움받을 유아 : 친구가 갖고 놀고 있는 장난감 하나 바퀴는 부러뜨렸고 하나는 자기가 망가뜨릴려고 그래요 (천천히 또박또박 말함)

교　사 : 우리 ○○이(도움받을 유아) 천천히 잘 말해 주었어요.

C. 마무리활동 및 응용단계

교　사 : 그런데 애들아, 너희들도 여기에 있는 그림과 비슷한 경험을 해 본 적이 있니? 누가 말해 볼까?

유아 1 : 아니요.

도움받을 유아가 손을 든다.

교　사 : ○○이 그런 적 있었어? 말해 줄래?

도움받을 유아 : 저여 저. 언어치료하러 마을버스 탈 때에 버스정류장에서 차한테 부~딪힐 번 했어요.(천천히 말함)

유아 1 : 누나가요. 진~흥청 어린이집 놀이터에서 놀다가 다쳤어요.

교　사 : 우리 ○○이 하고 ○○이는 천천히 잘 말해 주는구나. 또 누가 말해 볼까?

도움받을 유아가 손을 든다.

도움받을 유아 : 어린이집 놀이터에서 ○○이가 저요 쳐 가지고요 모래가 입에 들어 갔었어요.(천천히 말함)

교 사 : 지금까지 천천히 말을 해 봤는데 어떠니?

유아 1 : 재미있어요.

도움받을 유아 : 저는 편해요.

교 사 : ○○이는(도움받을 유아) 천천히 말하기 활동에서도 천천히 말하는 게 편하다고 했었지? 그럼 이번 활동에서 천천히 말하려고 노력했었니?

도움받을 유아 : 모르겠어요.

유아 3 : 되게 좋았어요.

D. 평가

① 유아들이 상대방의 이야기를 듣다가도 자기 말을 하는 경우가 많았다.

② 다른 유아들에 비하여 도움받을 유아가 천천히 말하기를 잘하였다.

③ 도움받을 유아가 안정감 있게 말하였으며 말하는데 자신감이 생겼다.

5. 단순언어 문제 지도

1) 단순 언어장애의 이해

(1) 단순 언어장애의 개념

단순 언어장애(Specific Language Impairment, SLI)란 언어발달장애의 대표적인 예로서 아동이 언어발달과정에 어려움을 겪을 때 생긴다. 이 어려움에는 정상적인 언어발달과정에서 나타나는 실수 등은 포함되지 않는다. 한 아동이 언어 이외의 발달에는 큰 문제가 없으나 또래 나이의 아동에 비해 언어 및 의사소통 능력이 심각하게 떨어져서 가족이나 친구와 의사소통이 잘 되지 못할 때에는 단순 언어장애를 의심

할 수 있다.

Leonard(1997)의 기준에 의하면 SLI는 우선 표준화된 언어검사에서 표준편차 -1.25 이하의 수행력을 보이고 또래와의 사회생활에 어려움을 가지기 쉬운 아동들이다. 이 때의 언어검사는 여러 언어 하위영역을 포괄적으로 검사하는 종합적인 것이어야 한다. 둘째, 비언어성 지능(IQ)이 85 이상으로 정상범주에 있어야 한다. 셋째, 청력이 정상이어야 하고, 진단 시 심각한 중이염이 없어야 한다. 넷째, 간질, 뇌성마비, 뇌손상 등의 신경적 이상이 없어야 하며, 다섯째, 구강구조가 정상이고 말 운동 능력이 정상범위 안에 있어야 한다. 여섯째, 사회적 상호작용에서 심각한 이상이나 장애가 없어야 한다.

SLI를 판결하기 위한 이상의 기준들은 SLI아동의 문제가 “언어적”인 것임을 강조하고 있다. 즉, SLI아동은 발달영역에서 중시되는 인지발달, 정서 및 사회성, 운동 및 감각에 심각한 문제가 없어야 한다. 예를 들어, 정신지체, 자폐증, 사회성장애, 뇌성마비, 청각장애 등으로 인한 언어발달상의 어려움이 없는 아동을 SLI아동이라 한다.

SLI아동들에는 여러 하위그룹이 있다. 언어특성에 따라 이들을 분류하는 것이 일반적이다. SLI아동은 언어표현과 언어이해에서 모두 어려움을 나타내는 경우가 많다.

SLI의 출현율은 한국아동의 SLI에 대한 정확한 통계는 아직 없다. 미국 정신과 자료를 참고로 하면, 언어표현의 문제를 가지는 아동은 5%로 보고 있으며, 언어표현과 언어이해 모두에서 어려움을 나타내는 아동은 약 3%로 보고 있다. 아동의 연령을 만 5세로 국한시킨 연구(Tomblin, 1996)는 6,000명 이상의 미국 아동을 대상으로 하였는데, 이 연구에서는 대상 아동의 약 7.4%를 SLI로 분류하였으며, 남자 아이들이 여자 아이들보다 더 높은 출현율을 보였다. 남아 대 여아의 출현율은 평균 3 : 1이었다.

(2) 단순 언어장애의 언어특성

가. 낱말습득

SLI아동은 첫 낱말의 시작이 정상아동보다 늦다. 정상아동이 보통 12개월 전후

에 첫 낱말이 나타나는 반면, SLI아동은 이보다 늦게 2세 가까이가 되어서야 비로소 첫 낱말이 출현하는 경향이 있다. 낱말초기의 낱말유형은 나이 어린 정상아동들의 것과 비슷한 경향을 보인다. SLI아동은 또래아동처럼 빠른 속도로 낱말 수를 늘려 가지 못한다. SLI아동은 새로운 말소리 연결체와 그 의미를 재빠르게 관련짓는 데에 어려움을 겪기 때문이다(Rice et al., 1994).

학령기 SLI이동은 낱말을 찾는데(word-finding) 상당한 어려움을 겪는다(McGregor & Leonard, 1995). 특히 낱말을 찾기 위해 머뭇거리거나 틀려 구체적이지 않고 모호한 표현들을 쓴다. 이름대기에서도 종종 실수가 있어 의미범주가 다른 낱말로 말하거나 음운적인 실수를 보이기도 한다. 나아가 낱말회상 과제들에서도 SLI아동은 또래아동보다 떨어지는 수행력을 보여 SLI아동의 낱말습득의 문제가 광범위한 원인에 의한 것임을 추측하게 한다.

나. 문법

SLI아동은 낱말조합의 시작이 느려 약 3세가 되어야 비로소 낱말을 이어 말하기 시작한다. SLI아동들도 정상아동들처럼 주요한 통사적 범주들을 사용한다. 흥미로운 사실은 정상아동에 비해 SLI아동들은 대동사(예 : 해)들을 더 빈번하게 사용하여 제한된 문법능력을 이런 방법으로 보상하기도 한다. SLI아동은 정상아에 비해 구문구조의 실수가 더 빈번하며, 문법형태소 습득에서 매우 큰 어려움을 겪는다. 문법형태소 습득의 어려움에 대한 학자들의 생각은 여러 가지다. 어떤 연구자는 SLI아동이 특정 문법형태소들에 대한 언어적 지식(linguistic knowledge)이 아예 결여된 것이라고도 한다.

다. 조음음운

SLI아동들은 조음발달의 어려움을 동반하는 경우가 많다. SLI아동을 단순조음장애 아동으로 잘못 진단하기도 한다. 나이 어린 SLI아동은 또래아동에 비해 발성양이 적고 발성유형이 다양하지 못한 특성이 있다. 모국어 음운체계를 활발히 탐색해야 하는 SLI아동에게 개별자음 습득이 지체되는 경우를 볼 수 있다. 자음습득의 지체는 여러 가지 음운변동들을 낳는다. 음운 및 음절 탈락변동, 정지음화나 과도음화 같은 대치변동, 연구개음동화 등이 그것이다. SLI아동이 청각적 정보처리 능력이 떨어지며, 음운지각 또는 음운기억능력이 제한적이라는 주장도 있다. 결론적으로 SLI아동들의 제한된 음운지각능력은 음운발달에 영향을 미치고, 말소리들을 언어체계 속에 사용하는 언어능력에도 영향을 미칠 때가 많다(이승환 · 배소영 외 7인, 2001).

라. 화용 및 담화

화행(speech act)의 입장에서 볼 때 SLI아동의 특성은 또래아동에 비해 덜 세련되어 있고, 전반적 언어능력이 비슷한 나이 어린 아동들과 비슷한 경우가 많다. SLI아동은 기본적인 대화 주고받기 능력은 갖추고 있다. 그런데 또래아동에 비해 여러 발화들 간의 시간적 결속력이 떨어지는 경우를 종종 볼 수 있다. 담화에서 여러 가지 이유로 SLI아동은 제한된 능력을 보인다. 사용하는 낱말 수가 적고, 문법적 능력이 제한되어 있으므로 이야기를 하거나 과거경험을 길게 말하는 것이 어려울 수 있다. 특히 담화적 결속(cohesion)을 높이기 위해서 여러 가지 낱말이나 문법장치를 사용해야 하는데 SLI아동은 이런 결속장치의 사용에 어려움을 보인다.

단순 언어장애 아동이란 또래보다 말의 어휘수가 적고, 느린 속도로 말하며, 문장발달, 언어이해 및 표현능력이 떨어지는 경우를 말한다.

인지에는 문제가 없지만 이해 및 표현언어에 또래보다 어려움을 가지고 있으므로 여러 가지 활동을 선정할 때에 아동들의 언어수준을 특히 고려해야 한다.

단순 언어장애 아동들의 의사소통에 어려움을 주는 가장 주요한 문제는 어휘, 문장의 구성, 문법, 화용적 표현에 있다. 이러한 아동들은 전반적인 언어능력의 향상을 위한 지도가 바람직하다. 특히 이 아동들의 말의 문제는 조음에서보다는 말의 부자연스러운 억양에서 찾을 수 있으며, 전반적인 prosody(운율학) 차원에서 자연스러운 말의 훈련을 강조하는 것이 유익하다.

언어능력 진단평가는 그 평가모드에 따라 이해검사와 표현검사로 나누기도 한다. 특히 표현언어 발달지체는 언어이해력은 좋으나 표현상의 문제만을 가진 경우이고, SLI는 대부분 언어이해력과 언어표현력 모두에서 문제를 보이므로 진단평가를 언어이해와 언어표현의 양쪽으로 나누어 보는 것이 효율적이다.

언어이해능력을 평가하는 방법에는 맞는 것 찾아내기, 실행하기, 판단하기 등이

있다. 언어표현능력을 평가하는 방법에는 모방하기, 문장 끝 완성하기, 명명하기, 이야기하기, 역할놀이나 대화를 포함한 발화분석 등의 방법이 있다.

심화검사에서는 각 SLI아동에 적절한 검사를 사용할 수 있다. 예를 들어, 의문사 사용능력이나 관계 낱말 이해능력, 조사 및 어미의 이해와 사용능력, 피동과 사동 이해 및 사용능력, 이야기능력 등을 검사하여 각 SLI아동에게서 나타날 수 있는 언어문제들을 종합적으로 평가하여야 한다. 치료교육과의 연계를 고려한다면 촉진적이고 효율적인 언어치료 방법을 포괄적 종합 진단평가에서 찾아내야 한다.

치료로는 전통적으로 취학전 아동의 언어치료는 개별적, 즉 언어치료사와 아동이 일 대 일로 이루어지는 경우가 많다. 아동의 적절한 언어구조의 발달을 촉진하기 위해 그룹보다는 개별 치료를 선호해 온 것이 사실이다. 그러나 사회적 의사소통, 사건중심 의사소통의 중요성이 대두되고 한편으로는 보다 자연적인 언어치료 접근법의 중요성이 부각되면서 그룹 활동을 통한 그룹치료도 서서히 증가하고 있다.

특히 언어치료의 목표가 언어치료사나 가족과 언어를 사용하는 것만이 아니라 친구나 유치원 환경 등 집단 환경 속에서 적절하게 언어를 사용하는 것이 궁극적 과제가 되므로 그룹치료의 중요성이 크다고 할 수 있다. 취학전 아동의 그룹언어치료에서는 2~3인 정도의 소그룹치료부터 유치원 또는 유아원 환경과 유사한 10명 이상의 대그룹 치료도 생각할 수 있다. 물론 이때 각 아동의 언어 및 의사소통 능력을 촉진할 수 있는 적절한 크기의 그룹을 형성하고 환경을 조성하는 일이 중요하다. 나아가 정상적으로 언어를 발달시키고 있는 또래아동의 참여가 촉진적인 언어 환경을 제공한다.

2) 단순언어 문제행동 : 말하는 어휘수가 적음

(1) 진단 및 관찰

어휘, 문장의 구성, 문법, 화용적 표현에 있다. 이러한 아동들은 전반적인 언어능력의 향상을 위한 지도가 바람직하다. 특히 유아교육기관에 다니는 유아의 경우 유아친구들의 도움도 필요하지만 교사의 지도에 따라 많은 변화가 있다. 그러므로 도움이 필요한 유아들을 교사가 문제가 없는 유아와 같이 활동을 하여 도움받을 유아의 문제를 모두가 해결하는 방법을 소개하고자 한다. 유아들이 도움받을 유아의 문제를 자연스럽게 받아들이고 같이 문제를 해결하는 과정에서 즐겁고 흥미 있는 활동을 함으로서 자연스럽게 문제를 해결하고자 하였다.

(2) 단순언어 실제 활동지도

가. 활동1–동화를 듣고 나온 단어 말하기

* 선정동화 : 코를 킁킁

◑ 목 표 : ① 동화를 듣고 단어를 찾아 이야기하기
② 가장 많이 나온 단어와 새로운 단어를 찾아 말한다.
③ 말하는 어휘수가 많아진다.

◑ 준비물 : 코를 킁킁 동화책, 녹음기, 동화 CD

A. 활동을 위한 준비과정

① 언어영역에 동화책이 많이 보이게 전시하여 유아들로 하여금 동화책에 관심을 갖도록 한다.

② 유아들이 읽고 싶은 동화책을 집에서 가져와 친구들에게 읽어 주면서 유아들이 서로 이야기를 많이 나누었다.

B. 목표활동

1단계 : 활동설명하기

교 사 : 선생님께서 지금부터 재미있는 동화를 들려주실 거예요.
어떤 동화책이냐면 (교사는 '코를 킁킁' 동화책을 제시)

유 아 : 어! '코를 킁킁'이다.

교 사 : 그래요. 그런데 킁킁이 무슨 말이지?

유 아 : 냄새 맡는 소리에요.

교 사 : 냄새 맡는 소리 같아요? 그럼 누가 냄새 맡는 소리일까? (동화책 표지의 동물을 가리키며……)

유 아 : 곰이요, 청설모요.

교 사 : 그럼, 지금부터 동화를 들려주실께요. 코를 킁킁하면 너희들이 직접 코를 킁킁거려 볼까?

유 아 : 네.(다함께 킁킁거리는 소리를 코로 내어 본다.)

(유아들의 흥미유발)

(바르게 앉아 재미있게 동화를 듣는다.)

교 사 : 얘들아, 그런데 동화를 듣고 나니깐 어땠어요.

유아 1 : 재미있었어요.

유아 2 : 재미있구요. 한 겨울에 꽃이 핀게 신기해요.

[사진-11-a] **동화 듣고 나온 단어 말하기**

2단계 : 활동하기

교 사 : 자~! 이제부터 재미있는 활동을 할 건데 선생님이 동화내용을 들려줄 때 어떤 단어가 가장 많이 나온 것 같아요?

유 아 : 킁킁.

교 사 : 그래? 지금부턴 동화책을 읽어 주시면 새로운 단어, 즉 '킁킁'처럼 반복되어 나오는 단어 말고 새로운 단어가 나오면 손을 들고 이야기해 주는 거야. 아까는 동화책을 보여주며 이야기했지만 이번에는 그림을 보여주지 않은 채 동화를 들려주면 너희들은 말을 하지 않은 채 손을 들어 단어를 말해 보는 거야. 선생님이 "○○말해 보세요" 하면 ○○가 새로운

단어를 이야기하는 거지. 그런데 ○○가 이야기한 단어는 다음에 나오면 새로운 단어일까?

유　아 : 아니요.

교　사 : 그래, 새로 나온 단어만 조용히 손을 들고 선생님께서 지적하면 이야기하는 거야. 새로운 단어 잘 찾아낼 수 있겠죠?

유　아 : 네.

교　사 : 준비(교사는 조용한 목소리로 유아들의 주위를 집중시킨다.)

(동화를 들려주신다.)

하얀 눈이 소복소복 내려요.

유　아 : 소복소복.

교　사 : 소복소복. 그리고?

유　아 : 하얀 눈

교　사 : 그래, '하얀 눈' 새로운 단어네. 계속해서 동화를 들려줄게요.

들쥐들은 잠을 자고 있고.

유　아 : 들쥐

교　사 : 맞아, 들쥐. 그런데 얘들아~~, 주위 깊게 들어야 새로운 단어를 알 수 있어요. 작은 달팽이들도 둥근 껍질 속에서 잠을 자고 있고.

유　아 : 둥근이요.

교　사 : 그래요. 둥근도 처음 나왔지요. 정말 잘 찾는 걸.

(교사는 도움받을 유아에게 새로운 단어를 물어 본다)

도움받을 유아 : 달팽이, 잠……

교　사 : 음 , 참 잘하네.

유　아 : 코, 킁킁, 햐~ 많다.

3단계 : 단어를 글로 써 보기

교　사 : 그런데, 얘들아. '코를 킁킁'이라는 책에서 새로운 단어가 이것밖에 없었을까?

유　아 : 아니요. 더 많아요. 14번이요. 아니요. 100번이요. 더 많았을 것 같아요.

교　사 : 그래요. 우리 친구들이 못 찾았던 단어들이 있었을지 몰라요. 선생님이 동화책을 언어영역에 놓아 줄테니까, 우리 친구들이 책을 보면서 다시 한 번 찾아보도록 해요. 그리고 이면지에나 칠판에 단어를 써 보아서 어떤 단어가 제일 많이 나오는지도 알아보세요.

유 아 : 네.

C. 마무리활동 및 응용단계

① 유아들이 동화를 듣고 많이 나왔던 단어가 어떤 것인지 알 수 있도록 한다.

② 중복된 단어가 나오면 숫자로 몇 번 나왔는지도 알 수 있도록 하여 유아들이 흥미를 갖도록 한다.

③ 여러 개의 단어가 나와서 칠판에 써 놓으면 동화를 다 듣고 난 후, 유아들이 칠판에 써진 단어들을 써 본다거나 읽어 볼 수 있도록 하여 도움받을 유아가 더 많은 어휘를 알 수 있도록 도움을 준다.

④ 도움받을 유아에게 가장 많이 나온 단어가 어디서 나왔는지를 교사는 유아에게 되물어서 유아로 하여금 동화를 다시 기억을 하게 하여 어휘가 생각나도록 강화한다. 유아가 동화의 내용을 이야기하면서 여러 단어를 이야기하면 교사는 적절한 보상을 한다.

D. 평가

① 글 내용이 짧고 중복된 단어가 많은 책을 선정하여 들려주었더니 중복된 단어가 나올 때마다 음을 넣어 '킁킁'은 딱딱 끊어서 짧게 말하고 '잠을 자고 있고'에서는 부드럽게 이어 말하는 모습을 보였다.

② 새로운 단어가 나올 때마다 경쟁하듯이 단어를 말하며 즐거워하였다.

③ 단어 찾기 활동을 통해 주위 깊게 감상하는 시간을 가질 수 있었으며, 다양한 어휘를 알 수 있도록 도움을 주는 시간이었다.

④ 유아들이 단어를 말하기보다는 문장을 말하는 경우가 많았다.

나. 활동 2–끝말잇기

◑ 목　표 : ① 단어를 잘 말할 수 있다.
② 많은 단어를 말할 수 있다.

③ 어휘력이 는다.

◑ **준비물** : 동화책 여러 권, 그림책 여러 권, 그림카드, 글자카드

A. 활동을 위한 준비과정

교　사 : (칠판에 엄마-마술-술래잡기 순서로 낱말카드를 붙인다.)

유　아 : 엄마, 마술, 술래잡기……어~

교　사 : 얘들아, 왜 선생님이 이렇게 카드를 붙이고 계신 걸까?

유　아 : 음. 엄마가 마술을 부린다?

유　아 : 엄마가 술래잡기한다.

유　아 : 술래잡기, 마술……

교　사 : 너희가 지금 이걸 보면서 글씨를 읽는게 아니고 뭔가 비슷한 점이 있거든 그걸 찾아보는 거야.

유　아 : 엄마-마술-술래잡기……

유　아 : 아~! 끝말잇기

교　사 : 와~! 맞았어. 끝말잇기에요.

엄마-마- 마술-술- 술래잡기

자~ 지금부터 우리가 잘하는 끝말잇기를 할거예요.

그런데 얘들아, 게임에서 만약에 단어를 못 말하면 어떡할까?

유　아 : 엉덩이로 이름 써요.

교　사 : 그래, 그것도 재미있겠다. 엉덩이로 이름쓰기. 그런데 오늘은 자기가 쓰고 싶은 단어를 이름대신 엉덩이로 써 보는 건 어떨까?

유　아 : 좋아요.

교　사 : 그럼, 이걸 벌칙으로 하자.

유　아 : 네.

B. 목표활동

1단계 : 시범보이기

교　사 : 끝말잇기를 두 글자로 선생님이 먼저 시작하면 너희들이 하는 거야. '학교'

유　아 : '교구'

교　사 : '구멍'

유　아 : '멍게'

교　사 : '게시판'

도움받을 유아 : '판자'

교　사 : ○○이가 어려운 말을 잘하네. '자선거'

유　아 : '거짓말'

교　사 : 자, 그럼 우리 규칙을 정했고 한 번 해 봤으니까 정식으로 한번 해 봅시다.

유　아 : 네.

[사진-12-a] **끝말잇기**

2단계 : 2음절 끝말잇기

교　사 : 먼저 2음절로 된 단어로 끝말잇기를 할거야, '만두', '음식'처럼 두 글자로 만들어진 단어로만 말이야.

(동그랗게 유아들이 앉도록 지도한다.)

그런데 애들아, 그냥 글자만 대면 재미있을까?

유　아 : 아니요.

유　아 : 쿵쿵 따로 해요.

교　사 : 그래, 좋은 생각이다.

그럼 선생님이 먼저 해 볼께요. 쿵쿵따리 쿵쿵따 쿵쿵따리 쿵쿵따 '소고' 쿵쿵따 다음 차례인

유　아 : '고추' 쿵쿵따

(다음 차례인 유아가 단어를 말하지 못할 때에는 카운트를 센다.)

도움받을 유아 : 추…… 추밭

교　사 : 추밭이 뭐예요?

도움받을 유아 : (웃으며) 음……

(유아들은 다시 카운트를 센다.)

교　사 : 아깝다. 시간이 다 되었는 걸 그런데 추자로 시작하는 말에는 뭐가 있을까?

유　아 : 추석, 추리, 추수…….

교　사 : 정말 많은 걸. 그럼 ○○야, 어떤 단어를 엉덩이로 써 볼래요?

도움받을 유아 : 추석이요.

[사진-12-b] **끝말잇기**

(유아는 엉덩이로 '추석'을 써 본다.)

(계속해서 끝말잇기를 한다.)

2단계 : 2, 3음절 끝말잇기

위와 같은 방법으로 3음절과 2, 3음절 혼합하여 끝말잇기를 하였다.

C. 마무리활동 및 응용단계

교 사 : 자, 이번에는 문장잇기 게임을 할거예요.

지금까진 우리가 단어로만 이야기했는데 '아침을 먹었어요', '요구르트 먹자' 등 문장으로 이야기하는 거야.

건 어려우니깐 동화책도 줄꺼야. 문장이 생각이 잘 나지 않으면 책을 보고해도 좋아요.

그럼, 선생님이 먼저 말해 볼께요.

'유경아 집에 가'

유 아 : '가위로 자르자.

도움받을 유아 : 자……? 잘? 국을 먹자…… 자르기 금지……, 자두를 먹자.

(친구들이 옆에서 문장을 만들어 얘기해 줌)

유 아 : '자동차를 타고 가자.'

유 아 : '자전거 타자.'

교 사 : 그런데 얘들아……꼭 '자'자로만 끝나는 문장을 하지 않아도 돼요.

이렇게 말야. '자전거를 탈까?' '자전거를 탈래?'

(계속해서 문장잇기 게임을 한다.)

교 사 : 문장으로 하니까 어땠어요?

유 아 : 단어보다 어려워요.

유 아 : 재미있어요.

교 사 : 선생님도 너무 즐거웠어요. 우리 다음엔 쿵쿵따 말고 다른 방법을 가지고 끝말잇기, 문장잇기를 해 보자.

유 아 : 네.

D. 평가

① 끝말잇기라는 활동을 통해 다양한 단어를 찾고, 말해 보는 시간을 가질 수 있었으며, 자신이 모르는 단어에 관심을 갖고 그 단어의 뜻을 생각해 보는 친구들도 있었다.

② 단어 끝말잇기를 할 때에는 쉽게 말하며 게임을 하였으나 문장잇기 게임에선 문장에 대한 정확한 이해가 부족하여, 힘들어 했다.('요', '다', '자'로 끝나는 문장을

자주 말함)

③ 끝말잇기 활동을 통하여 단어 및 어휘력의 증가를 볼 수 있었다.

3) 단순언어 문제행동(또래보다 언어표현력이 떨어진다)

(1) 진단 및 관찰

언어표현력에서는 유아들이 친구들이나 교사와 이야기를 할 때 대화가 단순하고 짧다. 유아들 간에도 언어표현력이 떨어지는 유아는 역할놀이에서도 단순역할을 맡을 뿐 중요 역할은 맡기질 않고 늘 다른 유아들의 놀이를 구경하게 되는 경우가 많다. 문장발달의 지체도 있겠으나 성장과정에서 언어적 환경이 풍부하지 못한 면이 많다. 언어표현력이 떨어지는 유아들은 유아교육기관에서의 친밀한 활동을 통하여 유아들이 소외감을 느끼지 않으면서 할 수 있는 장점이 있다. 그러나 무리한 활동을 하여 유아로 하여금 좌절감을 느끼게 한다거나 너무 지루하지 않도록 교사는 배려하여 활동을 하여야 한다. 언어표현력이 풍부하도록 한 활동에서 정상유아들도 이러한 활동을 함으로써 더욱더 언어표현력 및 문장발달에 많은 도움과 흥미를 갖게 된다.

(2) 단순언어 문제 실제 활동지도

가. 활동 1-사진 보여주고 말하기

◑ 목 표 : ① 사물에 대하여 이해하여 이야기한다.
② 사물에 대하여 명명하여 말한다.

◑ 준비물 : 사물사진이나 그림, 의자, 책상, 유치원용품 카탈로그, 사물그림책

A. 활동을 위한 준비과정

(그림카드와 책에 있는 그림들을 보면서 이야기를 나누고 교실에 있는 여러 가지물건들의 이름을 말해 본다.)

교 사 : 책상 위에 그림들이 많은데 어떤 그림들이 있나 볼까?

유아 1 : 건전지

교 사 : 또 어떤 그림들이 있지?

도움받을 유아 : 도구와 기계

유아 2 : 나와 유치원, 버스

유아 3 : 딸기, 개구리

도움받을 유아 : 부채

유아 2 : 화로

교 사 : 우리 도구와 기계에서 배운 그림들이 많이 있네.

교 사 : 이것은 뭘까?

유아 1 : 옷 이렇게 하는거. 다다다다다

교 사 : 다다다다다 하는 게 뭐지? 재봉틀이라고 하는 거야.

유아 1 : 초롱불

교 사 : 초롱불이 아니고 호롱불이라고 하는 거야.

이번엔 책을 보도록 하자. 책에 물건 그림들이 많은데 어떤 것들이 있는지 볼까?

(책을 펴서 손으로 짚어 보며 물건의 이름을 말한다.)

유아 1 : 볼펜

도움받을 유아 : 샤프

유아 2 : 이것은 은행에서 쓰는 건데.

유아 3 : 그리고 홈플러스에서 적을 때 쓰는 거.

유아 2 : 이거 나도 하나 있는데.

도움받을 유아 : 이거 학원에 있는데.

교 사 : 이런 물건이 학원에 있어?

도움받은 유아 : 네.

(책을 넘기며 이름을 말해 본다. 유아들이 돌아가며 책을 넘기게 한다.)

유아 1 : 시계다 시계.

유아 2 : 금시계도 있다.

교 사 : 어떤 시계가 가장 예쁜 것 같니? 하나, 둘, 셋 하면 같이 짚어 보는 거야.

교 사 : 준비됐어? 다 정했어?

도움받을 유아 : 정했어요.

(시계를 동시에 짚는다.)

교 사 : 선생님이랑 다 다른 시계인데 ○○이랑 ○○이는 똑같은 시계구나.

(책의 그림을 다 볼 수 없어 유아들이 아쉬워하여 책에 있는 물건 이름 말하기는 다음에 더해 보기로 함)

교 사 : 이번엔 우리 교실을 둘러 보자. 빙~ 둘러보자. 그리고 어떤 물건들을 보았는지 한 사람씩 얘기하자.

교 사 : 누구부터 이야기할까?

도움받을 유아 1 : 소고

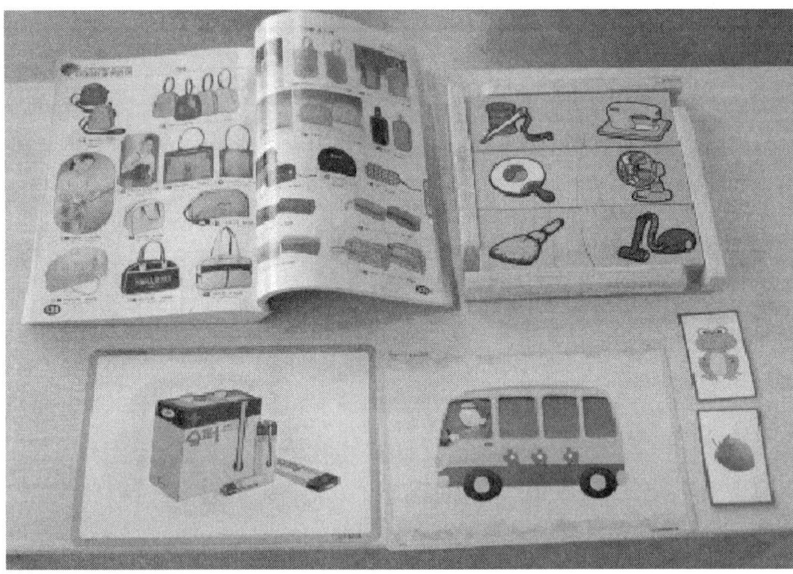

[사진-14-a] **사진 보여주고 말하기**

유아 2 : 블럭

유아 3 : 텔레비전

도움받을 유아 : 칠판

유아 1 : 책꽂이 장(유아들이 돌아가면서 교실에 있는 물건들의 이름을 말한다.)

B. 목표활동

1단계 : 말해 보기

(그림카드를 책상 위에 제시해 준다.)

[사진-14-b] **사진 보여주고 말하기**

교　사 : 여러 가지 물건의 그림카드가 있지.

자기가 알고 있는 물건 그림카드를 짚어서 이름을 말해 주는 거야.

교　사 : 누구부터 말해 볼까?

도움받을 유아 : 저요.(손을 든다.)

교　사 : 그래 ○○이가 먼저 해 보자.

도움받을 유아 : (카드를 짚고) 초롱불

유아 1 : 청사초롱

유아 2 : 호롱불

교　사 : 이것은 호롱불이라는 거야. ○○이가 잘 몰랐나 보다.

교　사 : 이번엔 누가 해 볼까?

유아 3 : 자동차

교　사 : 자동차는 어떨 때 쓰는 거니?

유아 3 : 멀리 갈 때 차 타고 가는 거예요……

교　사 : ○○이가 해 볼까?

유　아 : 진공청소기

교　사 : 진공청소기는 뭐할 때 쓰는 거니?

유　아 : 몰라요.

유　아 : 그럼 이름만 아는 거예요? 이거 뭐 할 때 쓰는 물건인지 아는 친구?

도움받을 유아 : 청소할 때.

교　사 : 그래, 청소할 때 쓰는 물건이야. 아주 잘 말했어요.

도움받을 유아 : (그림카드를 들고) 빗자루

교　사 : 빗자루는 뭐 할 때 쓰는 물건인가요?

도움받을 유아 : 더러운 거 쓸 때.

교　사 : 지금까지는 너희들이 카드를 들고 이름을 이야기했었지? 이젠 선생님이 카드를 짚으면 너희들이 그 카드의 이름을 말하는 거야.

교　사 : (가스레인지를 손으로 짚는다.) ○○이(도움받을 유아) 가 먼저 해 볼까?

도움받을 유아 : 전자레인지

유아 1 : 가스레인지인데

교　사 : 전자레인지는 뭐 할 때 사용하는 물건인가요?

도움받을 유아 : 데울 때.

교　사 : 그래, 맞아.

교　사 : 그런데 이 물건의 이름을 다르게 생각하는 친구 있어요?

유아 1 : 네. 가스레인지에요.

교　사 : 이 그림은 가스레인지이지. ○○이가 그림이 비슷해서 잘 몰랐나 보다.

교　사 : (부채를 손으로 짚는다.) 이건 뭘까요?

유아 3 : 부채

교　사 : (손전등을 손으로 짚는다.) ○○아(도움받을 유아) 이건 무엇이지요?

도움받을 유아 : 손전기

교　사 : 손 전기는 뭐 할 때 쓰는 물건이예요?

도움받을 유아 : 깜깜할 때요. 불켜고 돌아다녀요.

교　사 : 그렇구나.

유아 2 : 손전등인데.

교　사 : ○○아 이것의 정확한 이름은 손전등이라고 해요.

교　사 : (맷돌을 손으로 짚는다.) 이것은 무엇인가요?

도움받을 유아 : 맷돌

교　사 : 맷돌은 언제 사용하는 물건일까요?

도움받을 유아 : 콩 갈 때.

교 사 : 그래, 맞았어요.

2단계 : 변별하기

(그림카드를 책상 위에 제시해 준다.)

교 사 : 이제는 선생님이 물건의 이름을 말하면 너희들이 그 카드를 찾아서 다시 한 번 이름을 말해 보도록 하자.

교 사 : 부채

도움받을 유아가 부채 카드를 찾는다.

도움받을 유아 : 부채

교 사 : 맞았어. 부채는 언제 사용하는 건가요?

도움받을 유아 : 더울 때.

[사진-14-c] **사진 보여주고 말하기**

교 사 : 더울 때 어떻게 해 주는데.

도움받을 유아 : 더울 때 시원하게.

교 사 : 더울 때 우리를 시원하게 해 주는 물건이지요.

교 사 : 가마

유아 3 : (가마카드를 찾아) 가마

교 사 : 손전등

도움받을 유아 : (호롱불 그림카드를 들고) 손전등

유아 1 : 호롱불인데.

교 사 : 이 그림은 호롱불이지. 그래도 둘 다 어두울 때 쓰는 물건이네.

3단계 : 명명하기

교 사 : 짠~~ 아까 우리가 봤던 책이지요?

책을 보고 책에 있는 물건들의 이름을 말해 봅시다.

교 사 : (그림을 손으로 짚는다.) ○○이(도움받을 유아)가 말해 보세요.

도움받을 유아 : 전화기

교 사 : 그래, 잘했어요.

교 사 : (물통을 짚는다.)

유아 2 : 샴푸

유아 1 : 아닌데 물통인데.

교 사 : 그래, 물통이지. 비슷하게 생겼다.

도움받을 유아 : 수건

교 사 : (수정테이프를 짚는다.)

도움받을 유아 : (머뭇거려 비슷한 이름을 말해도 된다고 하자.) 지우개

교 사 : 이것은 수정테이프란 거야. 처음 본 친구들이 많을 거야.

* 책을 넘기며 여러 가지 물건의 이름을 말해 본다. 도움받을 유아에게 많은 기회를 주도록 한다.

C. 마무리활동 및 응용단계

교 사 : 이제 우리 교실에 있는 물건의 이름을 말해 볼 건데, 너희들이 직접 돌아다니면서 물건을 짚고 이름을 말을 해 보는 거예요.

교 사 : ○○이(도움받을 유아)가 먼저 해 볼까요?

도움받을 유아는 일어나서 교실을 다니며 물건을 손으로 짚고 이름을 말한다.

도움받을 유아 : (입에 손을 넣고 있는다.)작은 벽돌 블럭(짚은 다음 이름을 말하지 않아 교사가 "무엇이지" 하고 질문을 해 주었다.)

도움받을 유아 : 소고(작은 목소리로 말한다.)

교　사 : 이번엔 선생님이 짚어 주는 물건의 이름을 말해 보는 거예요. c

도움받을 유아 : 피아노, 컴퓨터, 칙칙이(말을 못하고 있는데 다른 유아가 말한 것을 듣고 따라 말함), 테이프

교　사 : 우리 ○○이 정말 잘해 주었어.

* 도움받을 유아는 활동에 집중하지 못하고 딴 짓을 하는 경우가 많았으며 말을 할 때 자꾸 옷을 빨거나 손을 입에 넣었다.

D. 평가

① 그림에 대한 정확한 이해가 부족하였으며, 사물의 이름을 잘못 알고 있는 경우가 많았다.

② 자발적으로 말하기보다 교사의 지적에 의한 말하기가 많았으며 긴 문장으로 이야기하지 못하고 짧게 말했다.

③ 입으로 말하기보다 행동으로 표현하려는 경우가 많아 말하기 기회를 많이 제공해 줄 필요성을 느꼈다.

나. 활동 2- 물건의 형태 말하기

◑ 목　표 : ① 사물에 대하여 명명하여 말한다.
　　　　　② 형용사+명사에 대하여 이해하며 이야기할 줄 안다.

◑ 준비물 : 그림책, 여러 가지 물건(유치원이나 유아 주변의 물건들)

A. 활동을 위한 준비과정

교　사 : 선생님이 가져온 바구니에 어떤 물건들이 있는지 이야기해 보자.

(교사가 물건을 꺼낼 때마다 유아들 전체가 물건의 이름을 말한다.)

-신발, 공, 양말, 바구니, 소고, 유니트 블록, 넥타이, 전화기 등

(도움받을 유아가 신발을 얼굴에 대고 있는 것을 보고)

교　사 : ○○ 아 지금 그 물건의 이름이 무엇이지?

도움받을 유아 : 신발

교　사 : 신발을 뭐 할 때 쓰는 물건이야?

도움받을 유아 : 걸어 다닐 때요. 밖에서 돌아다닐 때.

교　사 : 그래, 걸어 다니거나 밖에서 돌아다닐 때 신발을 신는 거죠.

교　사 : 지금 신발이 무슨 색깔이지?

도움받을 유아 : 하얀, 주황색, 분홍.(교사는 유아가 말하면 하얀색, 분홍색 하고 정확하게 명명해 준다.)

교　사 : 신발에 들어가 있는 색깔을 다 말해 보자.

도움받을 유아 : 파란색, 검정

교　사 : 그래, 여러 가지 색깔들이 있지. ○○이가 지금 검은색이 있다고 했는데 여기 물건들이나 교실에 있는 물건들 중에 검은색이 있는 것은 무엇이 있을까?

도움받을 유아 : 사인펜

교　사 : 또 어떤 것이 있을까?

도움받을 유아 : 신발

교　사 : 그럼 하얀색이 들어간 물건을 찾아볼까?

[사진-15-a] **물건의 형태 말하기**

도움받을 유아 : 종이, 칠판(작은 목소리로 말해 교사가 다시 한 번 말해 준다.)

교　사 : 아주 잘했어.

B. 목표활동

1단계 : 명사 명명하기

교 사 : 교실에 있는 책장에 가서 자기가 제일 읽고 싶은 책을 한 권씩 가져와서 읽어 보도록 하자.

(유아들이 책을 가져와서 읽는다.)

유아 1 : 다 읽었는데 어떡해요?

교 사 : 다 읽은 친구는 옆에 친구와 책을 바꿔 읽어 보도록 하자.

(책을 읽을 때까지 기다려 준다.)

교 사 : 이제 자기가 읽은 책을 친구들에게 설명해 주자.

○○이(도움받을 유아) 어떤 책을 읽었니?

유아 1 : 큰책

교 사 : 선생님은 ○○이한테 물어 봤는데.

도움받을 유아 : 큰책이요.(작은 목소리로 말한다.)

교 사 : 와~ 책이 정말 크다.

교 사 : ○○이가 읽은 큰책의 겉표지에는 어떤 것들이 있니?

도움받을 유아 : 잠자리, 꽃, 개구리, 사람, 강아진가 고양인가?

교 사 : 강아지 같아, 고양이 같아?

유아 2 : 고양이

유아 1 : 강아지

교 사 : 그림이 신기해서 선생님도 잘 모르겠다.

또 뭐가 있지?

도움받을 유아 : 글씨

교 사 : 이번엔 겉표지에 있는 색깔들을 말해 보자.

도움받을 유아 : 빨간색, 하얀색, 노란색, 검정색, 빨간색. 아까 빨간색 했나?

(책을 넘겨 그 장에 있는 물건과 색깔들에 대해서도 이야기 나눈다.)

2단계 : 명사, 꾸미는 말 알기

교 사 : 명사는 무슨 뜻일까?

유아들 : 몰라요.

교 사 : 사물의 이름. 물건의 이름을 명사라고 하는 거야.

(칠판, 책상 등 물건을 짚고 이름을 말하며 예를 들어 준다.)

교 사 : 그럼 지금부터 선생님이 책을 펴서 보여주면 거기에 있는 명사를 찾아 주는 거야.

한 사람씩 순서대로 이야기할건데 누구부터 얘기할까?

(유아들과 상의하여 동화책을 선정하고 한 장면을 보여 준다.)

도움받을 유아 : 소

유아 1 : 어~ 코

유아 2 : 대나무

유아 3 : 장독대

도움받을 유아 : 항아리

유아 1 : 산

유아 2 : 나무

유아 3 : 버드나무

교 사 : 처음 해 보는 활동인데 친구들이 모두 잘하네.

교 사 : 이번에는 아까 너희들이 말한 명사에 꾸며 주는 말을 붙여 줄거야. 너희들이 말했던 물건이 어떤 색깔을 가졌는지 "빨간 사과" 이렇게 말해 주는 거야. 그러면 빨간이 사과를 꾸며 주는 말이 되겠지 할 수 있겠니?

(도움받을 유아는 몇 번의 예를 더 들어 준 뒤에 이해를 하였다.)

순서를 바꾸어서 말한다.(다른 책을 보고 말해 본다.)

유아 1 : 검은 목도리

도움받을 유아 : 보라 가지.

유아 2 : 하늘색 옷

(책을 넘겨 다른 장을 보고 해 본다.)

유아 1 : 하얀 오리

도움받을 유아 : 초록 오이

교 사 : 우리 ○○이 잘하네.

유아 2 : 노란 오리발

유아 3 : 상아색 토끼

[사진-15-b] **물건의 형태 말하기**

3단계 : 개념 익히기

교 사 : 선생님이 보여주는 책을 보고 그 속에 있는 여러 가지 물건이나 사람들을 순서대로 한 가지씩 이름을 말해 보자. 어떤 순서대로 할까? (자리를 바꾸고 순서를 정한다.)

유아 1 : 검은색 피아노

교 사 : 이름만 말해 보자.

유아 1 : 피아노

도움받을 유아 : 고양이

유아 2 : 노란 아니 사람.

유아 3 : 음악

교 사 : 잘했어. 이번에는 어떤 활동을 할거냐면, 아까 물건의 이름을 꾸며 줄 때 색깔을 이야기했었지. 그런데 꾸며 주는 말에는 색깔만 있을까?

유아들 : 아니요.

교 사 : 꾸며 주는 말에는 여러 가지가 있겠지. 이 책에 보면 고양이가 있지. 그럼 고양이를 꾸며 주려면……

도움받을 유아 : 잠을 자는 고양이(교사의 말을 이어 말한다.)

교 사 : 그렇지. ○○이가 잘하네. 선생님은 "쿨쿨 잠을 자고 있는 고양이"라고 꾸며 주고 싶어.

(더 많은 수식어를 사용하여 꾸며 줄 수 있도록 예를 들어 주거나 격려한다.)

이제 너희들이 해 보자. 여기 있는 그림 속에 있는 물건이나 사람들의 이름을 꾸며 주는 거야. 누구부터 해 볼까?

유아 1 : 피아노를 치고 있는 엄마.

도움받을 유아 : 엄마가 예쁘게 치고 있는 피아노.

교 사 : 정말 잘하네.

유아 2 : 고양이가 쿨쿨 잠을 자요.

교 사 : 꾸며 주는 말을 물건 이름 앞에 붙여 보자.

유아 3 : 아름다운 음악.(그림을 바꾼다.)

도움받을 유아 : 아이가 아빠가 코를 킁킁하니까, 소리가 너무 커서, 땀이나요.

교 사 : 어떤 이름을 꾸며 줄거야?

도움받을 유아 : 아빠.

교 사 : 그럼 아빠를 어떻게 꾸며 줄거야?

도움받을 유아 : 아빠가 자고 있어요.

교 사 : 자고 있는 아빠. 그럼 다른 걸 해 볼까?

도움받을 유아 : 땀이 난 아이.(작은 목소리로 말한다.)

교 사 : 그렇지.

[사진-15-c] **물건의 형태 말하기**

도움받을 유아 : 빵을 들고 가는 강아지.

C. 마무리활동 및 응용단계

① 교사가 한 가지 단어나 구절을 이야기하면 그 단어나 구절에 자기의 생각을 말로 표현하는 활동을 할 수 있다.

② 한 유아가 자기가 생각하고 있는 물건을 설명하면 유아들이 맞추는 스무고개를 하는 활동도 좋다.

D. 평가

① 물건이나 사람들의 이름은 잘 명명하여 말하였다. 한 가지의 수식어를 붙여 이름을 꾸미는 활동은 잘하나 여러 가지 수식어를 사용하여 꾸밀 때에는 잘 몰라 힘들어 했다.

② 꾸며 주는 말과 서술해 주는 말을 잘 구별하지 못하고 사용하는 경우가 많았다. 도움받을 유아는 활동 중에 옷을 물고 있거나 다른 물건을 만지며, 활동에 오래 집중하지 못했다.

다. 활동 3– 낱말카드 보고 말 꾸미기

(유아 3명이 활동에 참여)

◑ 목 표 : 명사+동사에 대하여 이해하며 이야기할 줄 안다.

◑ 준비물 : 관련된 낱말카드 20장, 그림책, 도미노 그림, 낱말카드 20장

A. 활동을 위한 준비과정

〈도미노카드 시범 보이기〉

교 사 : 선생님 손에 지금 무엇이 있니?

유아들 : 카드요.

교 사 : 그래, 지금부터 선생님이 이 카드를 칠판에 붙일 거야.

(사슴/사자, 사자/고양이 카드를 칠판에 붙인다.)

교 사 : 어떤 낱말카드인지 한 번 읽어 볼까?

유아들 : 사슴, 사자, 사자, 고양이

유아 1 : 끝말잇기 아니에요? 아닌가? 낱말잇기? 아니에요?

유아 2 : 아~ (하고 말을 하지 않는다.)

교 사 : 그 다음에는 어떤 카드가 올까?

도움받을 유아 : 이

유아 2 : 고

교 사 : 잘 모르겠니? 그럼 선생님이 카드 하나를 더 붙여 줄게.

(고양이/강아지 카드를 칠판에 붙여 준다.)

유아 2 : 사슴, 사자, 고양이, 강아지(카드를 순서대로 읽는다.)

교 사 : 그럼 다음에는 어떤 카드가 올까?

유아 2 : 강아지, 고양이.

교사는 강아지/호랑이 카드를 붙여 준다.

교 사 : 그래 처음 붙인 카드에 사슴/사자가 있었지. 두 번째 카드에는 사자/고양이야. 앞에 붙인 낱말카드의 뒤에 있는 낱말로 시작하는 카드를 이어서 붙인 거예요.

그럼 다음 낱말카드는 어떤 낱말로 시작할까?

유아 1 : 호랑이

교사는 호랑이/생쥐 카드를 붙여 준다.

교 사 : 그래 이런 카드를 낱말 도미노 카드라는 거야.

다음엔 어떤 낱말로 시작하는 카드가 올까?

도움받을 유아 : 생쥐

교 사 : 그래 맞았어.

(계속해서 카드를 붙이며 낱말을 읽어 본다. 준비된 낱말 자료 말고도 유아들이 말하는 것을 교사가 적어 도미노 카드를 만들어 이어 붙이는 활동으로 확장해 보았다.)

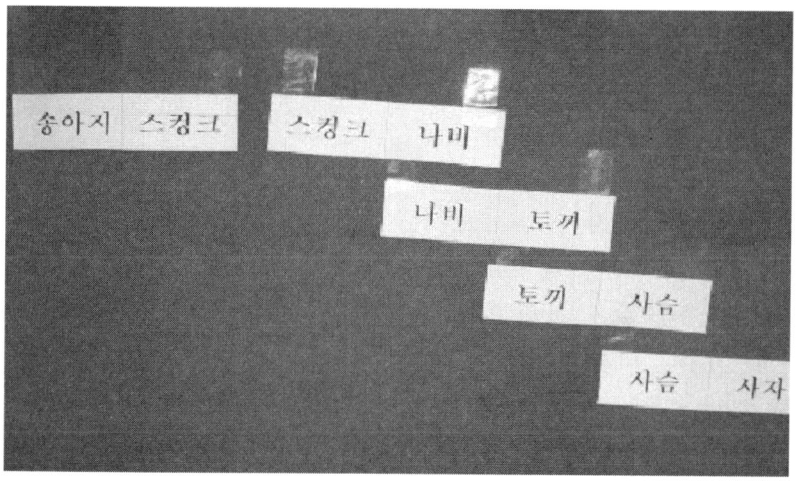

[사진-16-a] **낱말카드 보고 말 꾸미기**

[사진-16-b] **낱말카드 보고 말 꾸미기**

* 도움받을 유아는 활동 내내 말을 별로 하지 않았다.

B. 목표활동

1단계 : 관련카드 찾기

낱말과 관련된 그림카드를 유아들에게 제시해 준다.(예- 의사/청진기)

교 사 : 자, 여기 그림에 어떤 사람이 있니?

유아들 : 요리사

교 사 : 요리사에게는 어떤 물건들이 필요할까?

유아 1 : 장갑

유아 2 : 모자

도움받을 유아 : 국자

(요리사와 관련된 그림카드를 보여 준다.)

교 사 : (국자카드를 제시하며) 요리사와 국자 카드가 있지? 요리사와 국자란 말로 문장을 만들어 보자.

유아 2 : 문장 만들기 게임이에요?

교 사 : 그래, 맞아.

먼저 선생님이 해 볼게.

요리사가 국자로 국을 떠요.

어떻게 하는지 알겠니?

유아들 : 네.

교 사 : (칼 카드를 제시하며) 누가 요리사와 칼로 문장을 만들어 볼까?

유아 1 : 요리사가 칼질을 해요.

교 사 : 그래, 잘했어.

교 사 : (미용사/가위 카드를 제시하며) 누가 해 볼까?

유아 2 : 미용사가 가위를 쓴다.

교 사 : 선생님도 해 볼게. 미용사가 가위로 머리를 자른다.(더 많은 수식어를 사용할 수 있음을 알도록 교사가 개입한다.)

교 사 : (미용사/드라이어 카드를 제시하며) 우리 ○○이(도움받을 유아)가 해 볼까?

도움받을 유아 : 미용사가 드라이어를 쓴다.

교 사 : ○○이가 지금 미용사가 드라이어를 쓴다고 했지? 거기에 더 꾸며서 이야기해 줄 수 있겠어?

도움받을 유아 : …….

교 사 : ○○ 아 드라이어는 언제 쓰는 물건이니?

도움받을 유아 : (머뭇거리다) 손님 말릴 때요.

교 사 : 그럼 그 말을 넣어서 한 번 더해 볼까?

도움받을 유아 : 미용사가 드라이어 갖고 손님을 말려 줘요.(말끝을 흐린다.)

교　사 : 손님의 어디를 말려 주지?

도움받을 유아 : 머리요.

교　사 : 그거까지 넣어서 말해 볼까?

도움받을 유아 : 미용사가 드라이어로 머리를 말려 줘요.

교　사 : 그래, 잘했어.

(다양한 카드를 제시하고, 도움받을 유아에게 기회를 많이 주도록 한다.)

* 세 개의 카드를 제시해 준다.

교　사 : 자 이번에는 카드가 하나 더 늘었어.

세 개의 카드를 이용해서 문장을 만들어 보자.

유아 1 : 아~.

(집배원/편지/오토바이 카드를 제시해 준다.)

교　사 : 우리 ○○이(도움받을 유아)가 한번 해 볼까?

도움받을 유아 : 집배원이 편지를 들고(멈추었다가 옆에 친구가 오토바이를 타고 하자. 그 말을 따라 한다.) 오토바이를 타고 집으로 보내 준다.

교　사 : 세 개의 카드로 하는 데도 아주 잘했어.

또 누가 해 볼까?

유아 1 : 집배원 아저씨가 편지를 갖고 오토바이를 타고 다른 사람 집에 편지를 갖다 준다.

유아 2 : 집배원 아저씨가 편지를 가지고 오토바이도 타고 집에까지 가서 편지 준다.

교　사 : 우리 친구들 정말 잘하는 구나.

(카드의 순서를 바꾸어 말하는 확장활동으로 연계하다.)

2단계 : 개념 익히기

낱말카드와 낱말과 어울리는 서술어카드를 도움받을 유아에게 제시한다.

도움받을 유아와 카드를 읽어 본다.

교　사 : 여기 많은 카드들이 있지? 여기 중에서 서로 연관되는 카드를 찾아보자.

도움받을 유아가 '고양이/지붕 위에서 떨어졌어요' 카드를 찾았다.

교　사 : 그럼 이 두 카드를 이용해서 문장을 만들어 보자.

도움받을 유아 : 고양이가 지붕 위에서 떨어졌어요.

교　사 : 더 꾸며 줄 말이 없을까?

(도움받을 유아가 힘들어 하여 교사가 도와 준다.)

교　사 : 선생님이 한 번 해 볼까? 못생긴 고양이가 지붕 위에서 떨어졌어요.

도움받을 유아 : (유아 1이 옆에서 예쁜 고양이라고 하자.) 예쁜 고양이가 지붕 위에서 떨어졌어요 한다.

교　사 : 잘했어. 이번에는 다른 카드를 찾아보자.

(도움받을 유아가 나비/훨훨 날아갑니다. 카드를 찾음)

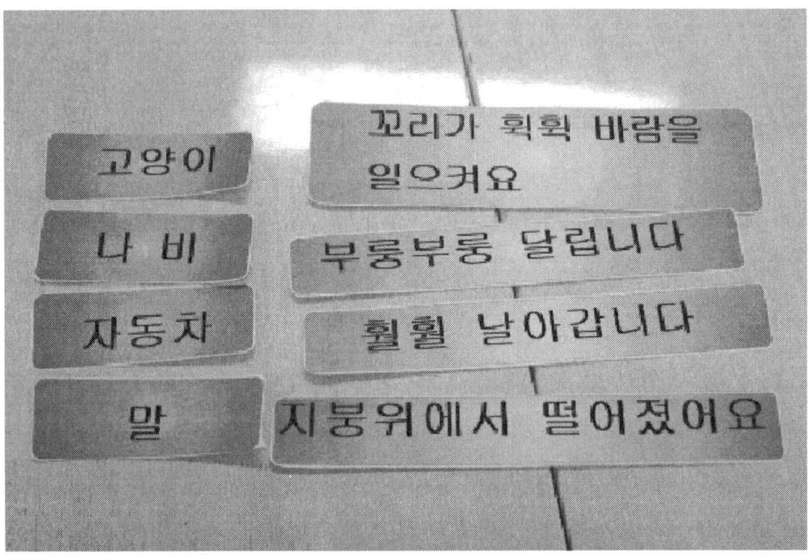

[사진-16-c] **낱말카드 보고 말 꾸미기**

교　사 : 또 말을 만들어 볼까?

도움받을 유아 : 멋진 나비가 훨훨 날아갑니다.

(자동차/ 부릉부릉 달립니다 카드 선택)

도움받을 유아 : 바퀴 있는 자동차가 부릉부릉 달립니다.

교　사 : 다르게 한 번 더 꾸며 줘 볼까?

도움받을 유아 : 창문 있는 자동차가 부릉부릉 달립니다.

교　사 : 그래, 너무 잘했어.

C. 마무리활동 및 응용단계

① 유아들이 도움받을 유아에게도 이야기를 할 수 있는 기회와 충분한 시간을 주도록 격려하도록 한다.

② 두 번째 할 때는 첫 번째보다 문장을 길게 하도록 교구나 동화책, 그림카드, 낱말카드를 준비하여 유아들이 말을 길게 꾸밀 수 있도록 한다.

D. 평가

① 도움받을 유아는 활동 내내 말을 많이 하지 않았으며, 교사가 지적하는 경우를 제외하고는 자발적으로 참여하는 모습이 거의 보이지 않았다.

② 활동하는 시간이 길어질수록 더 많이 꾸며서 이야기하려고 하는 모습이 보였으나 문장이 길어질수록 어법에서 벗어나는 경우가 많았다.

참고 문헌_ 332

강건해(2007). 어린이도서관에서 아동의 독서공간과 행태의 관계에 관한 연구- 어린이 기적의 도서관을 중심으로. 울산대학교 일반대학원 석사학위논문.

강남희(2010). 유치원에서 매일 그림책 읽어주기 활동이 유아의 언어능력에 미치는 영향. 경성대학교 교육대학원 석사학위논문.

고문숙 외 4인(2013). **누리과정에 기초한 유아 교과교육론**. 서울: 창지사.

고순옥(2004). 영유아 정상 아동의 언어발달과 사회, 정서발달 및 환경요인과의 상관관계. 아주대학교 교육대학원 석사학위논문.

고은영(2009). 유아 듣기 발달 및 듣기교육 연구동향. 건국대학교 대학원 석사학위논문.

교육과학기술부(2008). 교육인적자원부 고시 제 2007-153호에 따른 **유치원교육과정해설Ⅰ-Ⅲ.**

교육과학기술부, 보건복지부(2013a). 3-5세 연령별 누리과정 교사용 지침서. 서울: 교육과학기술부, 보건복지부.

교육과학기술부, 보건복지부(2013b). 3-5세 연령별 누리과정 해설서. 서울: 교육과학기술부, 보건복지부.

권도하 역(2001). **언어치료학 개론**. 대구 : 한국언어치료학회.

김경철 · 채미영(2003). 이야기 꾸미기 활동과 상상력 평가. **유아교육연구, 23**(1).

김근희(2001). 어머니의 언어유형과 취학전 영재아의 창의성 및 지능과의 관계. 숙명여자대학교 교육대학원 석사학위논문.

김미영(2005). 그림책을 통한 어머니-자녀의 책읽기 상호작용을 위한 부모교육 활동. 이화여자대학교 교육대학원 석사학위논문.

김수진(2005). 아동기의 초기 중이염과 후기 언어발달의 관련성에 관한 문헌의 연구방법과 결과의 고찰. **특수아동교육 연구,** 7(4).

김영주(1999). 학급크기에 따른 유아. 교사의 교수-학습행동 분석. 중앙대학교 대학원 박사학위논문.

김영주(2000). 유치원학급 크기에 따른 교수 - 학습행동 분석. **유아교육논문집,** 4(1). 중앙유아교육학회.

김정아(2006). 영아 언어발달을 위한 상호작용적 그림책 읽기 모형의 적용 및 효과. 전남대학교 대학원 박사학위논문.

김지연(2005). 어린이집 교사의 언어적 행동과 영아의 언어발달간의 관계. 연세대학교 대학원 석사학위논문.

김춘희(1978). 유아의 표현력과 측정된 지능과의 관계. 연세대학교 대학원 석사학위논문.

김향자(1993). 학급크기와 교사수 변화에 따른 유아와 교사의 행동연구. 이화여자대학교 대학원 박사학위논문.

노명완 · 이차숙 · 조정숙(1997). **유아언어교육.** 한국방송대학교 출판부.

동윤진(2009). 어린이도서관과 장난감도서관에 대한 실태 및 부모인식조사. 숭실대학교 교육대학원 석사학위논문.

문두성(2011). 균형적 문해 접근법에 기초한 책만들기 활동이 유아의 쓰기 인식 및 쓰기 능력에 미치는 영향. 한국교원대학교 교육대학원 석사학위논문.

문주형(2003). 의미중심 언어교수법이 5세 유아의 초기 쓰기 능력에 미치는 영향. 중앙대학교 교육대학원 석사학위논문.

박춘식(1985). **아동문학의 이론과 실제.** 서울 : 교문사.

박혜경(1991). 유아를 위한 총체적 언어교육 접근법의 효과에 관한 연구. 이화여자대학교 대학원 박사학위논문.

박홍자 · 김연진 · 권세경(2010). **영유아 언어교육.** 서울 : 태영출판사.

방승미(2003). 기독교 유아교사의 유아를 위한 TV시청 교육에 대한 현황 및 인식. 총신대학교 교육대학원 석사학위논문.

보건복지부(2013a). 제3차 어린이집 표준보육과정 교사용 지침서. 세종: 보건복지부, 육아정책연구소.

보건복지부(2013b). 제3차 어린이집 표준보육과정 해설서. 세종: 보건복지부, 육아정책연구소.

서윤정(2006). 총체적 언어 접근법과 발음중심 교수법을 병행한 언어교육 프로그램의 효과. 배재대학교 대학원 석사학위논문.

서혜정(1997). 동시를 통한 총체적 언어 접근법이 유아의 읽기 흥미와 능력에 미치는 영향. 이화여자대학교 교육대학원 석사학위논문.

안정은(1991). 5세아의 언어 · 사고 능력과 제 요인에 관한 기초 연구 : 가정 환경 변인 및 지능을 중심으로 . 이화여자대학교 교육대학원 석사학위논문.

여성가족부(2005). **표준보육과정.** 여성가족부.

여성가족부(2007). **표준보육과정의 구체적 보육내용 및 교사지침.** 여성가족부 고시 제2007-1호.

엄윤재(2004). 유아를 위한 문해 교수법의 효과 비교 : 균형잡힌 문해 교수법과 발음중심 교수법을 중심으로. 동덕여자대학교 대학원 석사학위논문.

엄태식(2000). 문법적 형태 사물의 친숙도 및 매체의 유형이 유아의 단어의미 이해에 미치는 영향. 국민대학교 대학원 박사학위논문.

엄태식 외 2인(2003). 유아의 언어문제 지도를 위한 프로그램 개발. **수원여자대학 2003년 정책과제연구보고서.**

엄태식(2010). **영유아교육과정**. 서울 : 태영출판사.

원희정 (1991). 유아교육기관의 질이 유아의 어휘발달에 미치는 효과. 이화여자대학교 대학원 석사학위논문.

유경아(2010). 공공도서관의 영아서비스를 위한 프로그램 확장연구. 한양대학교 교육대학원 석사학위논문.

유승애(2009). 4, 5, 6세 다문화 가정 유아의 언어발달 실태. 건국대학교 대학원 석사학위논문.

이경렬(2005). 저소득 가정 어머니-유아의 그림책 읽기 상호작용과 유아의 언어능력. 연세대학교 대학원 석사학위논문.

이경화 외 5인(2010). **영유아를 위한 언어교육**. 서울 : 창지사.

이기정(1977). 어린이 TV시청과 어휘력과의 관계연구. 이화여자대학교 대학원 석사학위논문.

이문옥(2003). 유아 읽기 지도에 관한 이론적 고찰. **열린유아교육연구, 8**(2).

이문정(2001). 유아의 이야기짓기와 극화활동의 연계가 유아의 이야기 구조 및 탈상황적 언어발달에 미치는 영향. **아동학회지, 22**(2).

이성진 외 3인(1977). 한국 아동의 종단적 연구(Ⅲ) : 제3차 연구결과. **행동과학연구, 10**(4). 서울 : 한국행동과학연구소.

이숙재 · 박인숙(1992). **유아를 위한 언어교육의 이론과 실제**. 서울 : 창지사.

이숙재 · 이봉선(2009). **영유아 언어교육**. 서울 : 창지사.

이숙희(2008). 균형적 유아 읽기 프로그램의 개발 및 적용효과. 동덕여자대학교 대학원 박사학위논문.

이순형 · 권미경 · 최인화 · 김미정 · 서주현 · 최나야 · 김지현(2010). **영유아 언어지도**. 경기 : 교문사.

이승복(1994). **어린이를 위한 언어획득과 발달**. 경기 : 정민사.

이연섭(1980). **한국아동의 어휘발달 연구(Ⅰ)**. 서울 : 한국교육개발원.

이연섭 · 강문희(1995). **유아의 언어교육**. 서울 : 창지사.

이연섭 · 강문희(2000). **유아의 언어교육**. 서울 : 창지사.

이영미 (2006). 교사의 언어 환경에 따른 유아의 개인적 내러티브 발달양상. 덕성여자대학교 대학원 석사학위논문.

이영자(2004). **유아의 언어발달과 지도**. 경기 : 양서원.

이영자(2009). 개정판 **유아언어발달과 지도**. 경기 : 양서원.

이영자 · 김혜성(1995). 3세반 학급 크기에 따른 교사와 유아의 사회적 언어적 행동 비교. **유아교육연구, 15**(1). 한국유아교육학회.

이영자 · 이종숙(1985). 비지시적 지도방법에 의한 유아의 읽기와 쓰기행동의 발달. **덕성여자대학교 논문집. 14.**

이영자 · 이종숙(1990). 유아의 문어발달과 비지시적 지도방법이 문어발달에 미치는 영향에 관한 연구. **교육학연구,** 28(2).

이은주(2008). 독서지도를 위한 어린이도서관의 활용 방안에 관한 연구. 한양대학교 교육대학원 석사학위논문.

이차숙(2004). **유아언어교육의 이론적 탐구.** 서울 : 학지사.

이차숙(2005). **유아언어교육의 이론과 실제.** 서울 : 학지사.

이차숙(2007). **유아언어교육의 이론적 탐구.** 서울 : 학지사.

이차숙(2009). **유아언어교육의 이론과 실제.** 서울 : 학지사.

이차숙 · 노명완(1994). **유아언어교육론.** 서울 : 동문사.

이차숙 노명완(1998). **유아언어교육.** 서울 : 동문사.

임영주(2006). **유아언어교육의 이론과 실제.** 서울 : 창조문화.

장유경 · 이근영(2006). 영아의 기질과 초기 어휘 습득의 관계. **아동학회지.** 27(6).

전효정 · 이귀옥 · 박혜원(2004). 초기 언어발달에 있어 환경적 영향의 특수성 : 중국 조선족 아동의 가정환경에 따른 단어발달에서 어머니 언어의 매개효과. **아동학회지,** 25(5).

정남미(2010). **개정 유아언어교육.** 서울 : 창지사.

정남미 · 한애향(2006). **영유아의 다양한 개념형성을 돕는 총체적 언어교육 프로그램.** 경기: 정민사.

정동빈(1977). **언어습득론.** 서울 : 한신문화사.

정미희(2010). 그림책을 활용한 초기 문자 지도 과정 연구. 한국교원대학교 대학원 석사학위논문.

정사라(2010). 국내 어린이도서관 프로그램의 현황과 교육적 효과에 관한 연구. 숙명여자대학교 대학원 석사학위논문.

정소영(1989). 유치원에서의 읽기교육에 관한 연구. 이화여자대학교 대학원 석사학위논문.

조명한(1982). **한국 아동의 언어획득 연구 : 책략모형.** 서울대학교 출판부

조인숙(2001). 유치원 교사의 쓰기교육에 대한 인식 및 쓰기지도 활동에 관한 연구. 연세대학교 교육대학원 석사학위논문.

조정숙 · 유향선 · 김은심(2000). **유아언어교육.** 경기 : 정민사.

조정숙 · 김은심(2006). **유아언어교육.** 경기 : 정민사.

조주현(2008). 균형적 문해 프로그램이 읽기장애 위험아동의 읽기와 쓰기에 미치는 효과. 대구대학교 대학원 박사학위논문.

조희숙외 9인(1994). **아동발달심리.** 서울 : 학지사.

주영희(1984). **유아를 위한 언어교육.** 서울 : 교문사.

주영희(1999). **유아를 위한 언어교육.** 서울 : 교문사.

주영희(2001). **유아 언어발달과 교육.** 경기: 교문사

최성규(2004). 형제자매의 유무에 기초한 정신지체학생과 자폐학생의 사회성과 언어발달의 상관관계. **언어치료연구,** 13(3). 한국언어치료학회.

하미애(2008). 유아의 지능, 언어능력 및 학습준비도간의 관계에 관한 연구. 동아대학교 교육대학

원 석사학위논문.

한국언어청각임상학회(2001). 언어. 청능장애 여름연수회.

한국언어청각임상협회(2002). 언어. 청능장애 여름 연수회.

한국유아교육학회(1997). **유아교육사전-용어편.** 서울 : 한국사전연구사.

한유진(2000). 그림동화책 읽기에서 유아와 어머니의 언어적 상호작용 전략과 유아의 이야기 구성 능력. 서울대학교 대학원 박사학위논문.

허형 등(1978). 한국 아동의 종단적 연구(Ⅳ) : 제4차 연구 결과. **행동과학연구, 11(4).** 서울 : 한국 행동과학연구소.

황상심(2008). 농촌지역 다문화가정 아동들의 언어 특성 연구. 대구대학교 대학원 박사학위논문.

황상심 · 정옥란(2008). 농촌지역 다문화가정아동들의 언어특성관련 상관 연구-지능, 교육경험. **언어치료연구,** 17(1). 한국언어치료학회.

Barbour, N.(1987). Learning to read, In C. Seefeldt(ed.), *The early childhood curriculum : A review of current research.* N.Y : Teachers College.

Bhatea(Eds). *Handbook of child language acquisition.* N.Y : Academic Press.

Bloom, L.(1973). *Ond word at a time : The use of single-word utterances before syntax.* The Hague : Mouton.

Bolinger(1974). Some traits of language. In J. Destefano& S. Fox(Eds.), *Language and the language Arts.* Boston : Brown.

Bolinger(1975). Aspects of language. New York : Harcourt Brace Jovanovich.

Braine, M. D. S.(1963). The ontogeny of English phrase structure : The first phase. Language, 39.

Brown, R.(1973). *A first language : The Early stages.* Cambridge, Mass : Harvard University Press.

Brown, H. D.(1994). *Teaching by principles : An interactive approach to language pedagogy.* Prentice Hall, Englewood Cliffs, New Jersey.

Buner, J.(1975). The Ontogenesis of Speech Acts, *Journal of Child Language, 2.*

Bruner, J.(1978). The role of dialogue in language acquisition. In A. Sinclair, R. Jarvella, & W. Levelt(Eds.), *The child's conception of language.* New York : Springer-Verlag.

Chomsky, C.(1957). *Aspects of the theory of syntax.* Cambridge, MA : MIT Press.

Chomsky, N.(1965). *Aspects of the Theory of syntax.* Canbridge, MA : MIT Press.

Chomsky(1986). *Knowledge of language : Its nature, origin and use.* Praeger Publishers.

Chomsky(1999). On the nature, use and acquisition of language. In W. Ritchie& T.

Clark, E. V.(1973). What's in a word? On the children's acquisition of semantics in his first language. In T. E. Moore (Ed.), *Cognitive development and the acquisition of language.* New York : Academic Press

Clay, M.(1972). *Reading : The patterning of complex behavior.* Aukland, New Zealand : Heinemann Educational Books.

Clay, M.(1975). *What did I write?* Auckland, New Zealand : Heinemann Educational Books.

Dale, P.(1976). *Language development : Structure and Function*(2nd ed.). N. Y. : Holt, Rinehart and Winston.

Ehri, L. C.(1996). Development of the ability to read words. In R. Barr, M. L. Kamil, P. Mosenthal & P. D. Pearson (Eds.), Handbook of Reading Research(Volume Ⅱ). Mahwah, NJ : Lawrence Erlbaum Associates.

Elliot, A. J.(1981). *Child language.* Cambridge University Press.

Halliday, M. A. K.(1973). *Explorations in the Functions of Language.* London : Edward Arnold.

Hymes, D.(1972). *Models of the interaction of language and social life.* In J. J. Gumperz and D. Hynes(eds.), Directions in sociolinguistics, N.Y : Hort, Rinehart & Winston.

Jakobson, R.(1968). *Aphasia and phonological Universals.* The Hague : Mouton.

Karmiloff-Smith, A.(1993). *Beyond modularity :* A developmental perspective on cognitive science. Cambridge, MA. : MIT Press.

Lenneberg, E. H.(1967). A biological perspective of language. In E. H. Lenneberg (Ed.), *New directions in the study of language.* Cambridge, MA. : MIT Press.

Linfors, J. W.(1987). *Children's language and learning.* Englewood Cliffs, NJ : Prentice Hall, Inc.

Machado(2003). *Early childhood experience in language arts.* N.Y : Delmar.

Markman, E. M.(1991). The whole-object, taxonomic, and mutual exclusivity assumptions as initial constraints on word meanings. In S. A. Gelman, & J. P. Brynes (Eds.), *Perspectives on language and thought : Interrelations in development.* Cambridge University Press.

McNeill, D.(1970). The development of language. In P. Mussen (Ed.), *Carmichael's manual of child psychology (vol. I),* New York : Wiley.

Miller, J. F.(1985). Language and communication characteristics of children. In S. M. Pueschel, C. Tingey, J. E. Rynders, A. C. Crocker, & D. M. Crutcher (Eds.), *New perspective on Down Syndrome.* Paul Brookes Publishing Co.

Morrow, L. M.(1990). Preparing the classroom environment to promote literacy during play. *Early Childhood Research Quarterly,* 5.

Nelson, K. E.(1973). Structure and strategy in learning to talk. *Monographs of the Society for Research in Child Development, 38.*

Owens, R. E.(2005). **언어발달**. 이승복. 이희란(공역). 서울 : 시그마프레스.

Petty, W. T., & Jensen, J. M.(1980). *Developing Children's Language.* Boston : Allyn and Bacon.

Pflaum, S. W.(1974). *The development of language and reading in the young children.* Columbus, Ohio : Charles E. Merrill.

Piaget, J.(1955). *The origins of intelligence.* New York : Basic Books.

Pressley, M.(1998). *Effective reading instruction: The case for balanced teaching.* New York: Guilford Press.

Shields, M. M.(1979). Dialogue, monologue, and egocentric speech by children in nursery schools. In O. K. Garnica and M. L. King(Eds.). *Language, children, and society.* Oxford : Pergamon Press.

Skinner, B. F.(1957). *Verbal behavior.* Englewood Cliffs, NJ : Prentice-Hall.

Smith, N.(1973). *The acquisition of phonology : a Case Study.* Cambridge : Cambridge Univ. Press.

Strickland, D. S., & Morrow, L. M.(2000). *Beginning Reading and Writing.* Teachers College. Columbia University.

Taylor, S.(1973). Listening : *What research says to the teacher.* Washington, D.C. : National Education Association.

Vukelich, C., Chrisstie, Enz, B.(2008). *Helping young children learn language and literacy : Birth through kindergarten.* Boston; Allyn and Bacon.

Vygotsky, L. S.(1987). *Thinking and speech.* N. Minick, trans. N.Y : Plenum.

Wheeler, M. G.(1971). Untutored acquisition of writing skill Unpublished doctoral dissertation, Department of Human Development, Cornell University.

Worthan, S. C.(1998). *Early Childhood Curriculum: Developmental bases for learning and teaching*(2nd Ed.). Upper Saddle River, NJ: Merrill/ Prentice-Hall.

Yamada, J. E.(1990). *Laura : A case for the modularity of language.* Cambridge, MA. : MIT Press.

Yawkey, T., Askov, E., Cartwright, C., Dupuis, M., Fairchild, S. H., & Yawjey, M.(1981). *Language arts and the young child.* F. E. Peacock Publishers, Inc. Itasca, Illinois.

저자 소개

✍ 엄태식

1. 학력 사항

수원여자대학교 간호학 전공 / 강남대학교 유아교육 전공 / 국민대학교 교육대학원 석사(유아교육전공) / 국민대학교 대학원 철학박사(교육심리)

현재 : 수원여자대학교 총장

2. 경력사항

경기도립수원병원 간호사
수원여자대학 부설 보육교사 교육원 초대원장
시립평동어린이집 시설장
수원여자대학 위탁 원터 어린이집 원장
수원여자대학 부설 어린이집 원장
상은유치원 자문 및 명예원장
한국방송통신대학 경기지역학습관 유아교육과 외래교수
아동교육정보연구소 소장
수원여자대학 특성화 3영역 아동교육부문 사업단장
시흥시 보육시설 평가위원
영통종합사회 복지관 자문위원
수원시 지방보육위원회 부위원장
아이웰센터 치료상담부 자문위원
아동교육학부 유아교육과 학과장
산들래 자연체험학교 자문교수
농촌체험연구소 소장

3. 저서 및 논문

〈논문〉
아동의 성격형성요인에 대한 고찰, 1982.
아동기 놀이활동의 교육적 가치에 대한 고찰, 1983.
유아기 교육에 있어서의 학습이론, 1984.
유아교육프로그램 유형에 따른 교수방법에 관한 고찰, 1985.
유아의 인지양식과 교수방법간의 상호작용이 수개념 학습에 미치는 영향, 석사학위논문.
유아교육 평가, 1987.
사회적 변화에 따른 최근 유아교육의 동향, 1988.
현대사회가 요구하는 유아기의 정서－도덕성교육, 1990.
인간능력개발을 위한 학습방법, 1991.

유아의 언어발달에 관한 연구, 1996.
유아의 의사소통능력발달에 관한 연구, 1994.
문법적 형태, 사물의 친숙도 및 매체의 유형이 유아의 단어의미 이해에 미치는 영향, 박사학위논문, 2001.
아동발달센터구축방안에 대한 연구, 수원여자대학 정책과제, 2001.
사회적 능력발달을 위한 놀이치료 프로그램 개발 및 교사용 지도서개발, 수원여자대학 정책과제, 2002.
인지능력향상을 위한 유아음악치료프로그램 개발 및 교사용지도서개발, 수원여자대학 정책과제, 2002.
유아대상 언어치료프로그램 개발 및 교사용 지도서 개발, 수원여자대학 정책과제, 2003.
유아대상이완치료를 통한 부모-자녀관계 증진을 위한 프로그램개발 및 교사용 지도서 개발, 수원여자대학 정책과제, 2003.
우리아이가 음악을 만들어요! 1, 2, 3권-번역서, 수원여자대학 정책과제, 2003.
다중지능이론에 기초한 유아의 사회적 지능증진 프로그램개발, 수원여자대학 정책과제, 2004.
부모와 함께하는 영유아음악 프로그램개발, 수원여자대학 정책과제, 2004.
컴퓨터를 이용한 유아용 교수매체 제작과 활용을 위한 교수모형개발, 2004.
유아교육기관중심 자연체험학습 프로그램개발, 수원여자대학 정책과제, 2005.
유아교육과 및 아동보육과 기술능력 표준매뉴얼 개발, 2007.
국제유아마사지 강사 자격인증과정 검정문항개발, 2008.

〈저서〉
유아건강교육, 청구출판사, 1992.
유아교육과정, 수원여자대학, 2002.
특수아동의 이해, 태영출판사, 2009.
전문인을 위한 베이비마사지 강의, 도서출판 이유, 2004.
유아교사를 위한 유치원 영어, 도서출판 해란, 2007.
영유아교육과정, 태영출판사, 2009.

✍ 조정은

수원여자대학교 유아교육 전공
단국대학교 영어영문 전공
영국 University of York 대학원 석사(언어교육전공)

현재 : 홍익유치원 원장
수원여자대학교 유아교육과 겸임교수

영유아언어교육 -개정판-

초판발행 2011년 8월 10일
개정2쇄 2019년 2월 20일

2019. 2.

저　자 엄태식 · 조정은
발행인 김현태
발행처 태영출판사

주　소 (08301) 서울 구로구 구로동 104-10 동남오피스텔 201호
전　화 02 · 839-3757, 839-3752
팩　스 02 · 837-3754
등　록 2005년 5월 30일 제12-421호
http://www.taeyeongbook.co.kr
E-mail tys2005@hanmail.net
ISBN 978-89-6302-160-7 93370
정　가 17,000원